仏教ハンドブック

瀬戸内寂聴【編】

三省堂

はじめに

日本人の文化は、仏教とともに育まれてきました。

それは、現在、残っている建築物・美術品・文芸作品などを見ても、四季折々の生活の中で営まれている仏教の行事を見てもわかります。また、日常、使っている言葉にしても、仏教と関係のある言葉は驚くほど多いのです。

物は豊かになり、生活は便利になりましたが、私たちが人生で出会う悩みや苦しみは、今も昔も変わりません。私たちのまわりを見回してみても、悲惨な出来事が、毎日起こっています。私たちは、何か大切なものを見失っているのではないかと思えます。

私たちの生活の中に根づいている仏教を改めて見直し、その教えを知ることによって、忘れていた何かが見えてくるかもしれません。

ここには、人間として生まれた釈尊が、どのようにして仏陀となり、どのような教えを説いたのか、また、日本人と仏教との関り、仏教語から出た日常語まで、幅広く、わかりやすく説明してあります。

私たちの生活と深い関係を持っている仏教について、多少なりとも知っていただき、何か人生の糧となるべきものを得ていただきたく祈念いたします。

二〇〇〇年一一月

目次

目　次

本文中の＊印は第三部仏教用語解説で、◆印は頭注で取り上げている語を示す。

編者●瀬戸内《せとうち》　寂聴《じゃくちょう》

大正十一年(一九二二)、徳島市に生まれる。東京女子大学卒業。作家。天台宗の僧正。昭和四十八年平泉中尊寺にて得度。平成十八年文化勲章。主な著書に『瀬戸内寂聴訳「源氏物語」』(全一〇巻)『痛快!寂聴仏教塾』『瀬戸内寂聴全集』(全二〇巻)など。

執筆者●石川教張
東京立正女子教育研究所長・教授
本佛寺住職
大島啓禎
真浄寺前住職
古河良皓
常円寺住職

図版作成●新井トレス研究所
イラスト●西村和美
資料提供●円城寺
大倉文化財団
共同通信社
国立歴史民俗博物館
西遊旅行
鶴岡八幡宮
東京国立博物館
東寺
東大寺
原　義雄
編集協力
(株)メザックス

日本の仏教

瀬戸内寂聴

現在は一種の仏教ブーム到来の時だといわれている。京都や奈良の古寺名刹《めいさつ》には観光を兼ねた参拝者がひきもきらず、書店の店頭には仏教書が並び、各出版社はこぞってまで仏教関係の全集や叢書、辞典、入門書の企画出版に力をそそいでいる。その中にはすでにベストセラーに数えられているものもある。テレビ・ラジオで仏教法話が迎えられ、巡礼は流行し、海外旅行のツアーの行先も、専らインドやシルクロードが好まれるという。ついにその傾向はファッション界にまで及び、若者の間で、僧侶が労働に着る作務衣《さむえ》が平常着として流行し、頭陀袋《ずだぶくろ》をバックがわりに肩にすることが最新のファッションだともてはやされている。
この現象は何が原因なのか。かつて過去にも仏教ルネッサンスと呼ばれた時期があって
今に似ていた。
昭和八（一九三三）年頃で、釈尊誕生二千五百年の祭にかけて、ジャーナリズムが仏教
を見直し、出版業界や放送関係の間でも仏教が賑やかにもてはやされていた。三年の海外
旅行から帰朝したばかりの岡本かの子などは、仏教研究家として引っ張りだこで、寧日も
ない有様であった。かの子はその現象の波に乗りながら、所詮流行は流行で、やがてこの
過熱の現象はさめ、平潮にもどるだろうと看破していた。
その頃の時代的背景には、第一次世界大戦後の世界大恐慌があったわけで、日本もその
あおりの波にもまれ、深刻な不景気に見舞われていた。「大学は出たけれど」という語が
流行し、失業者が巷にあふれていた。
世間の人々は、前途にめやすのつかない経済的不安や、必然的にそこから生まれてくる
世情の頽廃に脅え、本能的に不安からの脱出をはかろうとし、心の平安と拠所《よりどころ》を需《もと》めて模
索し、仏教を見直そうという気運を招いたといえるだろう。
それから七十年経った現在の仏教流行の背景は、当時の世相と不気味なほど似通ってい
る。世をあげて浮かれていた異常な好景気はバブルとはじけ、それ以来、日本の経済界は

全く萎縮してしまった。長くつづいた大不況は人心を不安と焦燥におとしいれ、虚無と頽廃はとどまるところを知らない有様になっていく。そのどん底の中から、人々は起死回生のバネを需めようとして仏教に慕いよっていったかに見える。大晦日、元旦には寺院が参拝者であふれるのも、不景気の時代の現象だという。

人々は電器製品に埋もれた家庭で、テレビや印刷物から過度な情報を絶間なく与えられ自分で考え判断する閑もなく、情報に溺れ、自己喪失している。科学万能の成果は、人の命を驚異的にのばしはしたが、それに伴って、老いの不安や恐怖も増えている。

こうした社会世相の中から興った仏教ブームは、所詮、一時の現象にすぎず、やはり昭和初期のそれと同じように、一過性のものでやがて消えていくのだろうか。

欽明《きんめい》天皇七（五三八）年、朝鮮半島の百済《くだら》から、はじめて仏教が伝えられて以来、千五百年に近い歳月の間に、仏教は様々な栄枯盛衰の運命をたどりながらも、日本の土に根づいてきた。

もし、伝来当時、聖徳太子という宗教的天才がその場に存在しなかったならば、果たして仏教はその時、日本に定着することができただろうか。

聖徳太子は、物部《もののべ》氏と蘇我《そが》氏が廃仏、崇仏の立場で争った時、蘇我氏の側に立ち物部守屋討伐軍に加わっていた。蘇我氏の血統に属していた太子は、叔母の日本最初の女帝推古天皇を扶《たす》けて摂政となったが、仏教受容の姿勢を貫き、側近に渡来人恵慈《えじ》と恵聡《えそう》を仏教の師として迎えて、深く仏法に帰依《きえ》していた。太子は仏教を積極的に政治に取り入れ、十七条憲法を制定した時、篤《あつ》く三宝を敬えという条を入れ、国家道徳の基本に仏法を据えている。

　釈尊滅後、早くも末法の世に入った頃、日本に仏教が根をおろしたことは劇的であった。しかも仏教を信じ、日本で誰よりも仏典にくわしかった太子は、仏教をもたらした外来の文化に対しても敏感な感覚を持っていた。朝鮮からの渡来人を飛鳥《あすか》に積極的に招き、外来の文化を情熱的に導入している。建築も絵画も、鋳仏も、音楽や舞踊まで、あらゆる外来文化はエキゾチックな魅力で、飛鳥の野を彩っていった。

　聖徳太子は国家の摂政という立場にありながら、その生涯に、早くから皇位をめぐって同族の間に血で血を洗う醜い闘争を身近に見てきたため、その晩年には「世間虚仮《せけんこけ》　唯仏《ゆいぶつ》是真《ぜしん》」という感慨を洩らしている。太子の信仰がこの世の外の永遠なる浄土に向けられ、所詮この世は、どんな文明開化をはかり、政治的大改革をしたところで、凡夫の心に巣くう三毒、貪《とん》・瞋《じん》・痴《ち》の煩悩からは逃れられない、まやかしの濁世だと観じていた。

　太子にとっては生みの親穴穂部間人大后《あなほべはしとのおおきさき》が、夫用明天皇の歿後、継子に当たる多米王《ためのきみ》の子を産んだという事実も、三人の同母兄弟、穴穂部《あなほべ》、宅部《ゆかべ》、崇峻が蘇我馬子《そがのうまこ》に殺されたことも、政治的立場上、その暗殺に太子が全く無関係でありえなかったであろうことも、耐え難い厭世感を誘う因になったのではないだろうか。

仏教伝来の形が、太子の生涯にこんな暗い形で残り、しかも太子の死は、どうやら、たちの悪い伝染病にかかるか、毒殺にでもあったかのように、妃と一日違いで、たてつづけに訪れたことも、虚仮《こけ》の世間の中で、実に悲惨な現実であった。

伝来当初の仏教が決して、現世利益や、呪術的効験をあらわしていなかったことは見逃せない気がする。まして太子の遺族の山背大兄王《やましろおおえのおお》とその一族が、太子の死後二十年余で蘇《そ》我入鹿《がのいるか》によって絶滅させられたことを思えば、さらに日本に伝来した仏教が、現世利益に何の力も持たなかったことを知らされる。

山背大兄王が非業の死を迎える時、

「われ、兵《いくさ》を起して入鹿《いるか》を伐たば、其の勝たむこと定《うつむ》なし。然るに一つの身の故《ゆえ》に由《よ》りて、百姓《おおみたから》を害《そこな》わむことを欲りせじ。是を以て、吾が一つの身をば、入鹿に賜う」

といわれ、斑鳩寺《いかるがじ》を包囲した入鹿の軍勢にそう伝え、

「終《つい》に子弟《うから》、妃妾《みめ》と一時《もろとも》に自《みづか》ら経《わな》きて倶《とも》に死せましぬ」

という非業な最期を遂げられたことが、『日本書紀』には残されている。この時の犠牲者は、二十一人だったという。聖徳太子が信じた仏教の本来の姿は、上宮王家、山背大兄王の一族の選んだこうした捨身行に昇華されたと考えていいだろう。

三宝に帰依《きえ》するとは、我身を捨て人を救うことであり、聖徳太子が、自ら親選し、推古天皇に講じた『勝鬘経義疏《しょうまんぎょうぎしょ》』の中では、捨身、捨命の注釈を、「捨命と捨身とは皆是れ死

なり」と説いている。百姓を救うために、罪なくして、一族で従容として死についた山背大兄王の一族は、ゴルゴタの十字架上のキリストの俤と重なるような気がする。

　キリストといえば、聖徳太子の名前厩戸皇子《うまやどのみこ》を連想する。太子は母の穴穂部《あなほべ》間人皇女《はしとのみこ》が臨月の時、厩の戸にあたってたちまち産気づいて産まれたからこの名がついたといわれている。しかもこの皇子は生まれてすぐよく言葉を喋ったという伝説で飾られている。後者はルンビニーの園で生まれた釈尊が、すぐ七歩歩き、「天上天下唯我《てんじょうてんげゆいが》独尊《どくそん》」といわれたという伝説を思いだすし、前者は、マリアがキリストを馬屋で産んだというキリスト伝を思わせる。太子の厩誕生説は、キリスト馬屋生誕説が唐に伝わり、景教《けいきょう》となって、日本の留学生にもたらされたのが、後世太子伝説をつくる時、利用されたとする久米邦武氏の説もあるくらいである。

　太子は仏教に帰依《きえ》したが、政治的には仏教を興隆させることで、大陸文化の移入を急務と考えたらしい。

　その生涯に、前後四回にわたる遣隋使を派遣し、留学生や留学僧を大陸に送り、宗教と共に、学問、文物の研究や摂取に務めさせている。

　帰朝した彼等が、如何に日本が文化的に立ちおくれ、外国にはどんな絢爛《けんらん》とした高度な文化が輝いているかを太子に報告すると、進歩的な太子は直ちに、それらの知識を取りいれ、彼等の報告を基にして、日本を文化国家たらしめんと願い、思いきった政治的改革を断行していく。それができる「摂政」という太子の立場をのぞいては、その改革は考えられないにしても、太子の進歩的で革命的な天性がなかったならば、実現できないことであった。十七条の憲法の制定や、位階の設定、服装の大陸化、伽藍《がらん》の建立等になって、その成果はあらわされた。

太子が摂取したこの頃の仏教は、大乗仏教であったことは、太子が自ら講述した三つの経の選び方にあらわれている。三経とは『法華経《ほけきよう》』『維摩経《ゆいまぎよう》』『勝鬘経《しようまんぎよう》』で、『法華経』は大乗中の最も大乗的で実践的な経典であり、他の二つは在俗の男女の口を借りて生活の理想化を説いた経であり、共に、人間の現実生活の幸福をめざしたものであった。

日本に伝来した仏教の最初の根づき方が、大乗仏教を基にした現実肯定の実践的宗教でありながら、太子が「世間虚仮《せけんこけ》 唯仏是真《ゆいぶつぜしん》」と断定せざるを得なかったところに、太子の悲劇があり、悲劇的な運命を生き抜いたが故に、また一方、太子の仏教帰依《きえ》の「信」の深さが輝いてくる。

その後の日本の仏教は、常に政治の権力と結びついて保たれてきた。

奈良時代には飛鳥に根づいた仏教が絢爛《けんらん》と花開いた。

聖武天皇という大外護者を得て、長安を模した奈良の都は、七堂伽藍が建ち並び、青や丹で塗られたエキゾチックな寺院の屋根は緑の釉《うわぐすり》の瓦で飾られ、三重、五重、七重の宝塔は三十数基も天を摩していた。

聖徳太子が薨去されておよそ百年。唐との頻繁な交通は、百年前よりもっと豊かな大陸文化を滔々《とうとう》とそそぎこんできた。

聖武天皇は憑《つ》かれたように寺を建てつづけた。全国には国分寺、国分尼寺を置き、その中心には総国分寺に当たる東大寺を据え、そこに安置する大仏が鋳造された。天皇の仏寺建立の発願は、いつでもすべて「広く蒼生《そうせい》の為に遍《あまね》く景福を求む」ということになっている。民、百姓のために建てる寺や仏像は、民、百姓の上に苛酷な課税と労役をもたらし、かえって怨嗟《えんさ》の的となった。

「――夫《そ》れ天下の富を有《も》つ者は朕なり、天下の勢を有つ者も朕なり、此の富勢を以て此の尊像を造ること、事成り易くして、心至り難し…」

というような雄壮な決意は、神経質でノイローゼ気味の、罪悪感の強い聖武天皇にはふさわしくない。むしろ平民皇后第一号の光明皇后の、強烈な生命力のほとばしりのように聞こえてくる。

その背後には唐からの帰朝僧の玄昉《げんぼう》がいた。玄昉は在唐十八年、玄宗皇帝から位は三品《ぼん》に準ぜられ、紫の袈裟《けさ》を賜ったほどの俊才だった。呪術にも秀れていて、催眠術的な治療で宮子皇太夫人のノイローゼをたちまち治して、天皇一族の信任を得た。玄昉は当然、光明皇后にも近づき寵《ちょう》を得た。玄昉が唐の繁栄の様やおびただしい寺院の建立を語り、皇后が天皇に、仏教楽土をこの世に打ちたてようと、玄昉のことばを口移しに伝えて煽動し、その結果として、天皇が寺を建てつづける。

病災除厄の天皇の祈りは天皇の上には効かず、かえって天皇は大仏鋳造の詔勅を発した直後から、完成までの九年間、ほとんど病気がちに過ごしている。この空恐ろしい発願そのものが、精神的重圧となり、天皇の繊細な神経がそれを支えきれなくなったのだろう。なぜか玄昉《げんぼう》の治療は女性にしか効かないらしい。

天皇はこの間、めまぐるしく遷都して気をまぎらしている。その都度、家臣や庶民は大迷惑をこうむらなければならなかった。そのあげく、天皇は唐突に娘の孝謙女帝に譲位してしまった。

ようやく固定した天皇制権力のデモンストレーションの、国家的大行事として、華々しく行われた大仏開眼法会は、未曾有《みぞう》の盛大を極めたが、すでに聖武天皇の肉体と神経は衰弱しきっていた。その盛儀の席には玄昉の姿もなかった。玄昉はすでに光明皇大后の寵を失い、筑前に左遷され、都からは追放されていた。

聖武天皇は大仏開眼の後三年しか生きていなかった。

玄昉に替わって皇太后の寵を得たのは藤原仲麻呂《なかまろ》だった。仲麻呂は絶大なパトロン光明皇太后の威力を存分に利用し、年若い孝謙女帝も意のままにあやつる立場にいたが、思わぬライバルにその席を追われた。やはり帰朝僧の道鏡で、彼はたまたま孝謙女帝の病気の治療に当たり、かつての玄昉のように、唐で習得した看護術で、たちまち治してしまった。

女帝はそれ以来、道鏡をすっかり信頼し傍目《はため》もはばからぬ寵愛ぶりだった。忠告した仲麻呂は討伐され、女帝は出家していっそう道鏡を信愛した。女帝が道鏡に看《み》とられて死ぬまで道鏡は無事だったが、玄昉の例にもれず、女帝の死後、没落し、都を追われた。

孝謙女帝は道鏡を天皇にしようと計ったことさえある。その上、疑わしいと思う者は片っぱしから殺したり流刑したりした。仏教を信仰し政教一致の政をとり、自分も出家までしながら、孝謙女帝のしたことは、およそ仏教徒らしからぬことばかりだった。

奈良時代にも行基のように、全国を行脚し、民衆の教化につとめ、菩薩と慕われた名僧もいた。

奈良時代が終わり、桓武《かんむ》天皇が即位した時、まず腐敗しきった南都と手を切ろうとしたのは、むやみに勢力を得た僧侶たちや、国費の濫費の甚だしい寺院から無縁になりたいからだった。

桓武天皇ははじめは長岡京に、ついで平安京に遷都した。南都の寺院も新都には一寺も移転させなかった。

新しい都で、新しい革新的政治を始めようとする桓武天皇は、人心を収攬《しゅうらん》するためには、新しい宗教が必要だと考えていた。

ちょうどその頃、若き日の最澄が、激しい求道心に燃えてひとり比叡山《ひえいざん》に上り、山林修行の道を選んでいた。

最澄は近江の滋賀郡に生まれ、俗名三津首《みつのおびと》、幼名は広野《ひろの》といった。数え年十五歳で近江国分寺で得度し、法名最澄となった。

二十歳の時、受戒して一人前の僧侶となり、その後わずか三か月で、突然、比叡山に分け入り、隠遁生活に入ってしまった。静寂の地を求めて比叡山に庵を結んだと、大師伝にはある。満才なら十九歳の青年が何を感じて遁世したか、真偽はわからない。ただ最澄のこの頃書いた『願文《がんもん》』があるから、それで察するよりほかない。それによれば、最澄は自分のことを、

「愚《ぐ》が中の極愚《ごくぐ》、狂《おう》が中の極狂《ごくおう》、塵禿《じんとく》の有情《うじょう》、底下《ていげ》の最澄《さいちょう》」と自分を卑下している。そんな仕方のない人間だけれど、その最下底の立場から仏教の大目的のために誓いをたて、すべてのことにとらわれないで真理を体得し、絶対壊れない金剛石のような心願をおこす、というのが願文の主旨である。五つの願文の最後に、

「修行によりて受けた仏法の功徳は自分ひとりのものとせず、すべての人に分かちあたえたい」

とある。これは衆生済度《しゅじょうさいど》を目的とする自行化他《じぎょうけた》の大乗仏教の精神で、山に隠遁し、ひとり悟りすまそうという姿勢は、はじめからなかったことを示している。山林の静寂の地で瞑想し、悟りを開くというのは、釈尊の故事に習うことであった。

ヒマラヤ山麓のカピラバストゥで生まれた釈尊が、二十九歳の時、妻子を捨て家を出奔

し、山林で苦行に入り、真の魂の平安と、幸福を需《もと》め、生存の真理、死の意味を悟ろうとして、求道の修行に身をゆだねたことを、最澄はそのままなぞろうとしたのではなかっただろうか。

釈尊でさえも六年もの間、あれだけの苦行をされたのだ。ましてや末法の世に生まれた狂愚底下のわが身においてをやという、徹底した自己否定と謙遜から、最澄は新しい出発をめざしたのだろう。

比叡山での最澄は止観坐禅の実践行と、仏教書の熟読研究に務めた。最澄はここで天台教学を打ちたて、精力的に草庵、堂舎、僧房を建てていった。比叡山には最澄が入山する前、すでに何人かの山林修行の者たちがいたと想像できる。日本は古来山岳宗教が根づいていて、山そのものを神体と見る考え方があった。山で修行すれば、山の霊気を身に受け、呪力も神秘的な超人的な力も授かると信じられていた。

先住の山林修行者たちは、次第に最澄の人格と修行ぶりに帰依《きえ》するようになり、一種のサンガが形成されていた。

阿《あ》耨《のく》多《た》羅《ら》三《さ》藐三《まくさ》菩《ぼ》提《ぢ》の仏たち
我立杣《わがたつそま》に冥加《めか》あらせ給へ

というのが当時の最澄の透徹した雄大な心境であった。十九歳から三十一歳まで、最澄は十二年間籠山した。最澄の噂が下界に伝わり、その徳を慕って修行に来る僧も増え、一種の教団が生まれていただろう。

最澄が桓武天皇に出逢ったのは、延暦《えんりやく》十六年、内供奉《ないぐぶ》に任命された時であった。内供奉は天皇に近侍して看病に当たる役で、十人が定員であった。桓武天皇はかねがね探し需《もと》めていた持戒の清僧に出逢ったと思い、最澄に惚れこんだ。天皇は長岡京で自死に追いやった早良《さわら》親王の怨霊に脅え、ノイローゼ気味だった。病んだ神経で天皇は最澄の澄明な信仰に感動した。

南都に対立させ、新しい新興宗教を比叡山に打ちたてること、それには最澄の信じる天台法華宗を採用してはどうか。天皇のこの画期的構想が実現し、最澄は何よりも強力な天皇と国家という大外護者を摑むことになった。

最澄は天皇に請い、自分の信じる天台宗をさらに完全なものとするため入唐して、天台宗の正しい師伝相承を得、足りない経典の輸入もしたいと望み、それが許された。

第十四次遣唐使の一行に加わり最澄が入唐した時、共に解纜《かいらん》した四隻の中の一隻の船に不世出の天才空海が、まだ無名のまま乗りこんでいた。最澄は還学生《げんがくしょう》として、天皇から莫大な渡唐費や資料収集費をもらって出発したのに比べ、空海は一介の留学生《るがくしょう》として入唐し、二十年の在唐が義務づけられていた。

四隻の船で発つ遣唐船は嵐に遭い、空海の乗った第一船と、最澄の乗った第二船だけが辛うじて大陸にたどりついた。もし、二人の偉大な宗教的天才が、この時、一人でも沈没船の方に乗っていたら、日本の仏教の歴史は、その後大きく塗りかえられていただろう。

　空海は最澄より七歳若く、讃岐《さぬき》多度郡、今の善通寺で生まれている。幼名は真魚《まお》といい、父は佐伯田公《さえきたぎみ》、母が阿刀《あと》氏で、母方の伯父に東宮の侍講を務めていた阿刀大足《あとのおおたり》がいた。

　空海は大足《おおたり》を頼り京に出て、十八歳で大学に入ったが、やがて退学してしまう。それから入唐時まで約十年間の空海の足跡はつかめない。おそらく山林修行者として、野山を放浪し、何かを需《もと》めつづけていたのだろう。

　阿波《あわ》の大滝岳や、土佐の室戸崎に、修行の跡が伝えられているが、吉野や高野山の修験者の群れの中にもある時期まぎれこんでいたのではないか。あるいは九州太宰府あたりで、入唐の日のため、外国人につき中国語やサンスクリットをマスターしていたのではないだろうか。ともあれ、空海は、一路、遣唐大使藤原葛麻呂の一行と共に長安に進み、最澄はためらわず天台山をめざしていった。

　最澄は天台山で、目的を充分に果たし、帰りぎわに越州により新しい密教に触れ、ついでに密教の灌頂《かんじょう》を受け、密教関係の経書もあわただしく写してきた。わずか九か月の在唐で、目的以上の成果をたずさえて帰国した。

　桓武天皇は、最澄の留守の間にも、引きつづき怨霊に悩まされ病気がちだった。帰朝した最澄が密教に触れてきたと聞き、病床の天皇はその呪力と祈禱力にとびついた。病気平癒の祈禱にも密教は著しい験《げん》があると桓武帝は仄聞《そくぶん》し期待したのだった。桓武帝自身も最澄から灌頂を受け、旧仏教の長老たちにも命じて灌頂を受けさせた。

最澄にとってはおまけのような密教が、これほど桓武帝に歓んで迎えられるということは、最澄の全く予期しないことだった。

七十歳の桓武帝は最澄の密教の呪法では救われず、崩御《ほうぎょ》した。死の直前、天皇は天台宗公認を最澄のため最後の賜とした。

桓武帝という偉大で強力な外護者を失った最澄の晩年は次第に暗くなる。

空海は長安で恵果《けいか》から密教の伝授を受け、二年たらずの在唐でさっさと引き揚げてきた。空海はおびただしい経典や典籍や密教仏具を持ち帰っていた。

空海のもたらした密教が最澄のそれより本物だということは、その請来目録の内容の豪華さだけでも誰の目にも歴然とした。

嵯峨《さが》天皇は空海を信任し、空海の時代となる。最澄は辞を低くして、自分より若く、身分も低い空海に、師弟の礼をとり、高雄山寺で空海から弟子たちと共に灌頂を受け、愛弟子の泰範《たいはん》を預けた。

この泰範の去就をめぐって、最澄と空海の仲は不和になり、ついに絶交に至る。

晩年の最澄は南都の僧綱や、奥州の徳一《とくいち》との論争に明け暮れた。最澄が最後まで欲しがったものは、比叡山に大乗戒壇建立の勅許を得ることであった。それは最澄の死後初七日になってようやく与えられた。

空海の時代は、密教全盛で、僧の呪術が有難がられ、仏教は専ら鎮護国家と病災除厄に利用された。

最澄、空海という不世出の天才宗教家をもった平安時代の仏教も、結局、国家権力の保護の許《もと》にしか発展、存在しなかった点に、日本の仏教の限界を見るように思う。

しかし最澄は比叡山に続々と高僧のあらわれる、僧侶の教育制度と、純一無垢な求道の精神を死後に残していった。

室町時代に流行した禅宗も、将軍という政治権力の体制下で、その外護を得なければ寺院の経営は成立し難かった。

江戸時代には、仏教はもっと権力にほしいままに利用された。幕府は寺院法度の下に各宗教団を統制し、檀家制度で、戸籍を作り、仏教を政治に徹底的に利用し、個人の信仰の自由を認めなかった。

寺院が専ら、檀家の葬式や法事だけを仕事とするようになったのは、江戸時代以降のことになる。

鎌倉時代には、法然《ほうねん》・親鸞《しんらん》・道元・日蓮《にちれん》のように権力に背を向け、あるいは権力に迫害された僧や、生涯、寺院を持たず、市井を流浪行脚して、庶民のために魂の救済者となった遊行聖、空也《くうや》や、一遍《いっぺん》のような聖僧も出たが、大抵の場合、天皇や将軍は、もっとも強力な外護者となって、時の仏教集団を支えてきたようである。仏教がこの国で生きのびたのもそのせいなら、仏教がこの国で常に堕落の危機にさらされてきたのもそのせいであった。

しかし、また一方、何時の時代でも、日本の仏教の宗祖たちは、常に勇気ある革命家たちであった。

聖徳太子が、旧い日本古来の神道と闘い、新しい文化革命をおこしたように、比叡山にこもり、桓武天皇の強力な外護を得て、腐敗しきっていた南都仏教に対立し、革新的天台仏教を打ちたてた若き日の最澄もまた、颯爽《さっそう》たる革命児であった。嵯峨《さが》天皇の外護を得て、新興の密教を唐から伝来して高野山を開いた空海もまた、独創的な天才革命家といっていいだろう。

比叡山に学び、やがて天台宗にあきたらなくなり、それぞれに山を下りて、各自に新興宗教の道を開き、それまで貴族の間だけに専有されていた仏教を、身を賭して民衆のものとした鎌倉時代の各宗祖たちも、すべてその例に洩れない。

こうしてみると、日本に伝わった仏教というのは、日本では常にその時代に新風をまきおこし、疲弊しきった道徳に馴れきって堕落した宗教に不思議な活力を再生して与え、瑞《みず》瑞《みず》しく更新させる魔力を持っていたようである。

明治になって廃仏毀釈《はいぶつきしやく》の未曾有《みぞう》の試練に逢った後にも、体制の従属から解放されようとして、新仏教運動が興り、起死回生をはかったのもその一端である。

第二次世界大戦の間は、またもや権力と結びつき、何等の戦争反対もできなかった日本の仏教が、戦後の混迷の中で農地解放などの打撃の中から辛うじて細々と仏法を守りつづけてこられたのは、仏教自体の持つ生命力の根強さにもよるだろうが、むしろ、ヨーロッパやアメリカで仏教ブームがおこり、その研究の刺激を受けて、日本の仏教研究や、実践的行法などが活発になってきたことも見逃せないのではないだろうか。

宗教は麻薬だといったマルクスの言葉は、もはや時代遅れであろうか。かつては貴族の手にのみ握られた仏教が、鎌倉時代の宗祖たちの手によって、民衆のものとなって以来、仏教の大衆化は、よくもあしくも全国的に浸透し、現世利益や呪術祈禱などばかりを看板にする新興宗教も多くなっている。

仏教は学問ではなく「信」を第一義にしなければならないのは、今更いうまでもないが、現在では「信」は素直な大衆の心に宿り、インテリの多くは、仏教に対する恐ろしいまでの無知を恥じることもない。まして頭から葬式仏教と軽蔑して、無宗教であることを誇示しているむきさえ多い。

日本人ほど宗教に無関心な国民もないといわれているのも反論のしようがないものがある。

宗教心がないということは心に畏怖するものを持たないことであり、畏怖するものを知らない者は罪の意識が稀薄になる。

人間の造った道徳や法律だけでは律しきれない人間の心の闇や、果てしない煩悩の自覚がおこるからこそ、人は悩みつづけていく。物質文明、科学万能の世相の中で、今ほど人間が不安にさいなまれている時はないだろう。

現世利益と祖霊祈禱の新興宗教に、不安にさいなまれた民衆がなだれこむのも、寺院や僧侶の内で仏教の大乗的立場が見失われて、忘己利他の精神が忘れられてきているからではないだろうか。

幸いにして、現代は、憲法で宗教の自由が認められ、権力の圧力や保護の外で、宗教的活動も、求道も自由が認められている。それだけに、寺院や僧侶は放埒《ほうらつ》に馴れ、物質的誘惑にもおちいり易い。

八十年の生涯を、民衆教化の旅にささげ、死に至っては何の奇跡もみせず、自分の肉体を使い果たした破れ車にたとえ、弟子に向かっては、

「自らを燈明とし、自らを拠所《よりどころ》とせよ。他人を拠所とせず、法を燈明とし、法を拠所とせよ」と遺戒を残し、

「私は疲れた」

と素直に嘆息し、

「努め、励めよ」

と、最後に弟子たちを励ましてこの世を去った釈尊の、仏教の原点を見直し、そこに立ち

かえるしか、正しい仏教の生きのびる道は残されていないのではなかろうか。

それはまた、聖徳太子の捨身捨命の犠牲奉仕の精神に立ちかえることにもなろう。太子が選んだ大乗仏教の利他行が、今ほど需《もと》められている時もない。

人間の魂の救済に役立ち、かけがえのないひとりひとりの生命を輝かせ、人間の可能性を、極限に展《ひら》く、いきいきと生命力に満ちた大乗仏教こそが、現代の混迷を救ってくれる唯一の燈のように見えてくる。

仏教の真の外護者は、国家でも権力者でも資産家でもなく、生まれながらに仏心を与えられている民衆のひとりびとりであることを、寺院も僧侶も忘れてはならない。

第一部　仏教と人生

釈尊の生涯

釈尊の降誕

仏陀　仏教は、*仏陀《ぶつだ》（仏《ほとけ》）によって説かれた教えである。また、仏陀にしたがって仏になるための教えである。

仏教を説き明かした仏陀◆釈尊《しゃくそん》がこの世に出現したのは、今からおよそ二五〇〇年前のことであった。

◆世界の救い主として出現した、釈迦族出身の尊き覚者。

仏陀とは、「真理を悟った*覚者《かくしゃ》」「真実の法に目覚めた完全な人格者」という意味である。したがって、仏陀は真理を悟った覚者を総称することばであるが、多くの場合、仏教の開祖《かいそ》である釈尊をさしている。これは、人間の身に生まれ真理を悟り究め、生きとし生ける者を救い導き、歴史上に足跡を印し、永遠にして普遍的な救いの教えを語り示した仏陀が、釈尊以外には存在しないからである。

釈尊という呼び方は、釈迦牟尼世尊《しゃかむにせそん》を略したもので、*釈迦族《しゃかぞく》出身の聖者という意味である。また、最も尊敬すべき救い主であり、人間を導く師であり、大いなる慈愛をそそぐ親として仰がれたところから釈迦牟尼如来《しゃかむににょらい》（釈迦牟尼仏《しゃかむにぶつ》・釈迦仏《しゃかぶつ》）ともよばれている。

釈迦族　釈尊を生んだ釈迦族は、紀元前五世紀頃、天空にそびえるヒマラヤの山麓《さんろく》、現在のネパールとインドの国境付近に居住していた。その勢力範囲は、東がローヒニー河（今のコーハーナ河）、西は首都カピラヴァストゥ（迦《か》毘羅衛《びらえ》・迦毘羅城《かびらじょう》）付近、南はアノーマー河（今のラプティ河）、北はヒマラヤの南麓《なんろく》にわたっ

◆勇気と端正さを兼ね備えた太陽の申し子である釈迦族。

◆◆衆議に従って国事を決める共和政治の会議機関。

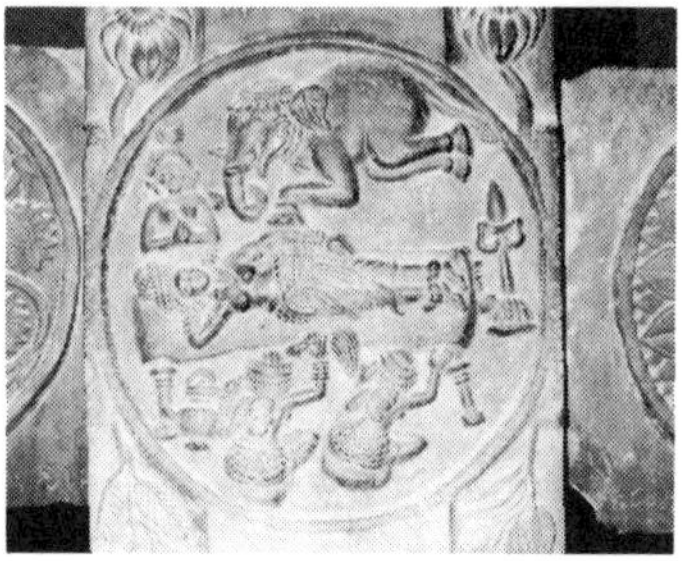

仏母マーヤーの夢
（カルカッタ博物館蔵）

ている。この地域は、インドの東の辺境にあたり、南北に細長い国土は他に見られないほど樹木が多く、ここで＊釈迦族《しゃかぞく》は「◆太陽《たいよう》の裔《すえ》」（日種《にっしゅ》）としての誇りを抱きながら生活していた。

　釈迦族は、首都カピラヴァストゥを中心にいくつかの町や村を治めていた。統治の形態は、集会を開いて国事《こくじ》を決定する「◆◆ガナ（伽那）」という共和制をとっており、この衆議によって選ばれた族長ないしは長者が王となって政治を遂行していた。

　しかし、釈迦族の統治する部族国家は必ずしも強大ではなく、むしろ他の強国に比べれば、その勢力は極めて弱小であった。

　当時のインドでは、マガダ・コーサラ・ヴァッジー・アヴァンティの四強国を初め、十六の大国が互いにしのぎを削っていた。釈迦族は、これらの強大国の間にあって、政治的には独立性を保とうとしていたが、西隣の強国コーサラの保護下に置かれ、絶えず従属を強いられていた。コーサラは、同じ大国のカーシーや富強を誇るマガダと戦闘を繰り広げ、釈迦族の平和的部族国家をも併合しようとしていた。

　後に、釈迦族はコーサラに滅ぼされるが、この当時からすでに種族と国家に対する存亡の危機が、釈迦族の上に重くのしかかっていたのであった。

誕生　紀元前四六三年頃（一説には紀元前五六六年）、釈尊《しゃくそん》は、釈迦族の族長であるシュッドーダナ王（浄飯王《じょうぼんのう》）と、その妃マーヤー（摩耶）夫人の長子として生まれた。

　マーヤー夫人は、カピラヴァストゥの東に居住するスブーティ（善覚）王の娘で、出産の時を迎えるにあたって故郷に赴《おもむ》く途中、ルンビニーの園の中に繁茂するアショーカ樹（またはサーラ樹）の下で釈尊を産んだ。四月八日のことであったという。

伝承によれば、マーヤー夫人は六牙《ろくが》の白象が空より下って右脇に入った夢を見て懐妊した、とされている。また、最もよく知られている降《ごう》誕《たん》伝説は、マーヤー夫人が、アショーカ樹の一枝を手折ろうとして右手を上げた時、その右脇から釈尊《しゃくそん》が産まれたといわれ、こうして誕生した釈尊は周囲にそれぞれ七歩進み、右手で天を、左手で地を指差し「天上天下唯我《てんじょうてんげゆいが》独尊《どくそん》」と声高く唱えた、という物語であろう。この折、天上から甘露《かんろ》の雨が降りそそぎ、野原には一斉に美しい花が咲き匂い、清水がこんこんと湧き出た、

誕生釈迦仏立像（東大寺蔵）

とも語り伝えられている。俗に「*花まつり」と称される釈尊降誕会《ごうたんえ》（*灌仏会《かんぶつえ》）は、この言い伝えに由来している。

これは後世の人々によって語られた伝承ではあるが、ここに語られている誕生についての描写は、戦乱が相次ぎ、*四《し》姓制度《せいせいど》という人為的に作られた階級制度に縛られ、しかも専横《せんおう》極まる為政者の圧政に虐《しいた》げられていた当時の一般大衆が、世を救い、人間の尊厳を自覚的に確立した精神の指導者の出現をいかに熱望していたかを物語っている。

「天上天下唯我独尊」ということばは〃自分だけが偉い〃とか〃自分勝手でよい〃という独善的な意味合いをもって今日遣われているが、これは正しい言い方ではない。「天にも地にもただ我一人尊い」という叫びは、〃自分に誇りを持つ〃ということであり、〃天地自然のうちに生きる命の尊厳に目覚めよ〃という宣言にほか

◆生きものは順次に生まれ変わり、宿命から脱せられないというインドの一般的思想。

ならない。

インドの人々は、いくつも折り重なった*四姓《しせい》制度《せいど》の下で生きねばならなかった。バラモン(司祭者)・クシャトリア(王族・武士)・ヴァイシャ(商工・庶民)・スードラ(奴隷)という四つのカーストの他に、このカーストにさえ入らぬアウトカーストの人々がおり、宗教的権威をもつバラモンと、その頃台頭しつつあったクシャトリア階級によって、ヴァイシャ・スードラ以下の人々は非人間的に使役され、過酷な生活を強いられていた。

しかも、その階級に生まれた者は、常に自らの階級から逃れることができないという◆輪廻《りんね》の思想によって、人々は与えられた運命を甘受しなければならなかった。

釈尊《しゃくそん》の語った「天にも地にもただ我一人尊い」ということばは、こうした四姓制度の下で呻吟《しんぎん》し、苦悩とあきらめとに沈んでいた民衆が、自らの尊さに目覚め、自立して人間の尊厳を打ち立てる願望を、釈尊に託したものであったともいえる。

重要なことは、釈尊が「天上天下唯我《てんじょうてんげゆいが》独尊《どくそん》」と述べたことばに続いて「この世は苦しみに満ちている。この苦しみにあふれた世を、私は救うのだ。」と語っていることである。この誓願は、後に釈尊が、「わたしは最も優れた*覚者《かくしゃ》であり、知者《ちしゃ》である。この上なき救い主であり、師である。闇に包まれた世間に甘露《かんろ》の法鼓《ほっく》をうたんとする者である。」と述べているように、*仏陀《ぶっだ》としての大いなる自覚と、苦しむ人々を救う生き方の原点をさし示したものであった。

こうして釈尊は*釈迦《しゃか》族《ぞく》の族長ゴータマ家の長男として誕生した。ゴータマ家はクシャトリア階級に属し、「最良の牛」という意味を持っていた。名前は、*ゴータマ・シッダルタ(悉達多)と付けられた。これは、父王が生後間もない愛

ルンビニーの遺跡
マーヤー夫人堂

◆釈尊が転輪聖王か、世を救う聖者になると予言した占夢者。
◆◆釈尊の父、釈迦族の王として、善政をしいた。

児を、◆アシタという仙人に見せて行く末を占わせたところ「インドを統一する大王になるか、真理を体得する覚者*《かくしゃ》になるか、いずれかの道を成就するであろう。」と、予言したことに基づいて命名された。その名は「目的を成し遂げる」という意味で、両親の願いが込められていた。

母の死

生まれたばかりのシッダルタは、早くも大きな悲運に直面していた。生母マーヤーが産後の疲れから、シッダルタ出産後わずか七日目に病死したのである。母となったマーヤーは、まるまると太った、端正なわが子をほほえみを浮かべながら抱きしめては喜び、母の愛をそそいでいた。その母の愛が、これから一層深く、大きくわが子を包もうとする時に、生母はこの世から先立っていったのであった。

マーヤーの死後、シッダルタは、マーヤーの妹のマハープラジャーパティ（摩訶波闍波提《まかはじゃはだい》）によって養育された。

後に釈尊《しゃくそん》は、次のように表白している。「世に母あるは幸いなり。父あるもまた幸いなり。」初めに、母のいることを幸いだと語った釈尊は、物心ついて以来、顔も知らぬ生母との別れの悲しみを胸中にかみしめていた。同時に、生母によってこの世に誕生し、養母のおかげで育てられたことに深い謝念を抱き続けていたのである。

シッダルタは、*釈迦族《しゃかぞく》の◆◆浄飯王《じょうぼんのう》の太子として少年時代をおくった。七歳頃からは、二人のバラモン系の学者に文武の道を学んだ。父の邸の庭には、白蓮・紅蓮の咲く池があり、シッダルタはカーシー産の衣服をまとって蓮池の周りで遊んだ。太子が外出する折には、雨だけでなく暑さ寒さを防ぐために白い傘がかざされていた。また、冬と夏と春に適した三つの別邸に移り住み、音楽を聞きながら、米と肉の食事をするのが常であった。

このように、シッダルタは享楽の中で、苦しみの一片すら感じぬ生活を過ごしていた。それは、生母を知らないわが子を慰めつつ、太子として成長させようとする父の計《はか》らいでもあった。あるいはシッダルタ自身が心の奥底に刻みつけた生母の死に対する悲嘆を、享楽生活によって紛らわそうとしたことを示すものであったかもしれない。

一二歳（または一六歳）頃、秋の刈入れを祝う祭りに、父につれられて巡遊した時、シッダルタは重労働にあえぐ農民の姿に同情し、鳥獣が互いに食いあう弱肉強食の様子を見て心を痛めて瞑想《めいそう》にふけった、といわれている。

父はアシタ仙人の予言を思い、シッダルタを国王にするため種々の手段を講じた。華美な歓楽生活をおくらせたのも、シッダルタの心を自らの後継者、そして国王の道に誘導しようとするためであった。しかし、苦しみのない楽しい生活を過ごしながらも、シッダルタの心の底には享楽にあふれた王宮生活への懐疑、苦しむ民衆への同情、そして生母との死別における悲嘆が織りなす糸のように絡みあい、重く沈殿していた。これらは、後にシッダルタが出家する重要な動機になっているのである。

結婚　シッダルタの結婚もまた、わが子の言い知れぬ思いを憂えた父の配慮によるものであった。むろん、当時まだ快楽の中で幸福感を抱いていたシッダルタ自身の考えに基づいたものでもあっただろう。

シッダルタが*釈迦族《しゃかぞく》第一の美人とうたわれた◆ヤショーダラー（耶輸陀羅《やしゅだら》）と結ばれたのは、一九歳（または一七歳）頃のことであった。

やがて長男ラーフラ（*羅睺羅《らごら》）が生まれ、シッダルタは一児の父となった。しかし断ち難い愛欲に一層束縛されることを痛切に憂えたのであろうか、息子に付けたラーフラという名は、障害という意味をもっていたのである。そして

◆シッダルタの妻となり、一子ラーフラを産み、後に釈尊に帰依して出家した。

二九歳のとき、シッダルタは忽然《こつぜん》と王宮を去って出家修行の道に入っていったのである。

苦悩からの解脱をめざして
——出家求道——

出家の動機　なぜ、シッダルタは父や養母のもとから離れ、愛する妻子を振り捨てて、出家の旅に赴《おもむ》いたのであろうか。その突然の家出は、単なる蒸発なのか、それとも覚悟の上の出家なのか。

青年シッダルタが胸中深く、抱きしめていた思いは、先にふれたように、第一に生母を失なった悲しみが、多感な少・青年期にいよいよ深まっていったことである。表面的な快楽に身をおけばおくほど、逆に彼の心には寂しさと孤独が切々と押し寄せていたに違いない。

しかも、目を外に転ずれば、*釈迦《しゃか》族《ぞく》は強国の間に押しつぶされる不安にさらされており、戦乱と重税と*四姓制度《しせいせいど》のくびきによって、人々は生活苦にあえいでいる。

こうしたなかで、快楽と幸福に満ちているようにみえる王宮生活と、そこに身をおく自分とは、一体何なのか、自分は本当に幸福といえるのか、他者の犠牲や不安や人生苦を黙視して暮らす自分ほどおごり高ぶった者はいないのではあるまいか。

このような生活を厭《いと》い離れ、真の幸福と平安を成し遂げ、一切の苦悩と悲嘆を取り除く道にわが身を投じていかねばならない——青年シッダルタはこのように反省し、一切の世間的なるものを投げ捨てて、出家修行の道を歩むことを決断したのであった。

こうした青年シッダルタの苦悩と出家への決意を象徴的に語ったものが、「*四門出遊《しもんしゅつゆう》」といわれる話である。

ある日、父は物思いに沈むシッダルタの気持

三宝の礼拝

ちをはらそうとして城外を散策させることを思いついた。

シッダルタの車が東門を出てからまもなく、一人の老人が杖にすがって、よろよろ車の前を通り過ぎた。老人の顔にはしわが脈打ち、破れた衣服を着た体は枯れ木のようであった。彼は、この老人を眼前にして、若き者も、やがてくる「老い」から免れることはないことを痛感した。

次の日、シッダルタは南門から城外に出た。この折、彼は瀕死《ひんし》の重病人に出会った。健康な者も、いつかは病むのだ、とシッダルタは深く思いつめるのであった。

その翌日、今度は西門より車を乗り出すと通りかかったのは、死者を送り出す葬式の行列であった。どの人の顔も涙にかきくれていた。シッダルタはそれを見て、「あぁ生きている者は必ず死ぬのだ。死の不安と悲しみからは、だれも免れられないのだ。」と切実に思うのであった。

その次の日は北門から出遊した。そのときに彼が出会ったのは、托鉢《たくはつ》しながら堂々と歩く出家者（*沙門《しゃもん》という）の姿であった。憂愁に満ちたシッダルタの顔に明るさがあふれた。彼は、生きている者が老・病・死に直面せねばならないことを強烈に痛感し、この生・老・病・死から出離することこそ、出家者（沙門）として生きる道であることを発見したのであった。

この「*四門出遊《しもんしゅつゆう》」の物語は、シッダルタの出家に至る決意を集約的にまとめたものである。

この背後には、後に釈尊《しゃくそん》自身が告白しているように、富と快楽に囲まれた「生」に溺《おぼ》れて、「老・病・死」を見て、不快感と嫌悪感を抱きながらも、その自分自身が「老・病・死」から離脱できないことを自覚できなかったことへの深い反省が込められている。

「私もまた老いてゆくべきものなのに、いまだ老いを免れることを知らない。それなのに他人の老い衰えたるを見て、厭《いと》い嫌ってよいものであろうか。私は、このように考えたとき、青春の高ぶりはことごとく断たれてしまった。」

シッダルタは、青春の「高ぶり」に酔いしれ、生の享楽の背後にある老・病・死の苦悩を、真に自覚することがなかった。この快楽に包まれた青春の生の高ぶりを、痛切に反省し、戦慄《せんりつ》しつつ自己を見つめ直したとき、シッダルタは生母を失くした個人的悲哀や、苦悩、圧迫と滅亡の危機がのしかかる自国の苦しみや、戦乱と階級支配に呻吟《しんぎん》する人々の困苦などの、具体的な「苦」を凝視するとともに、人間が等しくぶつからざるを得ない生・老・病・死の普遍的な苦悩を同時にとらえることができたのである。

しかもシッダルタは、このような個人の人生苦とすべてのものが免れぬ人間苦を解決するために、快楽と生のおごりに浸った自己の生を投げ捨て、一切の苦悩から解脱《げだつ》する道を求めて新たなる人生への第一歩を踏み出したのであった。

皮相的な生ではなく真実の生き方を探求するために、苦悩から出離して真の幸福を成し遂げる道をめざして……。

出家修行　シッダルタは、ある夜、白馬カンタカにまたがり、従者チャンダカを連れてカピラヴァストゥを出立した。夜が明けようとする頃、シッダルタはアノーマー河畔《かはん》で髪や髭《ひげ》を剃《そ》り落とし、衣服を着がえた。どこまでも付き添って行くというチャンダカと別れ、シッダルタはたった一人で求《ぐ》道修行《どうしゅぎょう》の生活に入っていった。

シッダルタは糞掃衣《ふんぞうえ》（汚物をふきとった布片で作られた衣）を身にまとって、食物を乞《こ》う◆托《たく》鉢乞食《はつこつじき》の生活をおくり、樹下に座っては瞑想《めいそう》にふけった。

シッダルタの修行生活は、当時、バラモンた

◆鉢を携えて、食物を乞い布施を受ける修方行法。

◆宗教儀式や祭祀についての知識、秘儀を明かすバラモンの聖典。

ちの行っていた修行形式にしたがってなされたものであった。

バラモンの修行過程は、⑴学生期（師の家で学習する時期）、⑵家住期（家に戻って家庭生活を営み、祭祀《さいし》などを行う時期）、⑶林住期（家庭生活を捨て、妻子に家事を託して森林に入り、*苦行・思索に励む時期）、⑷*遊行《ゆぎょう》期（托鉢《たくはつ》遊行の生活をおくり、瞑想《めいそう》し、解脱《げだつ》をめざす時期）の四期に分かれていた。このうち、林住期・遊行期に入った人を「*沙門《しゃもん》」「牟尼《むに》」あるいは、「*比丘《びく》」「行者《ぎょうじゃ》」とよんでいた。したがって、シッダルタは二九歳にして林住期に入り、「沙門」となり、およそ七年の間「沙門」「行者」として修行を積み重ねたことになる。

この沙門および行者としての生活は、バラモンたちの修行過程を踏襲したものではあるが、それはまた自主的に修行に取り組む、自由な出家求道者として生きる姿をも意味していた。

シッダルタは、父王に強制されて出家したわけではなく、生活苦によるものでもなかった。自ら進んで、生・老・病・死・憂・悲・苦悩の消滅をめざすための自立的で自由な求道修行に献身したのである。

このことは、*四《し》姓制度《せいせいど》の最上位にあって、◆吠陀《ベーダ》という宗教儀式に関する起源や秘儀を明かす根本聖典をそらんじて祭祀を司《つかさど》っていた、バラモンたちの儀式中心主義に拘束されない修行生活に入ったことを物語っている。

当時、すでにバラモンの形式主義とは別に、清新の気風にあふれた自由な出家修行者のことを「沙門」とよんでいた。

このうち、代表的な六人の宗教者は「*六師《ろくし》外《げ》道《どう》」と称されていた。シッダルタも、六師外道に道をたずねつつ、沙門の一人として修行生活を続けていたのである。

シッダルタは、六師外道が活動するマガダ・

◆マガダの国王（頻毘娑羅王）で、後に一子阿闍世に殺される。

コーサラ・カーシーをはじめとする新興諸国に赴《おもむ》いた。その頃、父浄飯王《じょうぼんのう》は再三にわたって帰国を説得したが、ついに聞き入れないことを知ると五名の者を派遣してシッダルタに付き従うように命じた。

シッダルタは、まずヴァッジーの首都ヴェーサーリー付近にいたバッガヴァを訪れて、苦行の目的を問いただし、現世の*苦行が来世の楽になるという因果関係が成立するのか、と聞いて満足な答が得られないのを知ると、次の師を求めて各地を歩きまわった。やがて、マガダの首都ラージャガハ（王舎城）に現れ、その郊外にあるパンダヴァ山の洞窟《どうくつ》で瞑想《めいそう》に入った。

首都で托鉢《たくはつ》するシッダルタを見て、その優れた風姿に感動した◆ビンビサーラ王は洞窟を訪れて「わが精鋭の軍に加わり栄誉を享受せよ。」と勧めた。これに対してシッダルタは「私は諸々の欲望を求めようとする者ではない。欲の災いより離れ、迷いから出ることこそ安穏と思うがゆえに、その道を努め、励まんとしている。」と表明したのであった。後に、ビンビサーラ王は、釈尊に*帰依《きえ》し、仏教を奉じて*竹林精舎《ちくりんしょうじゃ》などを供養するに至る。

この首都に身をおいたシッダルタは、マガダの沙門を統率する*六師外道のアーラーラ・カーラーマとウッダカ・ラーマプッタに師事し、厳しい修行に励んで、すべてを学び尽くした後、二人の教えが智慧《ちえ》に導かず、苦悩をなくして解《げ》脱《だつ》するものでないことを知って、二人の師のもとを去った。苦行主義はもとより、意識を抑制して欲望から離れるという二人の師の説も欲望の発動を抑えられないだけでなく精神の平安を得て、真理に目覚める教えではないことを知ったからである。

*覚者《かくしゃ》となる道は人によるべきではない。自らの努力によって普遍的な真理を悟らねばならな

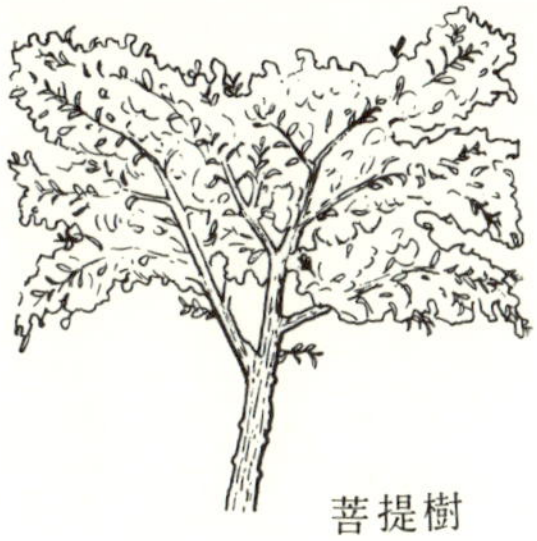

菩提樹

い。

シッダルタは、ラージャガハの西、ブッダガヤ（仏陀伽耶）のウルヴェーラ村付近を流れるネーランジャラー（尼蓮禅那《にれんぜんな》）河で身体を沐浴《もくよく》し、岸辺に横たわった。折しも通りかかったスジャータという村の女性が捧げる牛乳を飲んで、苦行に疲れた身体を回復させたのは、このときのことである。

また、浄飯王《じょうぼんのう》の命を受けて、シッダルタと一緒に苦行してきた五人は、彼が変心したと思い込み、バーラーナシーのミガダーヤ（鹿野苑《ろくやおん》）に去って行った。

一切の苦悩から出離する真実の法は何か。聖なる*覚者《かくしゃ》の道を探求し、無上なる平安と幸福を成し遂げよう。シッダルタは、このように誓いを新たにし、さらに精進を続けていった。シッダルタの筆舌に尽くせぬ求道修行《ぐどうしゅうぎょう》は、六年間に及んだ。

悟りを開く
—成道—

菩提樹下の悟り　ブッダガヤ（仏陀伽耶）のウルヴェーラ村は、ネーランジャラー（尼蓮禅那）河の清流付近にあり、多くの樹木が枝葉を広げる快適なところであった。シッダルタは、この場所こそ修行の道場にふさわしいと思い、*菩提樹の下に座って瞑想《めいそう》に入った。この時、シッダルタは三五歳であった。*煩悩《ぼんのう》を滅し尽くすまではこの座を解かない、という決意を固めながら修行を重ねた。

この折、シッダルタは悪魔のささやきをはねのけたといわれる。それは、聖なる覚者の道を求めながら、煩悩という魔的なるものと、心の中で葛藤し、ついに煩悩との戦いに打ち勝ったことを示す物語である。

精神の平安をかき乱す*苦行を離れたのは正し

◆一切の煩悩の苦しみから脱け出て、平安な境地に入ること。

かったとの思いにふけるシッダルタに、悪魔はこうささやく。「*苦行を修せばこそ若き人々は浄《きよ》められる。浄き道を離れ浄からずして浄しと汝《なんじ》は思っている。」シッダルタは、直ちにこれが悪魔的な*煩悩《ぼんのう》の仕業であることを見抜いて、次のように語った。「苦行は煩悩を浄める道ではない。私は*戒《かい》と*禅定《ぜんじょう》と*智慧《ちえ》とをもって、この菩提の道を修め、この上なき清浄に至ったのだ。破壊者よ、汝は敗れたり。」これを聞いて悪魔は「世尊《せそん》はすでに我を知りたもう。」と叫んで、姿を消したという。

　また、バラモン僧に姿を変えた悪魔は、「あなたの精進には敬服するが、その求道も迷いにすぎぬ。もっと現世の快楽を謳歌《おうか》したらどうか。」と述べ、若い修行者となって現れた悪魔は、「瞑《めい》想《そう》にふけり、思索しても一体何を求め得られようか。」と問いかけ、さらに三人の美女となって誘惑しようと試みた、とされている。

　これに対してシッダルタは、次のように主張している。

「バラモンよ。あなたの忠告はありがたい。しかし、現世の快楽こそ迷いの現れである。あなたのたどりついた道とは何かを教えよ。」

「若き修行者よ。私は真実の道を体得したいと念願している。この苦しみと悲哀に満ちた人生から、本当に◆解脱《げだつ》するためにはいかにしたらよいのか、それを事実に即して探求しているのだ。」

「女たちよ。快楽のみにふける愛は真の愛ではない。苦悩する者を救わんとすることこそ、大いなる真実の愛なのだ。私は、その無上の愛をそそいで迷い苦しむ人々を救おうとするのだ。偽りの愛欲よ、空の彼方に消え去るがよい。」

　悪魔は、悄然として去ってゆく。魔王は憤怒に燃え、魔軍を率いて押し寄せる。暴風雨が荒れ狂い、雷鳴轟くなかで、魔王は武器をかざし

◆苦しみの具体的な事実をしっかりと見きわめる。
◆◆苦しみが何によって起こるのか、その原因と条件を明らかにする。
◆◆◆苦しみをなくすための在り方、内容をつかむ。
◆◆◆◆苦しみをなくし悟りを開くための方法を明らかにする。

て襲いかかった。だが、不退転《ふたいてん》の決意をもって禅《ぜん》定三昧《じょうざんまい》するシッダルタは微動だにしなかった。

敗れ去った魔王が消えたとき、暗闇の空に暁《あかつき》の明星が輝いた。草花は咲き静寂が訪れた。心の闇を除くように、太陽の光がさんさんとそそぎこんだ。

その太陽の光明を見つめた時、シッダルタの全身は歓喜に包まれた。歓楽・愛欲・暴力・憎悪そして生老病死などの苦悩を生み出す一切の煩悩《ぼんのう》を超克し、天地自然や生きとし生ける者のうちに満ちあふれた真理の光に包まれながら、限りなき無上の悟り*を得たのであった。

シッダルタは、聖なる覚者《かくしゃ》*となった。これを「成道《じょうどう》」という。一介の沙門*は、三五歳で悟りを開き、釈迦牟尼世尊《しゃかむにせそん》（釈尊《しゃくそん》）に生まれ変わった。十二月八日の朝であった。

悟りの自覚　釈尊の悟りの内容とは何であったのか。このことについては後にふれるが、その根本内容は、生老病死の四苦に代表される人生苦・人間苦をいかにして脱するか、その苦悩を乗り超えて、いかなる平安な境地を得るか、という点にあった。この命題を解決する真理として、釈尊は「四諦《したい》*」（四つの普遍的真理）を見出したのである。

四諦とは、苦悩の実態を見きわめる苦諦《くたい》◆、苦しみの生起する原因と条件を明かした集諦《じったい》◆◆、苦しみを消滅させる内容を示す滅諦《めったい》◆◆◆、苦しみをなくし、克服するための方法・手段をさし示す道諦《どうたい》◆◆◆◆のことをさしている。

第二は、縁《えん》による苦の生起と消滅を悟ったことである。これは、縁起《えんぎ》*の教えといわれている。

縁起とは、物事が生滅する諸条件のことであり、すべてのものは「相依《よ》り相支えあっている」という連関の事実をとらえたことを意味する。

したがって、一切の苦しみも縁によって起こり、縁がなくなることによって消滅するということ

獅子柱頭（サールナート考古博物館蔵）

になる。正しくは、*縁起《えんぎ》と縁滅《えんめつ》の相関関係を、悟ったということである。

　この縁を自覚することによって、あらゆるものが縁起によって生滅するものであり、移り変わりゆくこと（*無常《むじょう》）、その中に生きる人間、とりわけ「自分」もまた変わってゆくものであるから、その不確かな自我にとらわれないで真理にしたがって生きる無私の献身が大切であること（*無我《むが》）、そして、この無常と無我に目覚めることによって、自由で平安な悟りの境地に住み、覚者《かくしゃ》として生きる（*涅槃寂静《ねはんじゃくじょう》）という根本的な有り様が導きだされたのである。

　第三に、釈尊《しゃくそん》は自ら悟り究めた「法《ほう》」をこそ尊び敬い、この法をよりどころにする根本姿勢に到達したことである。

　ここでいう法とは、すべてのものの在り方、人間の在り方を明かしている普遍的で限りない真理をいう。それゆえ、この法は釈尊が創ったものではない。また釈尊の考えをまとめることによってでき上がったものでもない。釈尊がこの世にいる、いない、に拘らず存在している法（真理）なのである。

　しかし、この法はまた釈尊によって初めて悟られたものであるから、釈尊がいなければ法の存在と本質もまた明らかにならなかった。

　釈尊は、悟りを開いた後、最高の智慧《ちえ》を得た喜びを味わい、さらに後年「私は過去の正覚者たちのたどった古き道を発見した。」とも語っている。釈尊が普遍的な法を悟ったことは、遠い過去より、はるか未来まで続く解脱《げだつ》の法と無上の智慧を再発見したことを意味する。

　釈尊は「人をよりどころとせず、法をよりどころとせよ。」という教えを一貫して語り続けている。ここから真実の正しい法、釈尊によって語られた永遠にして限りない法に基づいて苦を克服し、覚者となって無上の智慧と広大な慈悲をそいで、一切を仏と等しくする◆正法《しょうぼう》中心の仏教の特色が生まれたのである。この釈尊《しゃくそん》の悟った法が「仏法《ぶっぽう》」であり、釈尊の説いた教えは、「仏教」といわれたのである。

釈尊は、*仏陀《ぶっだ》となる生き方とその実践を「*八《はっ》正道《しょうどう》」としてさし示している。正しい見方・考え方・ことば・行い・生活・努力・心の持ち方・心の集中と統一の八項目は、苦を消滅するための道である。

また、この実践項目は、*戒《かい》・定《じょう》・慧《え》の三学として集約されている。戒とは、自己を律し、身を持す生活規範であり、定は正しく平静に精神を統一するための*禅定《ぜんじょう》（瞑想《めいそう》）のことである。さらに慧は悟りを得るための*智慧《ちえ》であると同時に、悟りによって得た智慧をいう。戒《かい》は正しいことば・行い・生活・努力、定《じょう》は正しい心の持ち方、心の集中と統一、慧は正しい見方、考え方に分類できる。これらが、苦悩から解脱《げだつ》への道を歩む人生態度、信仰実践の土台であることを釈尊は悟ったのである。これを「仏道《ぶつどう》」という。

こうして釈尊は、真理に到達した人（如来《にょらい》）、尊き聖者（世尊《せそん》）となったのであった。

世の幸福と救いをめざして
——説法伝道——

説法の決意　*菩提樹《ぼだいじゅ》下で悟りを開いた釈尊は、七日の間、瞑想を続けた。このとき、釈尊は「私の悟った法はきわめて深遠である。悪しき欲望にとらわれ、汚れ、心の闇におおわれた者は、この法を悟ることは難しい。*悟りの内容を説いても理解しがたいであろう。」と思い続けたといわれている。

しかし、釈尊はまた池に咲く蓮の花を見て、こうも考えた。蓮は水中に生じ、水中に沈んでいる。汚れた水面にありながら、汚い水に染まらず青・紅・白の花を咲かせている。世の人の

◆仏陀釈尊によって悟られた真実の正しい教え。

ネーランジャラー河西岸からの眺望

◆バラモン教の最高神である梵天が、釈尊に説法するよう要請した。

姿も、このようにさまざまだ。*煩悩《ぼんのう》の闇に沈んでいる人もいるが、煩悩の汚れに染まらない人もいる。こうした人々のさまざまな状態に応じて法《ほう》を説くならば、仏法を理解せしめることができるであろう——釈尊《しゃくそん》は、こう確信し、決意をこめて「甘露の門は開かれた。耳ある者は聞け。」と語りだしたのであった。

この説法の決意は、「◆梵天勧請《ぼんてんかんじょう》」という話として象徴化されている。バラモン教の最高神である*梵天は、「如来《にょらい》が説法せず、沈黙していれば世間は滅びてしまう。願わくば法を説きたまえ。煩悩の塵垢《じんこう》少なき者さえ、法を聞かねば悪道におちるであろう。もし法を聞けば悟りを得るであろう。」と三度繰り返して釈尊の説法を要請したとされている。

釈尊は、自らの苦悩を解決するために求道出家し、ついに*悟りの境地を得た。数限りない人人が、苦悩に沈み煩悩の垢《あか》に染まって悪道をさまよっている。こうした苦しむ人々を悟りに導かなければ完全に悟りを得た、ということはできない。真の悟りとは、すべての生きとし生ける者（*衆生《しゅじょう》）の安楽と幸福のために、衆生の苦を除き、解脱《げだつ》に導くために無私の献身を捧げることにある。一切の人々に法を説き示し、自分と同じような最高の智慧《ちえ》の結晶された自由で平等な悟りの世界に導かねばならない——釈尊はこうして説法を決意した。ここには、*慈悲の宗教としての仏教の特色が示されている。

最初の説法　ネーランジャラー河のほとりの*菩提樹《ぼだいじゅ》下における瞑想《めいそう》の座より立ち上がった釈尊は、バーラーナシー（波羅捺《はらな》）のミガダーヤ（鹿野苑《ろくやおん》）に赴《おもむ》いた。

釈尊は、ここでかつて父王の命で、ともに修行に励み、釈尊を見限って去っていった五人の*沙門《しゃもん》に教えを説いた。はじめは会うことすら拒んでいた五人の沙門（「*五比丘《ごびく》」という）が、よ

初転法輪像（サールナート考古博物館蔵）

うやく聞く態度を示したとき、釈尊《しゃくそん》は最初の説法を行った。これが「*初転法輪《しょてんぼうりん》」である。

この最初の説法で釈尊は、まず「*中道《ちゅうどう》」について語った。快楽にふけることや極端な禁欲にこだわることは、いずれも真理を悟り、法を体得する方法ではない。法に中《かな》う「中道」によって*覚者《かくしゃ》になれると述べたのである。ついで中道の内容を普遍化するものとして「*四諦《したい》」と八項目の実践的な道を示し、これによって眼を開き、*智慧《ちえ》をもち、平安を得られる、と説いた。

この説法を聞いて、まずコンダンニャ（橋陳《きょうじん》如《によ》）*が悟りを得た。釈尊は「コンダンニャが悟った、悟った。」と歓喜した。その後、次々にほかの四人が悟りを得た。ついでバーラナシーの長者の子ヤサには、苦難に堪え忍ぶ心、偏見を持たぬ素直な心、*煩悩《ぼんのう》による障害をなくし、清浄なる心を持つよう語り、その心が起こるにしたがい悟りの道をさし示して煩悩の塵垢《じんこう》から離れさせた。ヤサは出家を許され、ヤサの父も釈尊の教えを信じ、最初の在家信者になった。

やがて、釈尊のもとに多くの人々が教えをこい、出家することを望んだ。ミガダーヤに住む仏弟子は、釈尊を含めて六十一人となった。

説法の宣言　やがて釈尊は、新興の大国マガダの首都ラージャガハ（王舎城）に向かって説法の旅に立つ直前、仏弟子に向かって、次のように語っている。

「*比丘《びく》たちよ、私たちは一切の束縛から脱した。いまや、多くの人々の利益と幸福のために、世間を憐れみ平安を与えるために、国々をめぐり歩くがよい。一つの道を二人して往かぬがよい。比丘たちよ、初めも善く、中頃も善く、終わりも善き、正しい道理とことばを兼ね備えた法を説け。浄らかな修行を教えよ。汚れの少ない生をうけていても、正しい法を聞かざるがゆえに、滅びゆく人々もある。法を聞けば信じてゆくであろう。」
この釈尊《しゃくそん》の呼びかけは、説法伝道の宣言ともいうべきものであった。ここには、説法する者の決意と自覚が示され、説法の理想と目的が明かされている。一人一人が独立して説法の道を切り開き、苦悩する人々に幸福を与えるために、正しい仏法を説き示してゆこう、という烈々とした覚悟が披瀝《ひれき》されている。

説法の旅　この後、釈尊はウルヴェーラ（優楼頻螺《うるびんら》）において修行者カッサパ（*迦葉《かしょう》）三人兄弟と、その弟子一〇〇〇人を教化し、ガヤー（伽耶《かや》）山に登って仏弟子たちに説法した。

「*比丘《びく》たちよ、すべては燃えている。貪欲《むさぼり》の焔《ほのお》・瞋恚《いかり》の焔、愚痴《おろかさ》の焔によって燃えている。生・老・病・死・愁い・悩みに憂悶し、苦しみは炎となって燃えている。

この世は燃える火宅である。あらゆる苦しみの炎に人々は焼かれているのだ。しかし、人は皆、*煩悩《ぼんのう》の炎に包まれながら、苦の訪れを知らず、遊び戯れている。煩悩の炎が燃えさかる家から脱出させ、邪悪の焔を消し去らねばならぬ。その悪しき欲望や憎悪や迷いから離れるならば、解脱は得られるのだ。」と釈尊は語った。

この煩悩の火が完全に消えた、澄みきった精神の世界を「涅槃寂静《ねはんじゃくじょう》」とよぶのである。

こうして釈尊は、ラージャガハ（王舎城）に入った。マガダ国王ビンビサーラは釈尊に*帰依《きえ》し、*竹林精舎《ちくりんしょうじゃ》（最初の精舎）を寄進した。また、須達長者《すだっちょうじゃ》は、*祇園《ぎおん》精舎を建立して布施した。それからまもなく、サーリプトラ（*舎利弗《しゃりほつ》）、モッガラーナ（*目連《もくれん》）の二人が仏弟子となった。

釈尊は、サーリプトラに「諸行は無常である。この世は火炎に包まれた家のようだ。万物は、縁によって生じ、また滅する。」と語って眼を開かせたという。また釈尊は、多くの仏弟子たちに向かって、

「諸々の悪を行ってはならない
すべての善いことを行うがよい
自らその心を浄《きよ》めよ
これが*仏陀《ぶっだ》の教えである」

と説いた。これは、◆七仏通誡偈《しちぶつつうかいげ》といわれている。この頃、釈尊《しゃくそん》は*戒律《かいりつ》を定めて仏教教団（*僧伽《そうぎゃ》という）の規範とし、父の要請で故国に帰り、異母弟ナンダと実子ラーフラを出家せしめた。

釈尊が四〇歳のとき、父浄飯王《じょうぼんのう》が病死した。この直後、養母マハープラジャーパティーら釈《しゃ》迦族《かぞく》の女性たちに出家を許した。*比丘尼《びくに》(尼僧《にそう》)は、ここに始まる。

こうして、五年間に及ぶ初期伝道によって、比丘・比丘尼とよばれる男女の出家者と*優婆塞《うばそく》・優婆夷《うばい》といわれた男女の在家信者が生まれ、釈尊を中心にあらゆる階層の出身者がともに仏道修行に励む僧伽が形成されたのである。

釈尊の説法伝道の旅は、実に四五年にわたっている。今、その内容を到底語り尽くすことはできない。その後の四〇年間における伝道は、バラモン教徒など外道《げどう》の非難を浴びながら、さまざまな困難を乗り越えて、不屈に展開された。

外道たちは、釈尊を傷つけようとし、スンダリーやチンチャーという女性をあおって懐妊したと偽ったりした。その他、さまざまな誹謗《ひぼう》中傷や妨害を行い、毒殺までも企てた。釈尊と仏弟子たちは、この暴力や誹謗に堪え忍び、かれらへの説法教化を続けた。

他方では、釈尊の従兄弟ダイバダッタ（提婆《だいば》達多《だった》）が反逆し、マガダ国王ビンビサーラを殺して王となったアジャータシャトル（◆◆阿闍世《あじゃせ》）の支持を得て、僧伽の破壊活動を行い、巨象を放って釈尊を殺害しようとする事態も生まれた。結局、ダイバダッタの反抗分立は、かれの死によって消滅したが、釈尊は戒律を知らず知らずに犯した者は、深く*懺悔《さんげ》し、謙虚な気持ち

◆過去の世に現れた七仏によって教え示された仏教のエッセンス。

◆◆マガダ国王ビンビサーラの子。父を殺し、母を幽閉し、ダイバダッタに従って釈尊を迫害した。

ナーランダー僧院跡

で修行に励めば、過失はもはや過ちではないといい、大罪も心から悔いて仏法に*帰依《きえ》すれば、救われると説いた。

七八歳のとき、釈尊《しゃくそん》は*釈迦《しゃか》族《ぞく》の滅亡という悲運をも眼前にした。これ以前より、亡母のために法を説き、雨期には仏弟子とともに自省の生活を修め(「*安居《あんご》」という)、*霊鷲山《りょうじゅせん》を中心に、各地を*遊行《ゆぎょう》して教化活動を繰り広げ、人々の状態に応じてさまざまな手だてを用いて法を説き(「*対機説法《たいきせっぽう》」という)、*智慧《ちえ》をそそいで究極最高の平安と幸福の道に、救い導くために献身した。

最後の説法　八〇歳を迎えるまで、釈尊は一刻も休むことなく、法を説いて説いて説き続けた。しかし、釈尊もまた人間であった。老いと疲れが全身に訪れていた。

「背中が痛む。しばらく憩いたい。」釈尊はそう言った。同時に「汝《なんじ》ら、法の説くままに説法せよ。法の相続者となれ。」とも語っている。

釈尊は、痛む体をひきずりながら、なお自分から進んで説法伝道に立ち上がった。最後の伝道は、ラージャガハ(王舎城《おうしゃじょう》)よりアンバラッティカーの園へ、ついでナーランダーを経て、今のパトナ付近のバータリプッタへと行われた。アーナンダ(阿難《あなん》)をはじめ、多くの仏弟子がこれに従った。

この伝道の間でも釈尊は「*戒《かい》と*禅定《ぜんじょう》と智慧《ちえ》を修得すれば、諸々の*煩悩《ぼんのう》より解脱《げだつ》する。」と説いた。この地より、ガンジス河を北へ渡った。釈尊は、河を渡る人を眺めつつ、「河の流れに橋を架けて人々を彼岸に渡す者こそ賢き*覚者《かくしゃ》である。」と述べた。

釈尊の一行は、ヴェーサーリー(毘舎離《びしゃり》)に着いた。雨期であった。釈尊の老衰は一層進んだ。釈尊は病の体を起こしてアーナンダにこう語った。「汝らは自らを燈明《とうみょう》とし、自らをよりどころとせよ。他人をよりどころとせず、法を燈明とし、法をよりどころとして、他をよりどころとせずして住するがよい。」

　このことばは後に、「自帰依《じきえ》・法帰依《ほうきえ》」「*自燈《じとう》明《みょう》・*法燈明《ほうとうみょう》」とよばれた。仏法をよりどころとして生きる自己の信仰的・主体的な生き方こそ大事なのだ、という*帰依の精神を表明したものであった。これは、仏・法・僧の「*三宝《さんぼう》」に帰依していく教えとして、確立されていったのであった。

　釈尊《しゃくそん》は、クシナガラの沙羅林《さらりん》にたどり着いたとき、「アーナンダよ、私は疲れた。横になりたい。この沙羅双樹《さらそうじゅ》の間に、頭を北に向けて床を敷いてほしい。」と言った。

　釈尊は、右脇を下にし、左足を右足に重ねて横たわった。アーナンダや仏弟子たちは、釈尊の入滅が間近いことを知った。アーナンダは、一人立って涙を流した。釈尊は、アーナンダを傍らによんで、こう諭《さと》した。

「アーナンダよ。悲しむな、嘆くな。いつも教えてきたではないか、愛する者とはいつか別れねばならないのだ。生まれた者は死なねばならないのだ。」さらに釈尊は仏弟子に向かって、次のように語った。「アーナンダよ。すべての弟子たちよ、私がこの世から去った後も、一心に精進して決して怠けてはいけない。これが、私の最後のことばである。」

　釈尊は、静かに眼を閉じた。ゆるぎない心をもって苦しみに堪え、苦悩を乗り越え、解脱《げだつ》を得て、平安と幸福の道をさし示した、救い主であり、最高の師であり、慈悲あふれた親ともいうべき釈尊は、こうして八〇年の生涯を全うした。

　二月十五日のことであった。釈尊は入滅したが、その死んで死なざる救済精神は経典のうちに結晶された。

仏の教え

人間探求の道

自己を見つめる　一体、人間は何のために生きているのか。どのように、人間は生きてゆくべきなのか。人間としての自己が心の奥底より発する、こうした問いかけに、仏教は何を語り、示しているのだろうか。人生の根本問題に対して、仏教はいかなる指針を与え、解決の道を明らかにしているのだろうか。仏教を知るということは、こうした人間の生き方と自己の有りようを探求し、仏教をよりどころとしながら人格形成をはかり、人間として生きる道すじを確立することである。

仏教は本来、人間が生から死に至る自己の人生を見つめ、苦悩や迷妄《めいもう》を乗り越えて確固として生き、「仏《ほとけ》」（*仏陀《ぶっだ》）とよばれる理想的人格の高みに立つことをさし示した教えである。

キリスト教が神を中心とする宗教であるのに対して、仏教は、「人間の生き方に目覚めることを肝要とする宗教」である。仏教は、仏陀によって説き明かされた教えであるとともに、人間が自己を探求することによって人生の在り方を自覚し、仏陀に導かれつつ仏の道に参入して仏になることを教えている。

伝道の旅を続けていた釈尊《しゃくそん》は、ある時、逃げた遊び女を探す青年たちと出会った。一時の快楽を求めてやまない彼らに、「若者たちよ、君たちは逃げた女を探し求めることと、己自身を探し求めることと、どちらが大切だと思うのか。」（『律蔵大品《りつぞうだいぼん》（四分律）』）と語りかけ、ま

◆法を燈明とし、自らをよりどころとすべし。法の前では、すべてが平等で独立した人格を持っている。他によりかからず、法を燈明とし、その光を指針に自主的に生きることの大切さを述べている。

ず自己を探し出すことを教えようと述べて、青年たちに人生の在《あ》り方を示した、という。このエピソードは、仏教がまず自己探求から出発する教えであることを明らかにしている。

釈尊《しゃくそん》はまた、そのことに関連して次のようにも説いている。

「汝《なんじ》らはここに、自己を燈明《とうみょう》とし、自己をよりどころとして、他人をよりどころとしてはならない。法《ほう》を燈明とし、法をよりどころとして、他をよりどころとせずに生きてゆくがよい。」(『大般涅槃経《だいはつねはんぎょう》』)このことばは、◆自燈明《じとうみょう》・法燈明《ほうとうみょう》といわれている。

自己をよりどころとするということは、さまざまな苦しみや悩みをかかえ、過ちをおかしやすい、不確かな自己を絶対視せよ、という意味ではない。いろいろな欲望の*執著《しゅうじゃく》をコントロールし、苦しみや悩みから離れて真実をめざして生きてゆく「よくととのえられし自己」のことをさしている。すなわち、法を燈明として、ありのままの自己を探求しつつ、不安や迷い、悩みを乗り越えて*煩悩《ぼんのう》からの解脱《げだつ》をめざし、法に目覚めてゆく自己が、よりどころとなる自己であり、燈明を輝かすことのできる自己になり得る、ということである。

したがって、自己をよりどころとすることは、法を燈明として生き、法を悟る生き方を貫いていくことにある。法とは、普通、真理といわれている。生きとし生ける者の生死《しょうじ》の有り様を明かした人生の道理・法則であり、普遍的で永遠な救済の道をさしている。この法は、釈尊によって初めて悟り究められたという意味で、釈尊の切りひらいた仏の道を意味している。釈尊は、この法を悟り、完全なる平安の境地(*涅槃《ねはん》という)に入って*仏陀《ぶつだ》になったのであるから、法は真理と悟りの内容とその悟りを説き示した仏陀の人格の三つを備えた仏法として、私たちに示されているのである。

この点について釈尊《しゃくそん》は、「法を見るものは我を見るなり」(『如是語経《にょぜごきょう》』)と述べた。この法《ほう》によって悟ることができる。この法こそ、わたしの心であり、尊び敬い、師事すべきものであると語ったのである。この基本姿勢は後に、「法に依《よ》って人に依《よ》らざれ」(『涅槃経《ねはんぎょう》』)ということばで表現されている。仏教は自己を探求し、仏法を悟る宗教なのである。

四苦八苦　楽あれば苦あり、苦あれば楽あり、人生あざなえる縄のごとし、という。楽しみと苦しみは、いつも背中合わせにある。それは、織りなす糸のように、こもごも起こってくる。楽しみや喜びが大きければ大きいほど、それを失ったときの苦しみは深い。だが、苦悩が深いほど、その苦しみを乗り越えたときの喜びは大きい。楽しみや喜びは短く、苦悩は長く、限りがない。まことに、苦しいことのみ多かりき、というのが人生の姿である。

仏教は、生きている人間の苦しみを見据え、一切はみな苦であるという見方を原点とする。これは、すべてを悲観的にみなすことではなく、果てしなく深い苦しみに直面しないではおられない人生の有り様を、真正面から見つめる立場から語られたものである。

私たちの人生には、実に多くの苦しみがある。いろいろな不安や悩みを抱えている。受験戦争や勉強のことで悩み、失恋したり、家庭や友人との人間関係で苦しんだり、けがや病気などによって思い悩むことも多い。あるいは、生きる希望を見出せないで落ちこんだり、社会の悪や不正を見て、世の中をよくするために何かしなければと思いつつ、自分一人では、どうしようもないと心を閉ざしてしまうこともあろう。肉体的、精神的な悩みは数限りなく、次々に起こってくるし、学校、家庭、職場における人間関係や社会的な不安に伴う苦しみは、尽きることがない。

どうして、こんな苦しい世の中に生きていなければならないのか、なぜ悩み憂いながら生活しなければならないのか、と自問することがしばしばあるに違いない。

苦しみとは、こうありたいと求めながら、思うようにならないことによって起こるものである。苦しみには、原因が取り除かれることによって消滅するものもある。しかし、常に求めながら得られない根本的な苦しみがある。それが、*四苦八苦《しくはっく》である。

四苦とは、生《しょう》・老《ろう》・病《びょう》・死《し》の苦しみをいう。生とは、「生まれたことおよび生存していること」自体がすでに苦しみの根本原因であることである。老は若さを失っていかざるを得ないことに対する不安であり、病は健康を失っていくことへの苦しみである。こうした肉体と精神に関る究極の苦悩は、生まれたからには必ず死なねばならないという厳然たる事実から起こるのである。人はだれしも、自分の命が消滅し、一切が失われていく恐怖と不安から免れることはできない。生きることは死に至ることであり、いずれは死ぬという限定のなかに生がある。その「生死《しょうじ》」全体が、苦しみに包まれているというのである。

八苦とは、こうした四苦に愛別離苦《あいべつりく》・怨憎会苦《おんぞうえく》・求不得苦《ぐふとっく》・五蘊盛苦《ごうんじょうく》を加えたものである。

愛別離苦とは、いつかは愛する人とも別れなければならない苦しみのことである。怨憎会苦は、怨みや憎しみを鷹かないではいられないものと出会い、付き合っていかざるを得ない苦しみをさしている。人はだれしも、愛しいと思うものといつも一緒にいたいと考える。しかし、その愛の永遠性を断ち切る別れにぶつかったとき、愛する心が深いほど、別れは忍び難い。

また人間は、愛するがゆえに、裏切られたときに憎しみをもつこともある。このように愛と憎しみとは、人間の心のうちにいつも同居している。怨《うら》みや憎しみの心情は、相手に背かれたり、裏切られたり、思いもかけない仕打ちをされたことへの感情に基づいている。

この意味で、愛別離苦《あいべつりく》と怨憎会苦《おんぞうえく》は、ずっと続いてほしいと思っていた愛の断絶と、会いたくないと思いつつ会わざるを得ない怨みと憎しみの心情によって起こる苦しみである。

求不得苦《ぐふとっく》とは、求めながらも得られない苦しみである。自分の求めるものが、常に獲得できれば苦しむことはない。しかし、何かを求めつつ、いつも得られないことへの不満や思い通りにならない悩みをもつことによって苦しみが生まれるのである。

五蘊盛苦《ごうんじょうく》は、人間の肉体的・精神的な不安によって起こる苦しみである。*五蘊とは、人間を構成している五つの部分のことである。すなわち、肉体（色《しき》）、感受性（受《じゅ》）、想像する心の作用（想《そう》）、快・不快や愛・憎しみなど衝動的な欲求が生起する意志のはたらき（行《ぎょう》）、さまざまな事柄を思いめぐらし、識別する認識作用（識《しき》）の五つを意味している。

このように、肉体および感情から意識の形成に至る精神的要素を総合的にとらえ、しかも身体と心を固定したものではなく、絶えず移り変わっていくもの（◆五蘊仮和合《ごうんけわごう》という）としてとらえたところに、仏教における人間観察の基本がある。

人間がさまざまな苦しみを感じとるのは、肉体と精神によってであり、この五種の肉体的・精神的な欲望に*執著《しゅうじゃく》することによって、さまざまな苦しみが生まれてくる。これは、人間の肉体と精神作用に伴って生まれる妄執《もうしゅう》（欲望へのとらわれ）が、常に苦しみを盛んに燃えあが

◆人間を形作っている肉体と精神は、仮に集まっているもの。

らせる根本原因である、ということである。つまり、苦しみというものは、自分の思い通りにならないことへの不安と苦しみなのである。

「生は苦なり。老は苦なり。病は苦なり。死は苦なり。愛するものと別るるは苦なり。怨《うら》み憎むものと会うは苦なり。求めて得ざるは苦なり。略していわば、われらの生をなすすべてのもの（*五蘊《ごうん》）は苦なり。」（『阿含経《あごんきょう》』）。釈尊の語ったこのことばは、*四苦八苦《しくはっく》を全体として見つめた心から述べられたものである。

煩悩の毒　自己が四苦八苦に悩み、悶え、迷い、深い苦悩を味わうのは、身と心にある果てしない欲望が満たされず、求めても得られないことを原因としている。

この限りない欲望の根源と、その現れを*煩悩《ぼんのう》という。煩悩によって人間の身が惑わされ、心がかき乱されるために、苦しみが起こるのである。

煩悩は普通一〇八あるといわれるが、これは数えきれないほど多くの煩悩があるという意味である。煩悩、欲望自体は、善にも悪にもなる（「無記《むき》」という）し、それは人間が本来、根源的に内在させているものである（「*無明《むみょう》」とよぶ）。しかし、この煩悩は悪しき欲望として現れ、そこから苦が生じるというのである。この煩悩の中心は、貪《とん》と瞋《じん》と痴《ち》の*三毒《さんどく》とよばれている。

貪は貪欲、すなわちむさぼりをさす。自己が得たいものを、常に求めつづけ、我欲や利欲にとらわれる自分本位の欲望のことである。

瞋は怒りのこと。悪を正すための怒りではなく、思い通りにならないことから生じ、また、怨みや憎しみをこめた怒りをさしている。

痴は無知をいう。これは、単に何も知らないということではない。苦しみの原因とその解決方法を知らず、万物が絶えず変化していることを知らず、総じては仏法の教えを知らず、燈明《とうみょう》を求めずに心身を惑わせて苦悩の暗やみに自閉している状態を意味している。

*煩悩《ぼんのう》は、心を覆い尽くしている垢《あか》や汚れであり、心を苦しめる毒である、とされている。こうした煩悩は、自我が欲望にとらわれることによって不可避的に生じて来る。これを◆無明煩悩《むみょうぼんのう》とよぶ。

釈尊《しゃくそん》は、「貪欲《むさぼり》の炎に燃え、瞋恚《いかり》の炎に燃え、愚痴《おろかさ》の炎に燃え」と述べている。このような、心を焼き尽くす煩悩の炎を消し尽くし、三つの毒を捨て去って、心身を浄めることによって平安な境地に入ることを、仏教は説くのである。

縁起の教え　一切の苦しみは、煩悩を原因として生まれる。苦しみや悩みは、その結果である。重要なことは、煩悩のはたらきがなければ、苦しみは生じないという点である。煩悩に基づく苦悩は、互いに関連しあった条件があって、初めて生じるのである。

すべての現象が、相関係し合いながら生起するのは、原因があるだけでなく、原因と結果を作り出す条件があるためである。釈尊が「これ有るに縁《よ》りて、かれ有り。これを生ずるに縁りて、かれ生ず。これ無きに縁りて、かれ無し。これ滅するに縁りて、かれ滅す。」（『阿含経《あごんきょう》』）と語った、「縁りて」生じたり滅したりする原因と結果をつなぐ諸々の条件を、*縁起《えんぎ》という。

縁起は、釈尊の悟った法の中心内容の一つである。仏教は、「縁起をみる者、かれは法をみる。法をみる者、かれは縁起をみる」（『阿含経』）という命題を示している。人間の現実の状態はどんな条件によって生じたのか、その状態をなくすには、どんな条件をなくせばよいのか。これが、釈尊《しゃくそん》の思考方法の原型である。

したがって、苦しみはこの縁によって起こるのである。むさぼりや憎しみをこめた怒りや無

◆本来、備わっている根源的な苦しみや迷い・妄執の根本。

知の*三毒《さくどく》におかされた*煩悩《ぼんのう》を縁として欲望が起こり、欲望によって*執著《しゅうじゃく》が生じ、執著することによって苦しみが生まれる。それゆえに、苦しみを取り去るためには、執著から離れることが不可欠であり、執著から離れることによって欲望はおさえられ、欲望が抑制されることによって煩悩のうごめきを止めることができる、というのである。

仏教では、苦しみが起こってくる原因とそれを生み出す形成のプロセスを十二の段階に分けている。これを、*十二因縁《じゅうにいんねん》とよぶ。

一切の苦しみは、(1)根源的な無知によって起こり（無明《むみょう》）、(2)衝動的に欲望を表し（行《ぎょう》）、(3)欲望を識別し（識《しき》）、(4)身と心に欲望が満たされ（名色《みょうしき》）、(5)欲望を特に眼・耳・鼻・舌・身・意の肉体的な感覚と意識に感じ（六処《ろくしょ》）、(6)感覚的な接触と（触《そく》）、(7)感受作用とによって（受《じゅ》）、(8)盲目的な愛欲を生じ（愛《あい》）、(9)執著し（取《しゅ》）、(10)生きている間（有《う》）も(11)生まれ（生《しょう》）から(12)老いて死（老死《ろうし》）に至るまで、煩悩はめまぐるしく変わりつつ生起して苦悩し続けていく。

逆に、これらの原因と諸条件がなくなれば、苦悩も消滅するのであるから、根本的無知をなくして法に目覚めれば、我欲を滅することができ、妄執《もうしゅう》がなくなれば、生老病死も苦も滅するように、前の縁《えん》が失われれば、その次のものも順次に消滅していくのである。

このように、一切の現象は互いに相関連し合いながら原因を生じさせ、一定の結果をもたらすのである。このような、因果《いんが》を生み出す「縁《よ》りて起こる」条件の数々を、*縁起としてとらえたのである。とりわけ因と縁とは密接に関連し合いながら、結果を生み出す。これを、因縁《いんねん》という。一切の現象は、原因とその原因を生起させる諸々の条件によって生じ、そこに存在しているからである。

*縁起《えんぎ》は、*仏陀《ぶつだ》がいるか、いないかに関らず、永久に万物が存在する法則である。一切の現象が外なる何ものかによって作られたものでなく、またなんとなく生まれて、存在しているのでもないことは明らかである。万物は、必ず原因があって生じ、諸々の条件に従って消滅する。それらの条件の一つ一つは切り離されてあるのではなく、相互に関連し合いながら一定の結果をもたらすのである。

苦悩の原因と条件を消滅せしめれば、苦悩をなくすことができることに目覚め、永遠にして無限の悟り*に導くことを示したところに縁起の教えがある。

悟りへの道

苦悩からの出離　これまで述べてきたように、仏教はこの世の実相をありのままに見据えることによって、「人生は苦なり」という見方からスタートする。同時に、その苦悩が悪しき欲望を原因として形成され、さまざまな条件（縁《えん》）によって生じたり、滅したりすることを明らかにしている。それでは苦悩をなくしていくためには、どのような人生観をもち、いかなる人生を歩んでいくべきなのか。

苦悩から解脱《げだつ》に至るこうした人生の道程を明らかにしたのが「*四諦《したい》」とよばれる四つの真理である。すなわち、今までふれた人生苦の実態をあかす苦諦《くたい》、苦の生起消滅する原因と条件をあかす集諦《じったい》、そしてこれから言及する苦を消滅するための人生観の内容を示した滅諦《めったい》、苦悩から離れて悟りに至る実践的な人生態度を明らかにした道諦《どうたい》、のことである。

諦ということばは、〝あきらめ〟をさすように使われているが、物事を宿命的にとらえ、断念するということではない。人生や物事の本当の姿、本質を〝明らかにする〟という意味である。苦しみに満ちあふれ、その苦悩が次々に起こってくる人生の冷厳な現実を直視しつつ、どうしたら苦しみをなくし、自由で平安な境地に入って生きていけるのか。その人生の在《あ》り方、道すじをとらえる透徹した精神をさしている。

この点について、釈尊《しゃくそん》はこう述べている。

「よく自己を制し、清浄なる行いを修め、四つの真の道理を悟りて、ついに*涅槃《ねはん》を実現することを得なば、人間の幸福はこれに勝るものはない。」（『阿含経《あごんきょう》』）

ここには、むさぼりや一切の*執著から離れた*悟りへの道が明らかにされている。*四諦を悟って*煩悩《ぼんのう》に汚染された心を明るく浄らかにし、平安を得ることを人間最上の幸福とみなした仏教の根本精神が指摘されている。

言い換えれば、煩悩によって汚された妄想・妄見を否定し、心を浄化して真理に目覚めていく、根本的な態度をもたなければならないということである。

人間は私利私欲や貪欲・愛欲などの悪しき欲望の塊である。欲望そのものは善にも悪にもなるが、人間の心のなかには、偽善・慢心・偏見・憎悪・独善・エゴイズムなど、我執に基づく利欲や真理に背く逆立ちした考えがうごめいており、悪しき欲望に執著することによって、他人のみならず自分もまた苦しむのである。こうした顚倒《てんとう》した心をただし、真理にかなう見方、生き方をいかに確立すべきなのか。これが、解脱《げだつ》と幸福をめざす人生の根本命題なのである。

中道の教え　その第一の人生態度は、「*中《ちゅう》道《どう》」の見方である。中道とは、単に二つの考えや見方の真ん中ということではない。怠惰な快楽主義と禁欲的な*苦行主義の両極端に走らないで、真理を悟るためにまっすぐに大道を歩むということである。*中道《ちゅうどう》の中とは、教えをよりど

◆仏の教えに従い、仏になる道を求めつづける生き方、努力。
◆◆苦しむ者のもとにやって来て苦をとり除き、平安と幸福を与える仏陀の徳性。

ころとして仏の道を歩み、真理に一致することを意味している。

ある時、ソーナという弟子が、こんなに苦行しているのにどうして悟れないのかと嘆いているのを聞いた釈尊《しゃくそん》は、ソーナにこう語った。

「琴を弾くのに絃《げん》を強く張り過ぎていてよい音色はでるであろうか。また絃の張りかたが弱過ぎていてよい音色がでるであろうか。仏道の修行もそれと同じなのだ。苦行*が過ぎると心は高ぶり、緊張するばかりで決して静かな心境にはなれない。また、修行がゆるやかでも怠け心が起こり、安らぎは得られない。この二片を離れて悟りにかなう中道をとらねばならない。」（『阿含経《あごんきょう》』）

緊張し過ぎれば、心はコチコチに固くなる。怠け過ぎると心はたるんでしまう。苦行も快楽も過ぎたるは及ばざるがごとしである。この両極端を捨て去ることは、心の平静と安心を得るためであり、中道は仏道修行◆を正しく実践する指標となるものである。

この点に関しては、釈尊が「如来《にょらい》◆◆は二つの極端を捨てて中道を悟った。これは、私たちが心の眼を開き智慧《ちえ》*を進め、心の平静を得て悟りの境地に到達するための教えである。」（『阿含経《あごんきょう》』）と語っていることによっても明らかである。このように、中道は仏法に目覚めて智慧と平安な精神を身につけ、「悟り*」の道に参入していくための人生の根本的観点なのである。

無常の凝視　第二の原則は、「諸行無常《しょぎょうむじょう》*」という見方である。諸行無常とは、一般的にはあらゆるものは常に移りゆき変転しないものはない、ということである。いうまでもなく、人間もまた常住ではあり得ない。ほかならぬ「私」が無常から免れることはできないのだ。生まれたからには、やがては老い、病み疲れる。そして、死という厳しい事実を避けることはできな

◆生きとし生ける者の行い、振舞い。

い。求めて得られず、愛する者とも別れなければならない生の体験をはじめ、実にさまざまの苦しみが、無常なるがゆえに次々と起こってくるのである。このことを釈尊《しゃくそん》は、「およそ無常*なるもの、それは苦なり」と述べている。

　こうした無常への凝視は、単にはかなさを慨嘆するだけに終わるものではない。変わりやすく変化して止まない不確実な事柄への執著を取り去って、今、まさにこのときに生きていることを主体的に自覚し、その一瞬一瞬を悔いなく生き、苦しみから解脱《げだつ》への道に励み、有限の命を無限に高めていく人生観をもたらす原動力となるものである。

我執と無我　人間というものは、自分中心の考えに陥りやすいエゴイストである。自分の利害損得を計算したり、自分の考えを絶対視したり、自分の行いを合理づけることが上手である。わたしが、オレがと言いつのり、何ごとをも自分の思い通りにしたいと考える。それが思うようにならないときには、憎しみや妬《ねた》みなどを抱き、少しばかり思うようになるとうぬぼれたり、独りよがりになる。偽善や背信、不正をうわべの虚飾によって隠しているのが、人間の本音ではないのか。釈尊《しゃくそん》はいう。「無知にして愚かなる者は、己に対して仇敵《きゅうてき》のように振舞う。なぜなら、彼は悪しき◆業《ごう》を行い、己の上に苦しみの結果をもたらしているからである。（『阿含《あごん》経《きょう》』）

　このような悪しき業を日々に営み、それゆえに苦しみに苦しみを重ね、他人をも悩ます自分。その自分は、さらにまた無常からもまぬがれ得ない。どうして、こうした不確かな自己を頼りにすることができるであろうか。

　よくよく自己を観察してみるならば、*煩悩《ぼんのう》の塵《ちり》や垢《あか》に汚れ、移ろいやすい無常の身に目覚めることなく、悪しき欲望におおわれた肉体と精神にとらわれることによって、苦しみと迷いが起こることに気づく。こうした自分を構成する肉体や意識のなかで、悪しき欲望より離れ、*煩悩《ぼんのう》をコントロールできないために、ありのままに苦と無常を知ることができず、*覚者《かくしゃ》の教えにしたがって生きる道をも見出せないのである。

このことを釈尊《しゃそん》は「我というものはない。また、わがものというものもない。すでに我なしと知らば、何によってか、わがものがあろうか。もし、このように解することを得れば、よく煩悩を断つことを得るであろう。」と語っている。これは、「*諸法無我《しょほうむが》」といわれる見方である。

「我というものはない」ということは、自分というものが存在しないということではない。我を忘れて自分のことを考えないという意味でもない。煩悩の身である自分は、絶えず移りゆき迷妄に包まれているのであるから、固定した我はないし、肉体も意識も、仮の姿をとって現れているにすぎない。肉体、感受作用、思念、行為、意識の五つは、いずれもかりそめに和合しあっていることに気づかないのが人間である。そこで釈尊は、あえて「我というものはない」と強調したのである。それは、自分の狭い思惑に基づいて、自己を絶対化し、合理化する我執から離れよ、ということにほかならない。

同時に、この諸法無我の教えは煩悩から離れ、欲望をコントロールすることによって諸法を悟っていく新たなる自己発見の道をさし示している。人は皆、自分が一番可愛い。同様に、他人も自分をこの上なく大切だと考えている。釈尊は語っている。「いずこに赴《おもむ》こうとも、人は自己よりも愛《いと》しいものを見出すことはできない。それと同じく他の人もすべて、自己はこの上もなく愛しい。されば、自己を愛しいと知る者は、他の者にも慈《いつく》しみをそそがねばならない。」

（『阿《あ》含経《ごんきょう》』）これが、本当の思いやりというものであろう。自分を愛することは他者を慈しむことであり、自分を愛することは悪しき思いや、行いによって自己を損わず*煩悩《ぼんのう》の汚れを除くことなのだ、というのである。*諸法無《しょほうむ》我《が》とは、無常を実感し、煩悩に固執する「我」を否定し、欲望を統御しつつ覚者《かくしゃ》の道をめざす「我」に生まれ変わることを意味している。それは、煩悩を断とうとして断ち切れぬ自己への、深い絶望と苦悩に徹したところで初めて転換できる、菩提への願いと希望でもある。

心の静寂と平安、*諸行無常《しょぎょうむじょう》と諸法無我の教えは、これまで述べてきたように煩悩から出離して覚者となり、最上の幸福と平安を成し遂げることを目的としている。普遍的な法を悟り、*智《ち》慧《え》と*慈悲を身に体して真実の幸福と平安を実現した境地は、「涅《ね》槃寂静《はんじゃくじょう》」とよばれている。*涅槃とは、煩悩の炎をすべて断ち尽くした状態をいう。寂静は、平静な安らぎを得た心の浄《きよ》らかさをさしている。

「貪《むさ》ぼりを離れ、浄らかにして、心に汚れなければ、*悟りを得る。悟りに入れる者は、いずこにありても安らかに眠る。すべての*執着《しゅうじゃく》を断ち切り、悩みを調伏《ちょうぶく》したるがゆえに、心は静寂に入りて、静かに安らかに眠るなり。」これは、昨晩は安らかに眠れましたかと聞かれた折の釈《しゃく》尊《そん》のことばである。おそらく釈尊は、安らかに眠れたよ、と気軽に答えたのであろうが、ここには貪欲など悪しき欲望の毒や垢《あか》に染まらぬ心の浄らかさを得て、我執をなくし、悩みを取り去った心の静寂さと平安の世界に住む釈尊の姿がにじみでている。

それはまた、生死の苦の奥底を凝視しつつ、その生死の苦しみを転じて涅槃に至る道を見出した釈尊の生き方が背後に存在していたことを示している。◆煩悩即菩《ぼんのうそくぼ》提《だい》、◆◆生死即涅《しょうじそくね》槃《はん》という仏

◆煩悩による苦しみを痛感し、それを転じてこそ悟りは得られる。

◆◆生から死に至る人生の悲苦を通し、母体としてこそ平安な悟りは成し遂げられる。

教の精神は、ここから確立されていくのである。

解脱をめざす生き方

行為　仏教は、万人平等の教えである。インドの*四姓《しせい》制度《せいど》（◆カースト）の束縛を乗り越えて、釈尊《しゃくそん》があらゆる人間を救いに導こうとしたことは、きわめて重要な事柄といえよう。これは仏教が、生まれによって人間の尊卑が決まるのではなく、その行為がすべてを決定する、という基本的立場をとっていたからである。釈尊はこう語っている。

「焔《ほのお》は平等なり。生まれをたずねることなかれ。ただその行為を問うべし。人は、生まれによって聖者《せいじゃ》たるにあらず、生まれによって非聖者たるにあらず、人は、行為によりて聖者となり、行為によりて非聖者となる。」（『スッタニパータ』）

行為は、一般的に「業《ごう》」とよばれている。業は宿命的に与えられたもの、変えることのできない行いをさすことばであるが、本来の意味は行為に関する見方、人間の振舞いについての在《あ》り方を示している。

したがって、外形的な容姿や血統・身分・地位・階級などによって価値づけるのではなく、何を語り、何を行い、いかなる生き方をしているか、という行為の内容こそ人間の有り様を決める根本規準であるということである。だから、悪しき業を行う者が卑しい人であり、正しい善業に励む者が尊い人なのである。

釈尊は、悪しき行為を営む卑しき人の具体例として、虚偽を語る者、人を殺して物を奪う者、父母兄弟姉妹を敬わぬ者、悪しき行いをしながら隠そうとする者、貪《むさぼ》り・怒り・愚かさなどの利欲にふける者などの悪業を挙げ、さらに「己を高くほめそやし、他人をけなし軽んずる者は、

◆司祭者、王族・武士、庶民、奴隷などに分かれたインドの身分制度。

自慢のためにかえって卑賤に堕《お》つ。このような人は卑しいといわねばならない。まことの聖者にあらずして、自ら聖者なり、と公言する者は、一切世間をあざむく賊である。このような者は、「最も卑しい者である。」とも指摘している。

一方、善業に勤《いそ》しむ尊き人については、次のように語っている。

「*智慧《ちえ》深く、賢慮があり、正しい道と非道とをわきまえ、最上の教えに到達している人」「蓮の葉に宿る水のように、諸々の欲に染著《ぜんじゃく》していない人」「粗暴なことばを用いず、常に真実のことばを語って教え諭《さと》す人」「悪意をもつ人の中にあって悪意なく、刀杖を手にする人の中にあって、柔和で穏やかに、*執著《しゅうじゃく》多き人の中にあって執著なき人」――これらの人を聖者《せいじゃ》とよぶ、と釈尊《しゃくそん》は示している（『スッタニパータ』）。さらに釈尊は、こう述べている。「人はその風姿と姓名によって聖者となるのではない。真実と正法《しょうぼう》とを備えている者、かれは幸福なるかな。かれこそはまことの聖者である。」（『阿含経《あごんきょう》』）

八正道　卑しい悪業を投げ捨て、尊い善業に励む人生の在《あ》り方は、「*八正道《はっしょうどう》」として示されている。煩悩《ぼんのう》から解脱《げだつ》へ、悪業を転じて善業に取り組む八つの正しい人生態度のことである。その内容は次の通りである。

①正しく見ること（正見《しょうけん》）
②正しく考えること（正思《しょうし》）
③正しくことばを語ること（正語《しょうご》）
④正しく行動すること（正業《しょうごう》）
⑤正しく生活すること（正命《しょうみょう》）
⑥正しく努力すること（正精進《しょうしょうじん》）
⑦正しい目的意識をもつこと（正念《しょうねん》）
⑧正しく心を整えること（正定《しょうじょう》）

ここに掲げられた八項目は、妄見・妄想・暴言・悪業・規律なき生活・怠慢・無目的な生き方・迷妄に満ちた不安な心の八つの邪悪から離

◆仏になる道に励む仏道修行を体験すること。
◆◆仏陀の悟りを得るため仏道修行の道に励む心を発する。

れて、正しい人生態度を身につけるべきであることを提示したものである。

利他　解脱《げだつ》をめざす自己の生き方は、自分のみのことを考えるだけで確立されるものではない。人間が文字通り〝人と人との間〟に生活する社会的存在である限り、自分以外のものと無縁ではありえない。そもそも、自己は自分一個の力によって生きているのではなく、あらゆるものによって生かされているのである。

また、他者の苦しみから目をそらし、自分だけの心の安らぎを願うことは、自分本位の小さな悟りにすぎないものであり、すべての苦をなくし、幸福と平和と安楽の実現をめざす真実の悟り*に背くものといわざるを得ない。

自分だけの小さな悟り（*自利《じり》）ではなく、一切の者の迷いや苦しみを除き、解脱《げだつ》の道をともに歩んでいこうとする「*利他《りた》」の生き方をすることが、人間の責務なのである。

「上は*菩提《ぼだい》を求め、下は*衆生《しゅじょう》を化《け》す」（上求菩提《じょうぐぼだい》、下化衆生《げけしゅじょう》）ということばは、菩提（悟り）を得ようとする求望と、生きる者を悟りに導く利他の実践の二つがバラバラであったり、どちらか一方を行えばよいというのではなく、この二つをともに実行していかねばならないという意味である。求道《ぐどう》すでに道なのである。

菩提を求める生き方とは、*仏陀《ぶつだ》や仏教に対する「信」を根幹とし、「◆行《ぎょう》」によって体得することでもある。

求道《ぐどう》はまた、信ずる心を起こすこと、すなわち◆◆発菩提心《ほつぼだいしん》に基づいてなされるものである。この信ずる心は、仏教を信じ、仏陀を仰ぎみて、仏教を習い究める「学」への精進によって、仏陀と等しい悟りを得ることを目的としている。したがって、「信」は*煩悩《ぼんのう》に汚れた自己を否定し、仏に自己を捧げる*帰依《きえ》の一念として表明されねばならない。

◆仏に命を奉って、仏の教えを信じ、貫く誓いを捧げる。

帰依とは、仏ならびに仏の教えに従って生きること、仏の教えをよりどころとし、それに導かれて仏に一身を捧げる決意と誓願を意味する。*帰依《きえ》の一念は、例えば「南無《なむ》仏、南無法、南無僧」あるいは「自ら仏に帰依し奉る、自ら法に帰依し奉《たてまつ》る、自ら僧に帰依し奉る」として表白される。南無は、帰依・◆帰命《きみょう》を示しており、仏に信従し、身も心も仏に捧げて仏教を人生の根本的な支えとすることを誓い、祈願したことばとして表明される。

また、生きとし生ける者（*衆生《しゅじょう》）の煩悩《ぼんのう》を消滅させ、悪しき欲望や邪悪を正し、改変させて仏陀《ぶつだ》の悟りの世界に導く*利他《りた》の信仰実践は、「*菩《ぼ》薩行《さつぎょう》」といわれている。菩薩行とは、自分一個の平安に安住せず、衆生の苦しみを自らの苦しみとしつつ仏陀の救いの道をさし示し、苦を除き、幸福と平和と安楽をもたらす無私の献身に励むことである。

この菩薩行は、自己の悟りを追求するだけでなく、衆生の救いをめざし、衆生が救われなければ自己の悟りもありえない、とする信仰実践のことである。「願わくばこの巧徳をもって普《あまね》く一切に及ぼし、我らと衆生と皆ともに仏道を成ぜん」ということばは、菩薩行の精神を語ったものである。

こうした菩薩行の在《あ》り方は、仏教を説き広め、一身を捧げた純粋無垢《むく》の信仰実践のすべてにわたっているが、その内容を端的に集約しているのが「*六波羅蜜《ろっぱらみつ》」と呼ばれる六つの信仰態度である。すなわち、

(1)布施《ふせ》―人のために尽くすこと。財物などを捧げる財施、仏の教えを説く法施、命を捧げて苦を除き安楽を与える身命施《しんみょうせ》、などがある。

(2)持戒《じかい》―自己を律し、邪悪を戒め、仏教に背かないで生きる誓いを持ち続けること。

この根本は五戒として定められている。五戒

とは、
①不殺生戒《ふせっしょうかい》（生きるものを殺すな）
②不飲酒戒《ふおんじゅかい》（酒を飲み、心をかき乱されるな）
③不偸盗戒《ふちゅうとうかい》（他人のものを盗み奪いとるな）
④不邪淫戒《ふじゃいんかい》（異性に淫らな振舞いをするな）
⑤不妄語戒《ふもうごかい》（うそ、でたらめをいうな）
の五つの戒めのことである。

(3)忍辱《にんにく》―苦難を堪え忍び、仏の教えを語り示していくこと。さまざまな不安や恐怖にくじけず、困難にへこたれないで、ひたすら仏を信じ、敬い、仏の教えを説き明かしていく不屈の決意と強靭な精神を意味する。

(4)精進《しょうじん》―仏教を究めて悟りを得るために、不断の努力を行い続けること。人々を仏になる道へ導き入れるために献身すること。

(5)*禅定《ぜんじょう》―心を平静にし、安らぎを得ることによって、透徹した心で物事をありのままに見極めること。

(6)*智慧《ちえ》―仏の智慧を身につけて心を磨いて浄《きよ》らかにし、仏智を得た眼（慧眼《えげん》という）で事実の実相を見つめつつ、悟りへの道を人々にさし示していくこと。

などがその内容である。こうした信仰的な人生態度とその実践は、智慧と慈悲に基づくものであり、この智慧と慈悲を身につけ、分けそそいでいくものでなければならない。

智慧と慈悲　智慧と慈悲*は、仏教の根本精神である。

智慧は、知識が豊かであるとか博学とかいうことではない。仏の悟った教えを身につけ、仏智すなわち仏心に結晶された智慧に導かれ、智慧をよりどころにして正しく物事を見極め、解脱《げだつ》の道を明らかにすることをいう。それは、妄見・妄想・暴言などの所作をなくし、一切の悪業から離れて解脱を目的に生きぬく精神と行動の指標を意味している。

釈尊が「智慧がなければ心は静まらない。心が静まらなければ、真の智慧は起こらない。心静まり、*智慧ある人は*悟りに近い。」と述べているごとく、平安な悟りの心境に至るための基礎であり、*煩悩《ぼんのう》に満たち心を転じて、仏智《ぶっち》という広大無限の救済精神を体得することにほかならない。これを集約したものが、次のことばである。

信《しん》は、わが蒔《ま》く種子《たね》である。
智慧《ちえ》は、わが耕す鋤《すき》である。
身と口と意の悪業を制御するは、
わが心の田における除草である。
精進《しょうじん》は、わが牽《ひ》く牛にして、
行きて帰ることなし。
このように、われは耕し、
このように、われは種を蒔く。
不死は、その収穫にして、
われは、すべての苦を脱せり。（『阿含経《あごんきょう》』）

煩悩《ぼんのう》の毒素によって荒廃している人間の心の田。その心の田にはびこる悪業という名の毒草。その悪しき毒草を取り除き、荒れ果てた田を耕作するのが、智慧の鋤である。耕した心の田に信の種を蒔き、ひたすら耕作と種蒔きに精進することによって、死んで死なざる永遠の生命の花は開き、限りない解脱の実はなる。苦に満ちた心の荒田は、幸福と歓喜にあふれた緑豊かな心田になってゆく。

智慧は、煩悩に自閉し、荒廃した心を開拓するものであり、心田に仏になるための種を蒔き、そして植えつける信仰精神の原動力なのである。

智慧とならぶ最も重要な営みは、慈悲心をそそぐことである。慈悲とは、抜苦与楽《ばっくよらく》すなわち人々の苦悩を取り除き、安楽を与えていくことである。慈は厳しさを、悲は優しさを表す。それは、生きとし生ける者すべてにそそぐ、限りなく深い愛といってもよい。仏の心とは、つまるところ、この大いなる慈悲心のことをさして

◆仏陀釈尊はすべての者を仏にすることを誓願し、救済の約束を果たすために教えを説いている。

いる。
釈尊《しゃくそん》は、慈悲について次のように語っている。

卑賤の業《ごう》をなして智者の非難を受くることなかれ。ただかかる慈しみをのみ修すべし。生きとし、生ける者の上に、幸いあれ、平和あれ、安楽あれと。あたかも母がそのひとり子を、おのが命と賭《と》して守るがごとく、生きとし生ける者の上に、限りなき慈しみの思いをそそげ。また、一切世間の上に、限りなき慈《いつく》しみをそそげ。上にも下にも、また四方にも、恨みなく、敵意なく、ただ慈しみの心をそそげ。（『阿《あ》含経《ごんきょう》』）

利害打算や敵意や憎悪を持つことなく、すべての者の幸いと平和と安楽を願い、そのために命を捧げていこうとする無私の志《こころざし》こそ、まことの慈悲にほかならない。釈尊《しゃくそん》における*衆生《しゅじょう》救◆済の誓願と約束は、いずれも大いなる慈悲を結晶させたものである。*智慧《ちえ》を体得し、*慈悲をそそぐ、ここに仏教のさし示す人生観の根本があるといえる。

仏教は、慈悲と平和の宗教なのである。

成仏　　仏教の目的と救いは、究極のところ*仏陀《ぶつだ》と等しくなるということにある。仏陀釈尊は、常に衆生を仏にしようと誓い励んでいる。私たちは、だれでも仏陀のさし示した教えを信じ、行い、学ぶことによって「仏になれる」のである。これを「*成仏《じょうぶつ》」という。仏陀は、すでにふれたように釈尊をさしているが、釈尊の悟りを得ることによって、釈尊という理想的な人格と等しくなれることが、仏教の説く最上の救いなのである。

仏陀の備える尊い徳については、さまざまに語られているが、次に掲げる十徳はそれを集約したものである。

①いつでも、どこでも、苦悩する人のところにやって来て、苦を除き、平安と幸福を与え

ること（如来《にょらい》）

②尊敬と感謝を捧げられるに値する救いをもたらすこと（応具《おうぐ》）

③すべての物事を正しく知り、普《あまね》く見極めて、人々の苦を取り除き、悟りに導く*智慧《ちえ》を備えていること（正偏知《しょうへんち》）

④*煩悩《ぼんのう》の闇をなくし、世の人間の心を明るくするために、あらゆることを実行すること（明行足《みょうぎょうそく》）

⑤世の悪や煩悩に、完全にとらわれることなく、善を説き、実践すること（善逝《ぜんせい》）

⑥世間の事柄をよく理解し、その状態に適応して教えを説き明かすこと（世間解《せけんげ》）

⑦この上なき最高の尊い存在として敬われること（無上士《むじょうじ》）

⑧煩悩を調御し、確固とした生き方を貫いている人（調御丈夫《ちょうごじょうぶ》）

⑨憂いなく、安楽な世界に遊んでいる存在に対して、仏の教えを悟るように教える導きの師であること（天人師《てんにんし》）

⑩この世の救い主であり、一切の*衆生《しゅじょう》をわが子とみなして、悟りの道に入るよう懇切に諭す親であり、教えを説き示す師である、世に尊敬される*覚者《かくしゃ》（仏世尊《ぶっせそん》）

このような徳を備える仏という理想的人間像になることが、仏教の目標である。

これらの性質はすべて、人間の心に内在しているのである。これを「*仏性《ぶっしょう》」という。この仏性は、人間の心の田深くに埋没しているが、智慧の鋤《すき》によって荒れた心の田を開墾し、慈悲の雨をもって豊かに潤《うるお》し、信によって仏の種（*仏種《ぶっしゅ》という）を心の田に植えることによって、仏性は開花結実し、*成仏《じょうぶつ》して仏陀《ぶっだ》に等しい理想的人格になれると説くのである。

釈尊のことば　―人生の道しるべ―

生命のありがたさ

人の生をうくるはかたく、やがて死すべきものの、いま生命《いのち》あるはありがたし（『法句《ほっく》経《ぎょう》』）

私たちは、人間として生まれ、生活していることを普段あたりまえと思い、こと改めて考えることは少ない。しかし、よくよく考えてみると、鳥や虫や魚でもなく、また花や草でもなく、人間として生まれたことを不思議に思うことがあるだろう。

人間として生まれたことは、単なる偶然とは思えない。親が勝手に自分を産んだのではなく人間として生まれでたことが貴重で、めったにありえないことなのだ、という出生と生存の尊さ、不思議さに目覚めたとき、そこに「ありがたさ」を実感する。

本来、人間は「生まれた」のではなく「生まれさせてもらった」のであり、生きとし生ける者のために何かをもたらし、人々を哀《あわ》れむがゆえに、この世に出現したのである。

こうした自覚と反省にたって初めて、受けがたき人間の身に生まれ得た喜びと、生命の大切さと、人間として生きる使命とを知ることができる。

しかも、人間は生まれたからには死なねばならない。別れは必ず訪れてくる。だからこそ、生きている今を大事にし、生命の尊さに気づき、生命を開花させる人生を歩まねばならない。

生命のありがたさを痛感することによって、死んで悔いなき人生を求め、大切な生命を捧げ

ていく生きがいも生まれてくるのである。
「人もし生きること百年ならんとも、身に慎《つつし》むところなくば、慎みある人の、一日生きるにもおよばざるなり」この釈尊《しゃくそん》のことばもまた、漫然と長生きするよりも、限りある尊い生命を充実させ、ひたむきに正しい生き方をめざすことの大切さを語ったものである。

親と子

世に母あるは幸いなり、父あるもまた幸いなり（『法句《ほっく》経《ぎょう》』）

　このことばは、釈尊が自らの痛切な思いをこめて語ったものである。釈尊は、生後わずか七日で、生母マーヤー夫人と死別している。生母の顔を知らないで育ったのである。物心ついて以来、この事実は釈尊にとって忘れがたい事柄であったに違いない。

　父の存在とその恩に感じつつ、なお父よりも先に「世に母あるは幸いなり」と述べたのは、生母への思慕と母にまみえることなく生きる寂しさを心奥に刻みつけながら、母のいることがいかに幸いなことであるか、どんなにありがたい大切なことであるかを表白したものである。

　また、釈尊は「養い育てられた我は、父母を養うべし」とも語っている。これは、生母の死後、幼い自分を養育してくれた養母（生母の妹）に思いをはせながら述べたことばである。ここには、父と養母による養育の恩を受けとめていた釈尊の姿が示されている。

　釈尊は、伝道を開始してからまもなく、生母のために教えを説いたといわれ、さらに養母にも説法を行って、最初の*比丘尼《びくに》としている。父のもとを訪れて法を説き、出家に反対した父をも教えに導いたことは言をまたない。これは、仏教が父母への報恩孝養《ほうおんこうよう》を成し遂げる教えでもあることを明らかにしている。

釈尊《しゃくそん》は、わが父母のみにとどまらず、この世のすべての人々の親となり、一切の人々をわが子とみなして教えを説き続け、慈しみをそそいで*悟りの世界に導こうとした。ここから、親が子を救い、助ける*慈悲の教えであり、釈尊《しゃくそん》は世界第一の孝養の人であるとともに、この世に生きる者にとっての親である、という仏教の特色が生まれてくるのである。

愛と慈しみ

己を愛しいと知るものは、他のものを害してはならない（『阿含経《あごんきょう》』）

仏教でいう愛は、人間の本能的欲求に根差す欲望をさしている。これを「渇愛《かつあい》」という。

渇愛には、性欲に示される肉欲・愛欲（「欲愛《よくあい》」という）と食欲に代表される自己保存の我欲（「有愛」という）と名誉などを求める利欲（「無有愛」という）の三つがある。これらの肉欲・我欲・利欲は、人間が生きてゆくための生の欲望であり、次から次へと生起し、追い求めないではいられない*煩悩《ぼんのう》の現れである。仏教では、煩悩や欲望自体は、善にも悪にも成り得る（「無記《むき》」という）とする立場にたっているが、こうした肉欲・我欲・利欲に*執著《しゅうじゃく》することは、のどの渇きをいやすために、絶えず水を欲するように、これでよいという限界なしに強まり、深くなっていくため、そこから苦しみや迷いが生じると説き、「渇愛の満たしがたいことは、海の流れを呑むようなものである。」と指摘している。

この渇愛を乗り越えて、自己を愛し、人々を愛する広大な愛が「慈《いつく》しみ」である。このことについては、次のような話が伝えられている。

コーサラ国のパセーナディ（波斯匿《はしのく》）王が、妃マッリカー（末利《まり》）にたずねた。「末利よ、そなたは自分より愛《いと》しいと思われるものがあろうか。」妃はしばらく考えた後、ようやく答えた。

「私には、自分より愛《いと》しいものは考えられません。王には自分より愛しいものがおありでしょうか。」こう言われて、王もまた「自分より愛しいものはない。」と言うしかなかった。二人の思いは同じであったが、何となくすっきりしない気持ちであった。不安にもなった。二人は*祇園《ぎおん》精舎《しょうじゃ》に赴《おもむ》いて、釈尊《しゃくそん》に教えを乞うた。

釈尊は、この話を聞くと深くうなずいて、こう語った。「人の思いは、いずこにも行くことができる。しかし、いずこに赴こうとも、人は己より愛しいものを見出すことはできない。それと同じように、他の人々も自分はこの上なく愛しい。されば、己の愛しいことを知るものは、他のものに慈しみをかけねばならない。」

釈尊は、自分より愛しいものはないという二人の結論を否定せず、むしろそれに同意しながら、真に自分を愛することは、同じように自己を愛している他者の身になり、思いやって相手を尊重することにある点を示したのである。

真の自己愛とは、肉欲や我欲や利欲に溺れることでもなく、自分本位のカラに閉じこもって自分だけを大切にし、愛するということでもない。悪しき行いを重ねて、自らが苦しむことほど、自己愛に背くものはない。そこで釈尊は、「己を愛すべきものと知らば、己を悪に結ぶなかれ」と語るのである。

また、真に自分を愛しいと思えるからこそ、他者が自分と同じ気持ちを抱いていることを知ることができるのである。他者の愛に共感し、思いやる心によって真の愛の絆《きずな》は結ばれる。ゆえに、自己への愛に目覚めたものは、他者へ「慈しみ」をそそがねばならない。その慈愛心を持つことは、苦より離れて真に自己を愛することでもある、というのである。

釈尊がすべてのものを*平等にみなし、慈しみの心をそそいだのは、自己愛を含めた*利他《りた》の愛、人間愛の実現に努めたからである。

友情

青年よ。真の友とは、力強き助けとなる人、喜びにも苦しみにも常に変わらぬ人、苦楽を共にして忠言を惜しまない人、同情ある人である（『六方礼経《ろっぽうらいぎょう》』）

人生から友情を取り去ることは、世界から太陽を取り去ることである、といったのは古代ローマの哲学者キケロである。友情は、単に友人と付き合うことではなく、友との間に利害打算抜きの心と心の絆《きずな》を結ぶことによって成立するものである。それゆえ、自分と等しく友を愛し、苦楽を分かち合っていく精神の連帯性があって初めて、友人関係に友情が備わってくる。友情の本質は、愛されること、助けられることよりも、愛情をもつことや助けるところにある。

友情の意義については、釈尊《しゃくそん》と弟子阿難《あなん》との問答がある。阿難が「善き友を持ち、善き朋輩を持つことは、仏教を理解する道の半ばに当ると思うのですが。」と言ったとき、釈尊はこう答えている。「その考えは間違っている。善き友、善き朋輩を持つことは、仏の教えを理解する道の半ばではなく、そのすべてに当っている。人はみな、私を善き友とすることによって、老・病・死の苦しみから救われよう。善き友、善き朋輩を持つことは、この聖なる道のすべてであると知るべきである。」

このことばは、釈尊が善友を持つことを人生のすべてとみなし、自らも善友の一人として苦楽をともにしつつ、救いを与える道をめざしていることを物語ったものである。

いうまでもなく、友情は互いの人格を認め合い、性格や考えを理解し合う心と、信頼し合う心が不可欠である。同時に、苦楽を共感し合い、友の過ちを正し、反省した相手を許せる謙虚な情愛がなければならない。さらに、ともに学び合い、協力し合い、向上し合っていく心の結びつきが必要である。

貪欲で自分の利害得失しか考えない打算的な者や、ことば巧みにゴマをすったり、へつらう者は、友に似て友にあらざる人であろう。

これに対して、不安や困難に直面したときに力強く励ましてくれる「頼りになる人」や、友の喜びを自分のことのように喜び、友の苦しみを己の痛苦とし、不運や逆境にあっても、心変わりしない人が真の友である。また悪を防ぎ、善い行為をするよう教え諭《さと》し、いつも友のためによかれと念じつつ、信頼と誠意を捧げ、仏の教えにともに励んで、苦悩より*悟りへの道を一緒に歩んで行こうとする人こそ、真の友であり、善友なのである。

親友とは、「心友」であり、「信友」でもある。そして、人間としての生き方を探求し、仏教に導かれた生き方をさし示す「善知識《ぜんちしき》」となって、助け合い、向上し合っていく、心の絆を持ち続ける人が「善友」に値する、というのである。

平等

善悪は氏姓《うじかばね》に関ることなし（『阿含経《あごんきょう》』）

このことばは、*四姓制度《しせいせいど》という階級秩序を乗り越え、身分や地位ではなく、人間の行いを第一の規準にした釈尊《しゃくそん》の自由な精神を示したものである。

釈尊にとって、人間が生まれによって差別されたり、どの階級に生まれたかによって支配する者と、支配される者がいることは許しがたいことであった。

人間の運命は、氏姓によって決まるわけではない。人はみな等しく死ぬように、普遍的な法の前では、人間は*平等である。人はみな同じようにさまざまな苦しみに直面し、等しく救われるべき存在なのである。釈尊《しゃくそん》が「あらゆる主権は楽なり」と述べたように、一切の世間的な権力や束縛から離れ、それらを捨て去って、悟りをめざす主体的な生き方によって、安楽は得られるというのである。

幸福

世の中の幸いを求める人々の中で、私ほど幸いを求めているものはない（『阿含経《あごんきよう》』）

人と生まれて、幸福を願い求めぬものはいない。しかし、一口に幸福といっても、その内容は千差万別であり、人によって幸福感というものが相違しているのはいうまでもない。ある人は財産が豊かになることを幸福と感じ、ある人は地位や名誉を得ることが幸福と思い、また健康で仕事ができること、志望する学校や会社に入ること、結婚して家庭生活を営むときなどに「幸せだなあ。」と思う場合もある。

けれども、幸福というものは決して一定したものではない。常に変わりやすく、絶えず不幸と隣り合わせに存在している。金は消費すればなくなり、地位や名誉も長続きするものではない。健康な体も病気になるし、希望と幸福に満ちた家庭生活にもいろいろな苦労や挫折がつきまとって離れない。

求めてなお得られないことによって、さまざまな人間関係に伴う苦しみは、次々と起こってくるし、思うようにならない現実にぶつかって、これまで幸福と考えていたことが一挙に不幸へと変わるケースも多い。このように、幸福を感じた外なる事実というものは、あてにならないのである。

幸福という名の青い鳥は、外に向かって探し出すものではなく、自分の心の中にあるものである。自分の心の中に築いた幸福感を貫き、それ

釈迦如来座像
（東京国立博物館蔵）

を精神の原動力として不幸をなくし、幸福を願い求めてゆく生き方のうちにこそ、真の幸福は得られるのである。

釈尊《しゃくそん》の弟子にアヌルダという人がいた。かれは、釈尊が説法している座にいた折、不覚にも睡魔に襲われて居眠りをしてしまった。かれはひどく恥じて、これからは眠らずに修行しますと語り、*苦行を重ねた。このために肉眼は失われてしまったという。

しばらく後、かれは衣のほころびを繕おうとした。しかし、失明したかれは針に糸を通すことができない。かれは、傍らの人々に言った。

「世の幸いを求めようとする者は、私のためにこの針に糸を通して功徳《くどく》を積んで欲しい。」そのとき、「さあ、私が通してあげよう。私が功徳を積ませてもらおう。」という声がした。釈尊の声であった。

アヌルダは、「私は師たる世尊にお願いしたのではありません。」と驚いて言った。釈尊は、かれの手から針と糸をとって糸を通しながら、こう語るのであった。「私にも功徳を積ませてくれてもいいではないか。世の人はみな幸いを求めている。だが、世の幸いを求める人々の中で、私ほど幸いを求めているものはいないのだよ。」

アヌルダの失明した眼から、涙がこぼれ落ちた。かれは肉眼を失ったが、心の眼を開いて、「天眼第一《てんげんだいいち》」と称される仏弟子となったといわれている。

　ここには、幸福を求めて善根功徳を積むことが最も優れた生き方であり、その幸福を常に探求する努力によって仏道も成し遂げられることが明かされている。一切の苦悩から解脱《げだつ》する悟*りとは、最上の幸福を打ち立てることなのである。

　釈尊《しゃくそん》は、人間のなすべき最高の幸福への道について、自ら正しい誓願を立てて常に功徳《くどく》を積もうと思い、賢い人に親しんで広く学び、父母妻子や人々を慈しみ、他人を敬って一切の恩に報い、困難を堪え忍び、柔和で清浄な行いを身につけ、教えを聞いて平安な境地に至る生き方などをさし示している。

　「人よく、かくのごときを行い終わらば、いずこにあるも、困難に打ち勝たないことなく、いずこに行くも幸いは豊かならん。かかる人々こそ最上の幸福はあるであろう。」釈尊は、このように最上の幸福を求める人生について説いている。

心の浄化

悪をなすなかれ、善を行うがよい。自らその意を浄めよ、これ諸仏の教えなり（『法句経《ほっくぎょう》』）

　仏教の基本精神は、*煩悩《ぼんのう》に汚れた心をきれいに浄めることにある。

　この教えそのものは、決して難しい内容ではない。しかし、何が悪でどれが善かを素直に見聞きし、はっきりとわきまえて心を決めることは、極めて難しいことであろう。

　釈尊の弟子に、チューラパンタカ（周梨槃特《すりはんどく》）という人がいた。大変な忘れん坊で、物覚えが悪く、教えのことばすら暗誦できず、自分の名前さえ忘れてしまうほどであった。

　釈尊は、嘆き悲しむかれに向かって、「自分の頭の悪いことを、悲しんではいけない。」と諭《さと》し、かれにホウキを与え「塵《ちり》を払わん、垢《あか》を除かん、と繰り返しながら掃除をしてごらん。」と言った。

かれは、毎日このことばを繰り返しては掃除をし続けた。そのうち、かれは「ホウキとは、きっと仏の智慧*のことであろう。塵とは煩悩*《ぼんのう》の積もり積もった心の汚れをいうのだろう、垢とは煩悩に汚れた汚い心の垢をさすのだろう。これを取り除いたら、清浄な心になることを教えておられるに違いない。」と、気づいたのであった。こうして、かれは悟り*を開いたという。

蓮の花

少しばかり頭がよいからといってうぬぼれてはならないし、頭が悪いからといって失望することもない。もともと人間の能力に差があるわけではないし、それぞれ長所や欠点があり、個性というものがある。要は、「愚」に徹して、ひたむきにまっすぐ煩悩の垢をなくして心浄《きよ》き者となるよう精進してゆくかどうかが大切なのである。

仏教では、心の浄らかさを象徴するものとして蓮華を尊んでいる。蓮華は、泥中に浄らかな花を咲かせる。それは、煩悩のどぶ泥に染まらずに、心を浄めてゆく生き方を示したものである。釈尊は「都大路に棄てられし、塵芥の堆《つみ》の中より、げに香り高く、心楽しき白蓮は生ぜん。」と語っている。蓮華はまた、花と実が同時である。煩悩の塵や垢を取り除く努力が、そのまま心の浄らかさを実現してゆく生き方なのである。

仏典のこころ
—仏典の成立と教えの内容—

原始仏典

*仏陀釈尊《ぶつだしゃくそん》在世の時代から、仏滅後一〇〇年頃までの初期の仏教を原始仏教《げんしぶっきょう》という。当時すでに文字はあったものの、釈尊の説いた教えは、もっぱら弟子たちの記憶に頼られていたため、釈尊滅後にはその教えを整理して後世に伝承する必要が生じた。そこで弟子たちが相談して、釈尊が仏陀として四五年間に説いた教えと*戒律《かいりつ》とを集め、その内容を確認し合い、統一をはかる「*結集《けつじゅう》」が行われたのである。

　第一回目の「第一結集◆」は、中インドのマガダ国の首都・ラージャガハ（王舎城《おうしゃじょう》）に五〇〇人の弟子たちが集まって行われた。

　こうして数回の結集を重ねて、次第にまとめられた教法を伝える最古の仏教典籍を、原始仏典とよんでいる。そこには弟子のことばも含まれるが、仏陀釈尊のことばと認められるものが収められているのである。

　ここでは、こうした原始仏典の総称ともなっている『*阿含経《あごんきょう》』と、その中に含まれている『法句経《ほっくぎょう》』および『経集《きょうしゅう》』を取り上げて紹介しておきたい。

阿含経《あごんきょう》　阿含《あごん》とは、サンスクリット語「アーガマ」(āgama)の音写。伝承された教えを意味し、仏陀の言行を伝えその説法を集成したものを総称して『阿含経』というのであって、単なる一経の名称をさすものではない。

　この『阿含経』には成立の古いものが多く収められ、その中には実際に釈尊が説いたと思わ

◆仏陀入滅の年に、摩訶迦葉を中心に五〇〇人の比丘が王舎城郊外の七葉窟に集まり、阿難が経を、優波離が律を誦して行った第一回目の結集。五百結集ともいう。

れることばが数多く残っている。

現存する『*阿含経』には、◆南方系仏教と◆◆北方系仏教のそれぞれに伝わったものがある。南方系仏教に伝わったパーリ語経典は、(1)ディーガニカーヤ（長部《じょうぶ》）、(2)マッジマニカーヤ（中部《ちゅうぶ》）、(3)サンユッタニカーヤ（相応部《そうおうぶ》）、(4)アングッタラニカーヤ（増支部《ぞうしぶ》）、(5)クッダカニカーヤ（小部《しょうぶ》）などの五部に分類されている。一方、北方系仏教では、(1)長阿含《じょうあごん》、(2)中阿含《ちゅうあごん》、(3)増一《ぞういち》阿含《あごん》、(4)雑阿含《ぞうあごん》の漢訳の四阿含に分類されている。

これらの五部と四阿含とは、必ずしも一致しているわけではない。例えばパーリ五部の第五番目にあたる小部経典は、それに相当する経典群を漢訳の中には見出せないからである。

これら阿含経で説かれている内容は、*諸行無常《しょぎょうむじょう》、*諸法無我《しょほうむが》、涅槃寂静《ねはんじゃくじょう》という*三法印《さんぼういん》や、*四諦《したい》、*八正道《はっしょうどう》、*十二因縁《じゅうにいんねん》といった仏教の根本的な教理である。

法句経《ほっくぎょう》　『法句経』はパーリ語で「ダンマパダ」(Dhammapada)といい、真理のことばという意味である。その成立は古く、紀元前四〜三世紀には編集されたものと考えられ、仏教聖典の中でも最古のものに属する。釈尊が、縁に随《したが》い、機に応じて出家や在家の弟子たちに説いた法語を、第一*結集《けつじゅう》のとき合誦《ごうじゅ》したものと伝えられ、阿含経パーリ五部のクッダカニカーヤ（小部）に収められている。

全編四二三の詩からなり、次の二六章に分類されている。すなわち、対句・不《ふ》放逸《ほういつ》・こころ・花・愚か者・賢者・拝むに足る人・千の数・悪・むち・老・自己・世間・仏陀・安楽・愛好・怒・汚れ・真理に生きる・道・雑集・地獄・象・欲望・修行僧・バラモンである。

ここには主として仏教の倫理的な教義が説かれ、仏道入門の指針であり、教訓集として古来

◆スリランカ・ビルマ・タイ・カンボジア・ラオスなど、東南アジアの地域に伝播した仏教。パーリ語の仏典を伝承し、パーリ仏教ともいわれる。

◆◆チベット・モンゴル・中国・朝鮮・日本など、梵語仏典またはその翻訳仏典の行われる地域の仏教。

最も広く仏教徒に読まれた聖典の一つということができる。それはまた、文学作品としての香りも高いものである。

なお梵語《ぼんご》で書かれた『法句経』は「ウダーナヴァルガ」(Udānavarga)と呼ばれ、中央アジアから発見されている。漢訳には、パーリ語系の『法句経』、『法句譬喩経《ほっくひゆぎょう》』の二経と、梵語《ぼんご》系の『出曜経《しゅっちょうぎょう》』と『法集要頌経《ほっしゅうようじゅきょう》』の二経の四種が残っている。

経集《きょうしゅう》　『経集』はパーリ語で「スッタニパータ」(Suttanipāta)といい、「スッタ」は「たていと」・「経」の意味であり、「ニパータ」は「集成」の意味である。仏教の厖大《ぼうだい》な諸聖典のうちでも、*仏陀釈尊《ぶつだしやくそん》のことばに最も近い詩句を集成した最古の仏教聖典である。そこには後代にみられる煩瑣《はんさ》な教理はなく、発展する以前の純粋で素朴な仏教が示されている。

『法句経』と同様、*阿含経《あごんきよう》パーリ五部のクッダカニカーヤ(小部)に収められており、一部に散文を交えた長短さまざまな詩集で、蛇品《じゃほん》・小品《しょうぼん》・大品《だいぼん》・義品《ぎほん》・彼岸道品《ひがんどうほん》の五章からなっている。このうち蛇品には、「犀《さい》の角のようにただ独り歩め」という、犀が一つの角をもつことに例えた有名な詩が収められている。また大品には、仏陀の伝記に関する最古の資料となるものがみられ、他に四姓平等《しせいびょうどう》や*縁起《えんぎ》の理などが説かれている。これら五章の中では義品と彼岸道品の両品が最も古く成立したもので、最初はそれぞれ独立して行われていたものと考えられ、仏教最古の聖典といわれている。

この『経集』を読むことによって、仏陀釈尊は易しく素直な形で、人としての歩むべき道を説いていたことが知られよう。

なお漢訳は『経集』の五章全体がまとまったものではなく、ただ第四章の義品のみが独立の経典『義足経《ぎそくきょう》』として残っている。

般若系仏典

大乗経典の中で最も古いものは、『*般若経《はんにやきよう》』である。この『般若経』は一つの経典の名称ではなく、紀元前一世紀頃から南インドで興り、実に一〇世紀以上にわたって制作、増補、編集された厖大《ぼうだい》な般若経類の総称である。

当時すでに一般民衆から遊離してしまったそれまでの*部派仏教《ぶはぶつきよう》に対して、「*空《くう》」を中心とした『般若経』の思想は、新たに興った*大乗仏教《だいじようぶつきよう》運動の支柱であったといえよう。大乗仏教は、この『般若経』によって始まり、『般若経』は大乗仏教の歴史とともに発展し続けたということができるのである。

さてこの『般若経』には、一方では『大般若経』という六〇〇巻の大部があり、その一方ではわずか二六〇字の『般若心経《はんにやしんぎよう》』があって、そうした般若系の経典の数はまことに厖大《ぼうだい》である。

ここではそれら般若系仏典の中から、代表的な経典である『大品般若経《だいぼんはんにやきよう》』、『般若心経』、『金剛経《こんごうきよう》』、『*維摩経《ゆいまぎよう》』の四経を取り上げることにする。

大品般若経《だいぼんはんにやきよう》　詳しくは『摩訶般若波羅蜜経《まかはんにやはらみつきよう》』(二七巻・*鳩摩羅什《くまらじゆう》訳)といい、初期の大乗仏教における般若空観を説いた基礎的な経典である。中国唐代の*玄奘《げんじよう》が、般若部の諸経典をまとめて集大成した六〇〇巻からなる『大般若経』は、羅什の旧訳に対して新訳にあたる。

さてこの経は、初めの六品《ろつぽん》では仏が仏弟子の*舎利弗《しやりほつ》を相手として◆上根《じようこん》の者のために般若の理を説き、第七、三仮品《けほん》以下の三八品では、主に仏弟子の*須菩提《しゆぼだい》が仏にかわって諸々の*菩薩《ぼさつ》や*衆生《しゆじよう》を相手に中根《ちゆうこん》の者のために説法し、第四五、聞持品《もんじほん》以下の四六品では、重ねて下根《げこん》の諸天および◆◆人界の者のために説法している。このように一経を通して、中心の内容である般若空観の

◆仏の教えを受けて発動する能力、資質を機根といい、優れた機根の者を上根、中程度の機根の者を中根、劣った機根の者を下根という。

◆◆十界の一つ。人間の世界、人間界のこと。

◆般若経で説く、一切皆空の教え。般若波羅蜜（悟りを得る最高の智慧）によれば、すべての事物はみな因縁によって生じたもので実体がなく、空であるということ。

理はもちろん、*十地思想《じゅうじしそう》や*授記思想《じゅきしそう》、仏教における女性観、*仏舎利《ぶっしゃり》・経巻などの供養、さらに他方国土思想などが説かれており、大乗仏教思想の先駆としての意義が認められる。

なお*龍樹《りゅうじゅ》の著した有名な『*大智度論《だいちどろん》』一〇〇巻は、この経の注釈書である。

般若心経《はんにゃしんぎょう》　大乗仏典の中で、この『般若心経』は『*法華経』とならんで古来多くの人々に読み親しまれてきた経典である。最近流行の「写経」では、ほとんどこの『般若心経』を、取り上げて書写している。またわが国の仏教界においても、法華系や浄土系以外のほとんどの宗派がこの『般若心経』を重んじ、読誦しているのである。

『般若心経』は詳しくは『般若波羅蜜多心経《はんにゃはらみったしんぎょう》』（一巻・*玄奘《げんじょう》訳）といい、その梵文《ぼんぼん》の写本がインドや他のアジア諸国にも残っていないで、わが国の法隆寺に保存されていたことは興味深いことである。

この『般若心経』は、大きな般若経典の中から一部分を取り出して、それに前後の文句を付加して現形のようにまとめられたと考えられており、二六〇字という短い一経の中に観自在菩《かんじざいぼ》薩《さつ》を中心に、*舎利弗《しゃりほつ》を相手として、◆般若皆空《はんにゃかいくう》の思想が説かれている。有名な「色即是空《しきそくぜくう》、空即《くうそく》是色《ぜしき》」の経文は、まさにその空観の精髄を簡潔に説き明かしたものである。これは、「およそ物質的現象というもの（色）は、すべて、実体がないこと（空）である。およそ実体がないということ（空）は、物質的現象（色）なのである」と邦訳されている。

『般若心経』は、中国や日本でおびただしい数の注釈がなされているが、わが国では*天台宗の*最澄《さいちょう》が『摩訶般若心経釈《まかはんにゃしんぎょうしゃく》』を著し、密教でも特に重視されて*空海《くうかい》が『般若心経秘鍵《はんにゃしんぎょうひけん》』を著している。

金剛経《こんごうきょう》　数多い般若経典の中で、『般若心《はんにゃしん》経《ぎょう》』に次いで広く読まれているのが、この『金剛経』(『金剛般若経』)である。この経は詳しくは『金剛般若波羅蜜経《こんごうはんにゃはらみつきょう》』(一巻・*鳩摩羅什《くまらじゅう》訳)といい、すでにインドでも重要なものとみなされていて、後の仏典の中にもこの経の文句がたびたび引用されている。中国においても同様に重んぜられたが、ことに禅宗では五祖《ごそ》弘忍《こうにん》以来重視されている。また原典の梵本《ぼんぽん》はもとより、中央アジアや北アジアの諸言語に翻訳されたものも残っていて、この経典が広い地域にわたって流布していたことが知られる。

この『金剛経』は、*仏陀が◆舎衛国《しゃえこく》の祇樹給孤独《ぎじゅきっこどく》園《おん》で*須菩提《しゅぼだい》を相手に説いた教えとされ、般若(智《ち》慧《え》)の見地から一切法の*空《くう》、*無我《むが》であることを説き、一切のものに*執著《しゅうじゃく》しないで清浄《しょうじょう》の心を生ずるべきことが説かれている。それは「まさに住する所無くして(応無所住)、しかもその心を生ずべし(而生其心)」という八文字の経文に言い尽されているといえる。

この経に対する注釈や講義は非常に数多くなされているが、インドでは*無著《むじゃく》や*世親《せしん》等の著作があり、中国、日本では数百種の注釈書が挙げられ、しかも三論・天台・法相・禅・華厳など諸宗の立場から論述されていて、この経が仏教の各宗全般にわたって広く用いられていたことがうかがわれる。

維摩経《ゆいまぎょう》　『維摩詰所説経《ゆいまきつしょせつきょう》』(三巻・鳩摩羅什《くまらじゅう》訳)の略称で、維摩(維摩詰・維摩居士《ゆいまこじ》)が説いた経という意味。その経題に見られるように、釈尊の説法よりも、維摩の説くところが中心となっており、その戯曲的構想の優れた点で知られている。成立は古く、最古の大乗経典である*『般若経』に次いで現れた経典類の一つとみられている。

維摩はインド・ヴァイシャーリーの富豪で、

◆仏陀の在世当時、中インドにあった国。都城南方に、祇園精舎があった。現在のサヘト・マヘト。

大乗仏教《だいじょうぶっきょう》の奥義を究めた在家信者であるという。ある時、病床にあった維摩《ゆいま》を見舞いにきた*文殊菩薩《もんじゅぼさつ》をはじめとする仏弟子たちとの問答形式で、物語は展開している。

そこでは*『般若経《はんにゃきょう》』と同様、全巻にわたって空の思想を説いて、*大乗仏教の真精神を明かしている。さらに弁舌にたけた維摩が、在家信者の功徳《くどく》を強調し、ひたすら*小乗の修行に励み、現世からの離脱のみを心がけるような出家者たちを愚弄する場面がしばしば見られる。それは小乗仏教《しょうじょうぶっきょう》に対する痛烈な破折《はしゃく》であり、新たに興った大乗仏教の在家主義の立場、すなわち在家の世俗生活の中に仏教の理想を実現しようという主張でもあった。

維摩が病気になったりする場面があるが、それは単なる肉体の病気ではなく、「一切の*衆生《しゅじょう》病むがゆえに、われまた病む」と述べ、そこにはすべての人々を救済しようとする大乗菩薩の姿がうかがわれるのである。

この経は古来広く愛読され、維摩と*文殊菩薩の対談の場面は、中国の敦煌《とんこう》や雲崗《うんこう》、また、わが国の法隆寺等の壁画や彫刻において好んで題材とされ、*聖徳太子もこの経を講義し、注釈を書いていることは有名である。

法華系仏典

初期大乗経典の中で、『般若経』の*空《くう》の思想を基調にもち、讃仏の姿勢を引き継ぎながら、それを発展させて新しい仏身観《ぶっしんかん》を打ち立てたのが*『法華経《ほけきょう》』である。

この『法華経』には、古来六訳三存といわれて、三種の漢訳経典が現存している。

また『法華経』に、『無量義経《むりょうぎきょう》』と『観普賢菩薩行法経《かんふげんぼさつぎょうぼうきょう》』とを合わせて*法華三部経と称し、『無量義経』には『四十余年未顕真実《みけんしんじつ》』の経文があるので『法華経』の開経《かいきょう》とされ、『観普賢菩

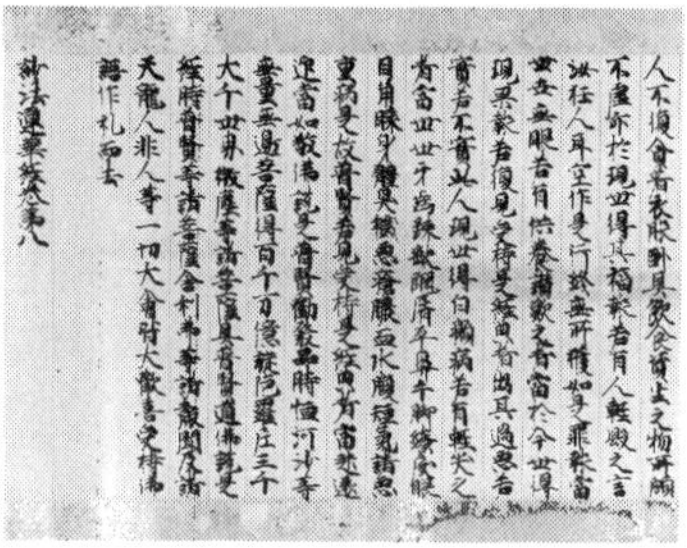

法華経巻第八（東京国立博物館蔵）

薩行法経』は『*法華経《ほけきょう》』最後の『普賢菩薩勧発《ふげんぼさつかんぼっ》品《ぼん》』との関連から、結経《けっきょう》とされている。

ここでは、その中心となる『法華経』について述べてみよう。

法華経《ほけきょう》　古来この『法華経』ほど広く流布し、多くの民族に愛好され、深く研究された経典はないといえよう。詳しくは『妙法蓮華経《みょうほうれんげきょう》』（八巻・*鳩摩羅什《くまらじゅう》訳）といい、*仏陀《ぶっだ》の真精神を説くものとされて、大乗《だいじょう》仏典の中でも最高の経典といわれる。その原型が成立したのもきわめて古く、紀元前後にさかのぼると考えられている。

この経は、前後の二段に分けられている。前半（*迹門《しゃくもん》）の主題は「開三顕一《かいさんけんいっ》」の法門である。仏がこの世に出現した目的は、*声聞《しょうもん》、*縁覚《えんがく》、*菩《ぼ》薩《さつ》の三乗《さんじょう》の法を説くことではなく、ただ*一乗真《いちじょうしん》実《じつ》の法を説くことにあると明かし、三乗は方便の教えであったことが説示されている。こうした立場から、それまで成仏*できないと難じられた声聞、縁覚の成仏を保証した「*二乗作仏《にじょうさぶつ》」の教えが説かれ、すべての*衆生《しゅじょう》の成仏への道が開かれた。

後半（*本門《ほんもん》）には、歴史上インドに出現した釈尊《しゃくそん》は、実は永遠の昔に仏になっていたのであり、仏としての寿命が無量であるという、仏身の常住が説き明かされている。これを「*久遠実《くおんじつ》成《じょう》」という。この仏身観は、『法華経』のなかで最も重要な法門で、ここに仏による永遠の救済が約束され、また多くの諸仏の統一も果たされたのである。

さてこの『法華経』は、インドをはじめ中国、日本で実に多くの注釈書が著され、仏教史の上でも多大な影響を及ぼしている。中国では*天台《てんだい》智顗《ちぎ》が『*天台三大部』（『法華三大部』）を著し、『法華経』が釈尊一代仏教中の最勝の経典であることを主張し、『法華経』中心の仏教観を立てて*天台宗《てんだいしゅう》を開いた。

わが国でも、『*法華経』は文学・芸術をはじめ、日本文化の発達に貢献した。*聖徳太子がその注釈書を著して以降、鎮護《ちんご》国家《こっか》と滅罪の経典の一つとして広く信奉されるようになった。そして*最澄《さいちょう》は、『法華教』に基づいて日本天台宗を開いて◆比叡山《ひえいざん》に大乗戒壇《だいじょうかいだん》を建立した。

鎌倉時代の*日蓮《にちれん》は、法華経の行者《ぎょうじゃ》としてそれまでの『法華経』解釈を深め、法華教学を時代に適応させ、「*題目」を唱えて独自の法華経観を打ち出し、日蓮宗を開いて『法華経』の真実義を民衆のなかに広めた。

最近の新興宗教の大半は法華系といわれるほど、その信仰は盛んであり、『法華経』の教えは今でも現代人の心の内に脈打っているものといえるだろう。

華厳系仏典

やはり初期大乗仏典の一つに、華厳系統の経典が挙げられる。『華厳経《けごんきょう》』は、「一即一切、一切即一」という広大な世界観を打ち出したものである。その成立年代で最も古いものは「十地《じゅうじ》品《ほん》」と呼ばれるもので、一世紀か二世紀の頃とみられている。その後、次第に増補され、『華厳経』として集大成したのはおそらく四世紀の頃と推定されている。

ここでは、『華厳経』および『梵網経《ぼんもうきょう》』について述べることとする。

華厳経《けごんきょう》　詳しくは『大方広仏華厳経《だいほうこうぶつけごんきょう》』(六〇巻・仏駄跋陀羅《ぶつだばつだら》訳、八〇巻・実叉難陀《じっしゃなんだ》訳、四〇巻・般若《はんにゃ》訳)といい、*仏陀が成道《じょうどう》してまもなくその悟った内容をそのまま著した経典とされ、大乗仏典の中でも重要な経典の一つに数えられている。

◆京都市の東北に位置する山。最澄が登山、延暦七年(七八八)に一乗止観院を建立した。その後、天台法華宗を開創し、大乗円頓戒壇建立の運動を起こす。最澄没後、弘仁一三年(八二二)戒壇院建立の勅許を受け、翌年、延暦寺の勅号を受けた。日本天台宗総本山。

ここでは、仏がこの経の教主である毘盧遮那《びるしゃな》仏《ぶつ》と一体となって◆蓮華蔵世界《れんげぞうせかい》に住し、*文殊《もんじゅ》や*普賢《ふげん》などの利根《りこん》の*菩薩のために説法している。そのためその教説は、*舎利弗《しゃりほつ》や*目連《もくれん》のような優れた弟子でさえも、何も理解できなかったといわれる。

その内容は、法界無尽縁起《ほっかいむじんえんぎ》という縁起観に基づいて説かれている。すなわちそれは、究極の真理の立場からみれば、一切の事象が互いに連関し合って成立しているということである。またあらゆる一切の存在はただ心が創り出したもので、心を離れて存在するものはなく、すべて自己の一心に由来するという唯心法界《ゆいしんほっかい》の理を明かし、さらに*菩薩行《ぼさつぎょう》の実践と、その段階を説く五二位が示され、菩薩の*利他《りた》の行が強調されている。

このように『華厳経《けごんきょう》』は高い哲学と深い宗教性を合わせもち、中国や日本ではこの経典に基づいて*華厳宗も成立して、盛んに注釈や研究がなされた。わが国では聖武天皇の時代に『華厳経』の趣旨が最も発揚され、東大寺◆◆は『華厳経』の根本道場となり、そこに安置された大仏はこの経の教主、毘盧遮那仏であった。しかし華厳宗は、後世、民衆に根ざした宗派として大きな展開はみられなかった。

梵網経《ぼんもうきょう》　詳しくは『梵網経盧舎那《ぼんもうきょうるしゃな》仏説菩薩《ぶっせつぼさつ》心地《しんじ》戒品《かいほん》第十』(二巻)といい、略して『梵網菩薩戒経』、『菩薩戒経』ともいわれる。従来は*鳩《く》摩羅什《まらじゅう》訳とされてきたが、近年、中国撰述といわれている。もっぱら菩薩修道の階位や戒について述べられたもので、大乗菩薩戒《だいじょうぼさつかい》を説く根本経典として中国、日本で重視された。

その内容は、上巻では十発趣心《じゅうほつしゅしん》・十長養心《じゅうじょうようしん》・十金剛心《じゅうこんごうしん》・*十地《じゅうじ》という菩薩の修行階位の説明があり、下巻では梵網戒として知られている十重《じゅうじゅう》禁戒《きんかい》と四十八軽戒《きょうかい》の大乗菩薩戒が説かれている。

◆華厳経の所説。蓮華の中に含蔵された世界で、毘盧遮那仏の願行に依て厳浄された世界。

◆◆華厳宗総本山。八宗兼学道場で南都七大寺の第一。日本三戒壇の一つ。鎮護国家の道場として聖武天皇の勅願により創立。行基を勧進とし、良弁を開基とする。大仏殿は、世界最大の木造建築。

多くの注釈書も書かれるなど、この経の後世に与えた影響は大きいが、わが国では*南都六宗《なんとろくしゅう》の小乗律に対して、*最澄《さいちょう》がこの経典に基づいて大乗戒を強く主張し、*『顕戒論《けんかいろん》』を著して比叡《ひえい》山《ざん》に大乗の*戒壇《かいだん》をたてた。それは小乗律のように出家と在家の区別をせず、一切*衆生《しゅじょう》に共通する戒として、*仏性の自覚によること（仏性戒）に特色があった。

『梵網経《ぼんもうきょう》』は、全体に『華厳経』の説相に通じる点があることから、『華厳経』の結経とされている。

浄土系仏典

*大乗仏教《だいじょうぶつきょう》が成立してまもなく、一部の大乗教徒は苦悩多い現世に対して、かの世界（来世）に*浄土を求めた。それは◆阿閦仏《あしゅくぶつ》の浄土である東方の妙喜国《みょうきこく》や、*弥勒菩薩《みろくぼさつ》の浄土である*兜率天《とそってん》などであったが、後世最も大きな影響を及ぼしたのは、*阿弥陀仏《あみだぶつ》の浄土である極楽世界であった。阿弥陀仏を信仰し、その浄土への*往生を説いた経典類を浄土経典というが、ここでは*浄土三部経として古来浄土信仰の人々に親しまれてきた『大無量寿経《だいむりょうじゅきょう》』、『阿弥陀経《あみだきょう》』そして『観無量寿《かんむりょうじゅ》経《きょう》』の三経典について略説しよう。

大無量寿経《だいむりょうじゅきょう》

『無量寿経』（二巻・康僧鎧《こうそうがい》訳）のことで『大経』とも『双巻経』ともよばれる。原名は「極楽の素晴らしく見事な景観」を意味するもので、阿弥陀仏を礼賛し、その国土である極楽を賛美する経典であることが、題名からも知られる。この経は浄土教の根本経典であり、浄土三部経の一つに数えあげられ、その中で最も大部で詳しいものである。その成立は、*『般若経』や*『法華経』に続く頃で、およそ紀元一世紀頃と考えられている。

『大無量寿経』の中心は、阿弥陀仏の*「本願」を明かすところにあるといえるが、その内容は、

◆むかし東方の阿比羅提世界に出現した大日如来のもとで、発願・修行して成仏し、その国土を妙喜国と名付け、今なお説法している仏。

*法蔵菩薩《ほうぞうぼさつ》が修行中にたてた四八の*本願を満足し、*成仏して阿弥陀仏となって西方十万億土を過ぎたところに安楽世界（*極楽浄土）を構えて住していることが説かれ、その荘厳な有り様が描かれている。そして、すべての生きとし生けるものが、その浄土に*往生する因果を説いている。すなわち、浄土に生まれることは仏の*悟りを開くことであり、そのためには*阿弥陀仏の広大な救いの*慈悲を信じて、その御名たる南無阿《なむあ》弥陀仏《みだぶつ》を唱えることにあるとして、他力救済を説いている。

わが国では、*浄土三部経を所依《しょえ》の経典として*法然《ほうねん》が『*選択本願念仏集《せんちゃくほんがんねんぶつしゅう》』を、親鸞《しんらん》は『*教行《きょうぎょう》信証《しんしょう》』を著して、浄土教を広め、*念仏と極楽往生の教えを人々に説いた。

阿弥陀経《あみだきょう》　『阿弥陀経』（一巻・*鳩摩羅什《くまらじゅう》訳）は、『大無量寿経』（『大経』）に対して、『小無量寿経』あるいは『小経』とも呼ばれ、浄土三部経の中では最も短く、簡潔で調子がよく中国・日本に広く流布し読誦されている経典である。

この経は、『大経』に説かれた阿弥陀仏の本願が成就した姿を簡明に描写しており、浄土信仰を平易に説き明かした経典といえる。

その内容は、釈尊《しゃくそん》が*祇園精舎《ぎおんしょうじゃ》で*舎利弗《しゃりほつ》などのために説いたといわれる。まず西方十万億土の極楽浄土の教主である阿弥陀仏の功徳と、その浄土の美しく荘厳な様子が説かれ、阿弥陀仏の名を聞いて一心不乱に念仏すれば、死後その浄土に生まれることができると説かれている。

次に東西南北上下の六方の諸仏が、釈迦仏《しゃかぶつ》の説法が真実不虚妄《しんじつふこもう》であることを証明し、念仏の衆生《しゅじょう》を護念することを説き、阿弥陀仏への信仰を勧めている。

観無量寿経《かんむりょうじゅきょう》　『観無量寿経』（一巻・畺良耶舎《きょうりょうやしゃ》訳）は、『観経《かんぎょう》』とも呼ばれ、浄土三部経の一つ。その成立は、『大経』や『小経』の二経よりもかなり遅いものと考えられている。

この経は経題の示すように観仏《かんぶつ》を説いた経典であり、インド・マガダ国の首都、王舎城の王宮内でビンビサーラ王の夫人韋提希《いだいけ》のために*浄*土往生の教えを説いたもので、王舎城の悲劇というドラマチックな導入部が描かれている。

韋提希夫人がその子阿闍世《あじゃせ》太子の悪逆に苦しめられているとき、仏は夫人の求めに応じて神通力をもって諸々の浄土を示現した。夫人はその中で極楽浄土を選んだので、仏は*極楽に往生するために心を統一して*阿弥陀仏と極楽浄土を観想《かんそう》する一六の方法（◆十六観）を説き示した。これを聞いて韋提希夫人と五〇〇人の侍女は、ともにかの浄土に生まれたいと願ったという。

中国・日本で浄土教を信仰した人々は、この経に説かれた仏の説法の聞き手が、わが子に背かれ、悲しみ嘆く母親である点に注目し、この法門が凡夫《ぼんぷ》往生《おうじょう》の道を説く所以《ゆえん》であるとしている。

*法然《ほうねん》は、ことにこの経典を重んじ、◆一向専修《いっこうせんじゅ》念仏《ねんぶつ》を提唱して*浄土宗を開いた。

涅槃系仏典

この涅槃系仏典と呼ばれるものには、*仏陀《ぶつだ》の入滅前後の事蹟を内容の中心とする小乗の『大《だい》般涅槃経《はつねはんぎょう》』と、仏陀が入滅前に説かれた教義を内容とする大乗《だいじょう》の『大般涅槃経』とがある。

ここでは、大乗の『*涅槃経』を取り上げることにするが、この経典の成立は中期の*大乗仏教に属するものとみられている。

大般涅槃経《だいはつねはんぎょう》　『大般涅槃経』には曇無讖《どんむせん》訳四〇巻の北本と、慧観《えかん》・慧厳《えごん》・謝霊運《しゃれいうん》訳三六巻の南本との二本の大乗経典がある。これらの大乗の『涅槃経』は、釈尊が涅槃に臨んで、多くの人々に対して説いたとされる教義を内容としている。

◆日没を見て西方極楽を想う日想観や、水と氷の美しさを見て極楽の有様を想う水想観など、阿弥陀仏の浄土に生まれるための一六の観法。

◆他の修行をしないで、もっぱら念仏を修行すること。

その説くところを要約すれば、「仏身の常住」、涅槃の四徳である「＊常楽我浄《じょうらくがじょう》」、すべての＊衆生《しゅじょう》に＊仏性《ぶっしょう》が備わっていることを認める「＊一切衆生《いっさいしゅじょう》悉有仏性《しつうぶっしょう》」の思想である。さらに、その主張から発展し、たとえ極悪不信の＊一闡提《いっせんだい》（仏になる種を断絶した者）といえども＊成仏することができると説く「一闡提成仏」などの教義である。

このように『＊涅槃経《ねはんぎょう》』は＊仏陀《ぶっだ》入滅という事実に照らして、かえって仏陀の永遠性を明かし、それとともに仏性の普遍性を明らかにして、現実の生活における指針をさし示しているといえる。

こうした『涅槃経』に説く思想は、その後の大乗仏教《だいじょうぶっきょう》の発展に大きな影響を与えた。とくに中国に伝えられてからは、涅槃という説法の時期とその教義の内容から、仏陀一代の教説を締めくくる経典として位置づけられ、多数の注釈書も著された。そうしたなかで一時は涅槃宗の成立もみたが、後に＊天台智顗《てんだいちぎ》が出て『法華経』中心の仏教観を立てるに及び、『涅槃経』を追説《ついせつ》追泯《ついみん》の経典ととらえるようになって、そのなかに吸収されていったのである。

密教系仏典

インドでは、六世紀から七世紀にかけて、＊大乗仏教が哲学理論や学問的になりすぎて、宗教としての特色を失い始めていた。そうしたなかで初期の仏典中にもみられた密教的要素は、その現実的、実践的な面が強調されて次第に表面化し、しかもヒンドゥー教の影響もあいまって、大乗仏教は、七世紀中頃から急激に密教化《みっきょうか》していったのである。

＊密教とは秘密仏教の略称で、法身《ほっしん》の＊大日如来《だいにちにょらい》が自らの＊悟りの内容を示した◆三密《さんみつ》の教えである。そうした教理を説いたいわゆる純密と呼ば

◆密教で説く、身密・口密・意密の教え。仏の身体と言語と心による行為は深く、凡夫の知り得ない不思議なはたらきであるから密と名づける。

れる経典類は七、八世紀頃に成立し、なかでもとくに『*大日経《だいにちきょう》』と『金剛頂経《こんごうちょうきょう》』とが重要である。ここではその『大日経』と、般若系でありながら密教的要系の濃い『理趣経《りしゅきょう》』を取り上げて紹介しておきたい。

大日如来像(円城寺蔵)

大日経《だいにちきょう》　『大毘盧遮那成仏神変加持経《だいびるしゃなじょうぶつじんべんかじきょう》』（七巻・*善無畏《ぜんむい》訳）の略称で、題名にみられる大毘盧遮那は*大日如来《だいにちにょらい》のこと。*密教の根本経典で、『金剛頂経』、『蘇悉地経《そしつじきょう》』と合わせて*真言三部経といわれ、その成立は仏教経典成立史上、最後期に属し、七世紀の半ば頃と考えられている。日本に伝来した密教経典の中では平安初期以来、最もよく知られている経典であり、*胎蔵界《たいぞうかい》曼荼羅《まんだら》として知られる宗教画は、この経の内容の象徴的表現である。

この『大日経』は三六章から成り立っており、第一章では基本的な教義（教相）が説かれており、その中で仏の*智慧《ちえ》について、「*菩提心を因《いん》と為《な》し、大悲を根本と為し、方便《ほうべん》を究竟《くきょう》と為す」という三句の法門が説かれている。また、*悟りについては真実の自心を知ることのなかに悟りがあるとされ、その心は本来清浄である、と説かれている。

その他の章では、身口意《しんくい》の三密の行法《ぎょうぼう》を中心に、仏の世界に入って行くためのさまざまな秘密の約束や方法などの実践面（事相《じそう》）が示されており、『大日経』は理論と実践の両面を明かす経典とされている。

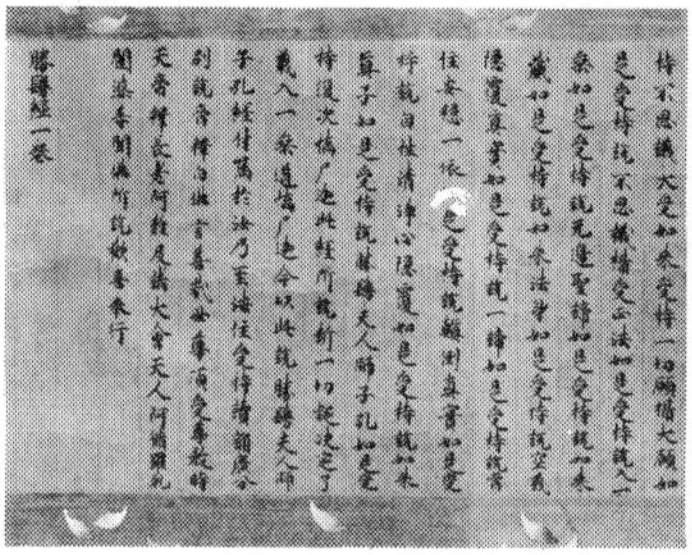

勝鬘経一巻（東京国立博物館蔵）

わが国では、*空海《くうかい》がこの『*大日経《だいにちきょう》』を全仏教経典の最高無二のものととらえて真言密教《しんごんみっきょう》（東《とう》密《みつ》）を興し、また*天台宗《てんだいしゅう》の中にもその思想と実践が取り入れられ、天台密教（台密《たいみつ》）として発展した。

理趣経《りしゅきょう》　『理趣経』は、詳しくは『大楽金剛不空真実三摩耶《まや》経』（一巻・不空訳）、また『般若理趣経』という。『大般若経』のなかの般若理趣分にあたる般若系の経典である。その教えは、真言密教の極意と*即身成仏の究竟《くきょう》を示すものとして、古来真言宗《しんごんしゅう》ではとくに尊重され、日常の読誦はもとより葬送、法事においても常に読誦されている重要な経典である。

この経は一七章から構成されていて、*大日如《だいにちにょ》来《らい》が金剛薩埵《こんごうさった》に対して、般若の理趣が清浄であることを説いているが、ここでいう理趣とは真実なるものへのいざない、真理の趣を意味するものである。真実の*智慧《ちえ》（般若）から見た真実世界は、欲望も怒りもさらにはこの世の存在すべてのものも、みなその本性は清浄であると説き明かしている。それは不浄な現実の諸相のなかにこそ、理想の清浄な本質を見る、という立場に基づいている。その結果、現実肯定という姿勢が強く打ち出されている。男女の愛欲さえも肯定し、それを*菩薩《ぼさつ》の境地として説いている点は、知られるところである。

その他の仏典

勝鬘経《しょうまんぎょう》　詳しくは「勝鬘師子吼一乗大方便《しょうまんししくいちじょうだいほうべん》方広経《ほうこうきょう》」（一巻・求那跋陀羅《ぐなばっだら》訳）といい、大乗仏典中、*如来蔵思《にょらいぞうし》想《そう》を説く代表的な経典である。

この経は、舎衛国《しゃえこく》の波斯匿《はしのく》王の王女、勝鬘夫人が釈尊《しゃくそん》の面前で教えを述べ、釈尊はそれを聞いてその説法に承認を与えるという、独特な形式をとっている。そこで主に説かれているのは、*声聞《しょうもん》、*縁覚《えんがく》、菩薩の三乗の教えはすべて大乗の*一乗（仏乗—仏を目標とする道）に帰一するという一乗真実《いちじょうしんじつ》の教えと、すべての衆生《しゅじょう》が心のうちにもっている如来となりうる可能性を説く*如来蔵思想《にょらいぞうしそう》の教義である。

この一乗思想は、『*法華経』のそれを継承したもので*大乗仏教《だいじょうぶっきょう》の一大眼目であり、また如来蔵思想もそれを宣布する一連の経典類が前後して著され、仏教思想の主流を形成するに至った。

なお大乗仏典の中で、この経典のように在家の婦人をして法を説かせていることは極めて珍しく、維摩《ゆいま》居士《こじ》が説く『*維摩経』と並んで、大乗仏教における在家主義と在家菩薩の理想像を示す代表作として広く流布し、親しまれてきた。

わが国では、*聖徳太子が『法華経』や『維摩経』とともに、この『勝鬘経《しょうまんぎょう》』の注釈書を著し、女帝の推古天皇に講義したことはよく知られているところである。

大集経《だいじっきょう》　「だいしゅうきょう」とも読む。詳しくは『大方等大集経《だいほうどうだいじっきょう》』（六〇巻・曇無讖《どんむせん》等訳）といい、諸師諸訳のものを隋《ずい》の時代の僧就が一部に編纂《へんさん》したものである。経題の「大集」は、仏、*菩薩などの多数の集りと、教法の集まりとの二義を意味する。

その内容は、釈尊《しゃくそん》が十方の仏、菩薩などを大勢集めて大乗の法を説いたもので、般若系統の*空《くう》の思想とともに密教《みっきょう》的要素も濃いものである。しかし雑多で統一がなく、法相・法数を羅《ら》列《れつ》することが多いので、通読する経典としての魅力には欠ける一方、諸仏・諸菩薩・天・魔などの登場する大乗仏教神話の宝庫であるともいえよう。

『大集経』に説く◆五箇の五〇〇歳は、釈尊入滅後の仏教の盛衰を五〇〇年ごとに五種に区切る仏教の時代観の一種であり、中国や日本における*末法《まっぽう》思想の流行に大きな影響を与えた。また

◆大集経で、仏滅後の時代を五期の五〇〇年間に区切って、仏法流布の状態を説いたもの。解脱堅固《げだつけんご》、禅定堅固、多聞《たもん》堅固、造寺堅固、闘諍堅固の五つをいう。（最後の五〇〇年を後の五〇〇年ともいい、末法に結びつけられた）

この経典は、『金光明経《こんこうみょうきょう》』『*仁王経《にんのうきょう》』『薬師経《やくしきょう》』とともに、日蓮が『*立正安国論《りっしょうあんこくろん》』の中で災難興起の原因の経証として引用していることでも知られている。

金光明最勝王経《こんこうみょうさいしょうおうきょう》　『金光明経』、『最勝王経』とも呼ばれ、数種の漢訳があるなかで義浄《ぎじょう》訳（一〇巻）が一般に用いられている。『*法華経』や『仁王経《にんのうぎょう》』とともに、鎮護国家の三部経の一つとして尊ばれたことで有名である。

その内容は、この経を護持するものは*四《し》天王《てんのう》をはじめ諸天善神の加護を受けるとされ、国王が正法を行じれば国が諸天より守護されるという。また仏の寿命の長遠なことを説き、金光明《こんこうみょう》懺法《せんぼう》とよばれる*懺悔《さんげ》の要法も示されている。

このような教えから、『金光明経』は全アジアに広く分布し、この経典の信仰に基づいて西域諸国では四天王の崇拝、中国では金光明懺法が流行したのである。

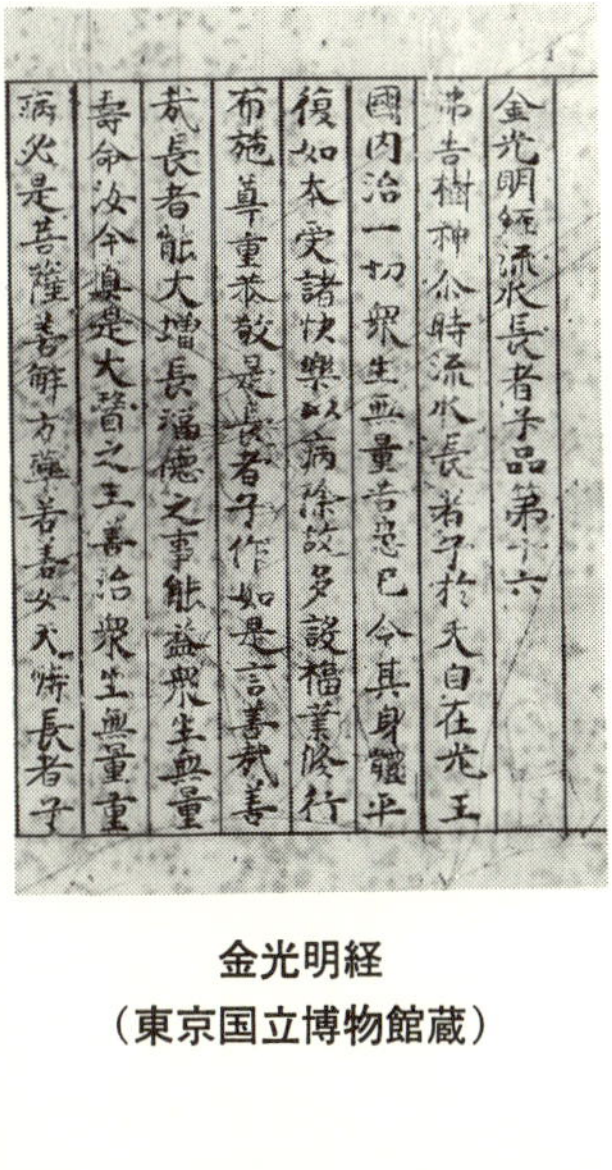
金光明經流水長者子品第十六
佛告樹神尒時流水長者子於天自在光王
國内治一切衆生無量苦惱已令其身體平
復如本受諸快樂以病除故多設福業修行
布施尊重恭敬是長者子作如是言善哉善
哉長者能大增長福德之事能益衆生無量
壽命汝今真是大醫之王善治衆生無量重
病必是菩薩善解方藥善女天時長者子

金光明経
（東京国立博物館蔵）

わが国でも古代仏教の中で護国の経典として信仰を集め、除災招福《じょさいしょうふく》を祈って講説され（最勝講）、読誦、書写が行われた。◆四天王寺はこの経典に基づいて創建されたものであり、全国の*国分寺は必ずこの経典を一部備えて、金光明四天王護国寺といった。こうしたことからも古代の日本において、この『金光明経』が国家的規模で迎えられ、信仰されたことが知られる。

解深密経《げじんみっきょう》　『解深密経』（五巻・*玄奘《げんじょう》訳）は略して『深密経』ともいう。その成立は、紀元三〇〇年前後とみられ、中期大乗経典に属する。

◆大阪市天王寺区にある和宗総本山。用明天皇二年（五八七）、聖徳太子が蘇我馬子と共に排仏派の物部守屋を攻め、その勝利の報恩のために建立した。

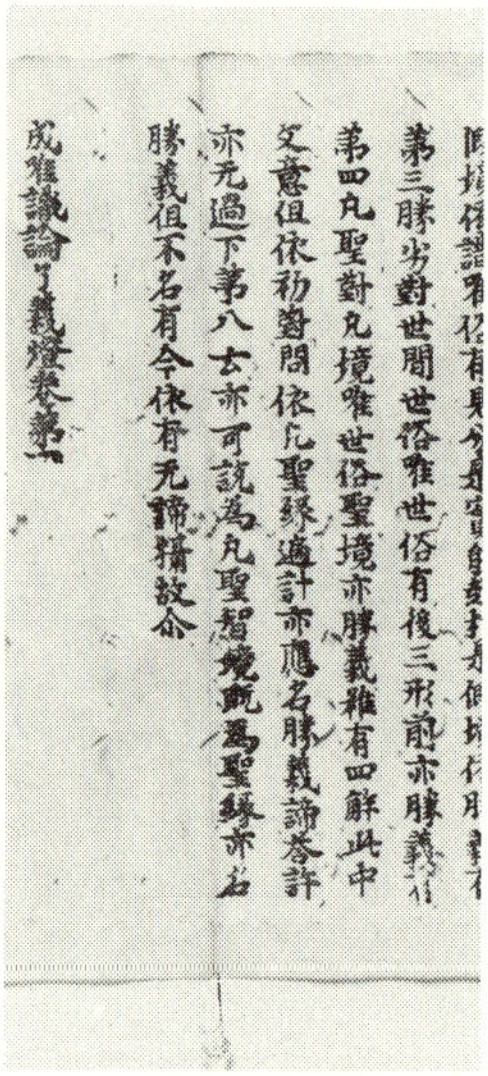

成唯識論
（国立歴史民俗博物館）

経題は、仏の甚深《じんじん》秘密の教えを解釈した経典という意味。*唯識《ゆいしき》の教義を述べたもので、*法相宗《ほっそうしゅう》の根本経典とされている。

八品《はっぽん》からなっていて問答形式で論を展開しており、その内容は万有の実性ならびに現象を明かし、実践修行の方法・行位《ぎょうい》・結果などが説かれている。

また、この経は*無著《むじゃく》の著した『瑜伽師地論《ゆがしじろん》』に序品《じょほん》を除いて全文が引かれており、同論とともに唯識《ゆいしき》説の思想の方向を示した重要な経典であり、『摂大乗論《しょうだいじょうろん》』や『成唯識論《じょうゆいしきろん》』などにも引用され、後世への影響は実に大きいものがある。

楞伽経《りょうがきょう》　『楞伽経』の成立は、およそ紀元四〇〇年頃とみられ、漢訳は三種類が伝えられている。後期の*大乗仏教《だいじょうぶっきょう》思想を代表する経典ではあるが、大乗仏教の諸教説を覚え書きのように雑然と集成したもので、その中心思想はとらえにくい。しかしそれら諸説の中で、*如来蔵《にょらいぞう》と阿頼耶識《あらやしき》とを結合している点は重要である。

この経は仏が楞伽山頂にあって、大慧《だいえ》菩薩《ぼさつ》に対して説いたといわれ、唯識《ゆいしき》の立場から大乗の教義が列挙されている。そこには五法《ごほう》、三性《さんしょう》、八識《はっしき》、二無我《にむが》等の法が説かれており、心の観察がこの経の主な課題となっていることが知られる。

馬鳴《めみょう》の著した「*大乗起信論」は、この経をよりどころとして作られたものと考えられている。また、禅宗の始祖《しそ》・菩提達磨《ぼだいだるま》は、この経に四種の*禅が説かれていることから、禅宗の依経として重視した。

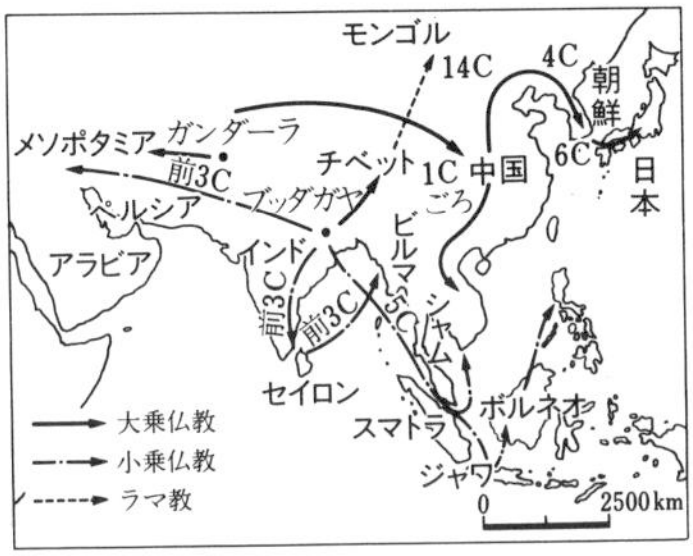

仏教伝来図

日本の仏教　―仏教の歩みと特色―

仏教伝来とその受容（飛鳥・奈良時代）

紀元前五世紀頃インドで始まった仏教は、時の流れとともにアジアの東へと伝わり、中国から朝鮮半島を経て、日本にも達した。当時の朝鮮半島では高句麗《こうくり》・新羅《しらぎ》・百済《くだら》の三国が勢力を競っていたので、その中の百済の聖明王《せいめいおう》がわが国と通じるための外交政策の一つとして、仏像や経巻を献じて、仏教を信じるように勧めてきた。もちろんこれ以前にも日本へ渡来した帰化人たちが仏教を信じ伝えていたと充分考えられるが、日本への仏教の公伝としては前述の聖明王のことをいい、それを欽明天皇《きんめいてんのう》七年（五三八）のこととする説が有力である。

仏教の伝来にどう対応するかと天皇が臣下たちにはかった時、物部尾輿《もののべのおこし》らは日本古来の神々の怒りを恐れて仏教受容に反対し、一方、蘇我《そが》稲目《いなめ》はまわりの国に倣《なら》ってわが国も仏教を受け入れるべきである、と主張したので、天皇は蘇我氏に仏像を授け、*礼拝することを許した。しかし廃仏《はいぶつ》と崇仏《すうぶつ》の対立は続き、内政や外交の指導権をめぐる争いもあって物部・蘇我の両氏族間の戦いとなった。そして蘇我馬子《そがのうまこ》が物部守屋《もののべのもりや》を倒したので、崇仏に大勢は決まった。このような時に現れたのが*聖徳太子《しょうとくたいし》（五七四〜六二二）である。

蘇我氏の仏教崇拝は、それまでの神々を崇《あが》める信仰と同じように、儀礼的な意味を認めたにすぎず、仏教の教義や思想にことさら関心を示したものではない。
推古《すいこ》天皇《てんのう》の即位とともに二〇歳で摂政となった*聖徳太子は、朝鮮半島より渡来した僧たちから仏教を学んでその教義に深い理解を示し、自らも経典を講じたり*『三経義疏《さんきょうぎしょ》』といわれる注釈書を著したと伝えられる。また政治を行う理念に仏教の思想を及ぼし、善政をしいた。聖徳太子が制定したといわれる十七条憲法にも仏教的な思想がみられる。

聖徳太子の没後も仏教は栄え、大化《たいか》の改新《かいしん》・壬《じん》申《しん》の乱を経て、律令制が確立すると、次第に増えてきた僧尼《そうに》を取り締まる法令がつくられるほどであった。この*僧尼令《そうにれい》は、政府が僧尼の宗教活動を制限して民衆との触れ合いを止《と》め、また僧尼の生活上に多くの禁止事項を設けて、政府の統制のもとに僧尼を縛ろうとするものであった。民間の中で布教と社会事業を展開した*行基《ぎょうき》(六六八～七四九)が、この統制を乱すものとして弾圧されたこともあった。

しかし統制は厳しくとも、僧尼の身分や生活は国家から保証されており、僧尼は国家の安泰を祈って『金光明経《こんこうみょうきょう》』や*『仁王経《にんのうきょう》』などの護《ご》国経典《こくきょうてん》を読んだり、写したりすることを任としていた。こうした国家の鎮護を祈る理念に用いられた仏教は、同時に天皇を頂点とする中央集権的な国家統一を推進する上にも利用され、東大寺を中心に諸国に僧尼寺を建てるという*国分《こくぶん》寺《じ》制度が設けられた。

一方、政府は僧尼に仏教の研究を奨励し、寺院ごとにつくられていた学問集団を組織化したので、いわゆる*南都六宗《なんとろくしゅう》(三論《さんろん》・*法相《ほっそう》・成実《じょうじつ》・倶舎《くしゃ》・*華厳《けごん》・律《りつ》)に整えられた。この宗《しゅう》とは、学問研究の集団といった意味で、僧尼は各自の望みによって諸宗を学ぶことができた。なお、*律宗は有名な唐の*鑑真《がんじん》によって伝えられ、それ以後出家する者は*戒壇《かいだん》において受戒することを

最澄

義務づけられたのである。

鎮護国家と祈禱（平安時代）

奈良時代の仏教は、国家からの全面的な援助を受けて繁栄したが、その反面、僧尼の質の低下や戒律の乱れが目立ち、仏教界の腐敗が進んだ。また寺院の経営ばかりでなく、寺の所有地の増大に従って税収入が減ることも、国家の財政を苦しめ始めた。延暦一三年（七九四）桓武《かんむ》天皇《てんのう》は都を平安京に移すとともに、それまでの仏教保護を改めて、これを統制する政策をとった。それによって国家の財政を守るとともに、有能な僧を育成して、仏教界の立て直しを願ったのである。ここに登場したのが*最澄《さいちょう》と*空海《くうかい》で、*天台宗《てんだいしゅう》・*真言宗《しんごんしゅう》をそれぞれ開いて仏教界に新風を吹きこんだ。

最澄（七六七〜八二二）は滋賀の出身、一四歳で出家して勉学に励み、やがて人里を離れた比叡山《ひえいざん》に入って修行した。主に中国より伝わった天台教学を研鑽《けんさん》し、当時一流の学者たちに認められていたが、三八歳で遣唐使に加わって唐に渡り、天台と密教を学んだ。翌年帰国すると天台宗を大いに広め、やがて天台法華宗《てんだいほっけしゅう》として公認されるに至った。この宗では、法華経《ほけきょう》を中心とする教学のほかに、*密教《みっきょう》・*禅《ぜん》・*戒律《かいりつ》を合わせて行う四宗合一《ししゅうごういち》を基本的立場としている。

一方、空海（七七四〜八三五）は、香川に生まれ、一五歳で京都に上り、儒教を中心に学んでいたが、やがて仏道を志して山岳修行などに励んだ。延暦二三年（八〇四）出家得度したその年に最澄とともに唐へ渡り、主に密教の全般にわたって学んだ。帰朝後は天皇との親交を得て鎮護国家のための祈禱《きとう》をし、東大寺などの別当となり、また高野山・東寺を賜わって修行の道場とした。空海の開いた真言宗は、従来の経

主な印契

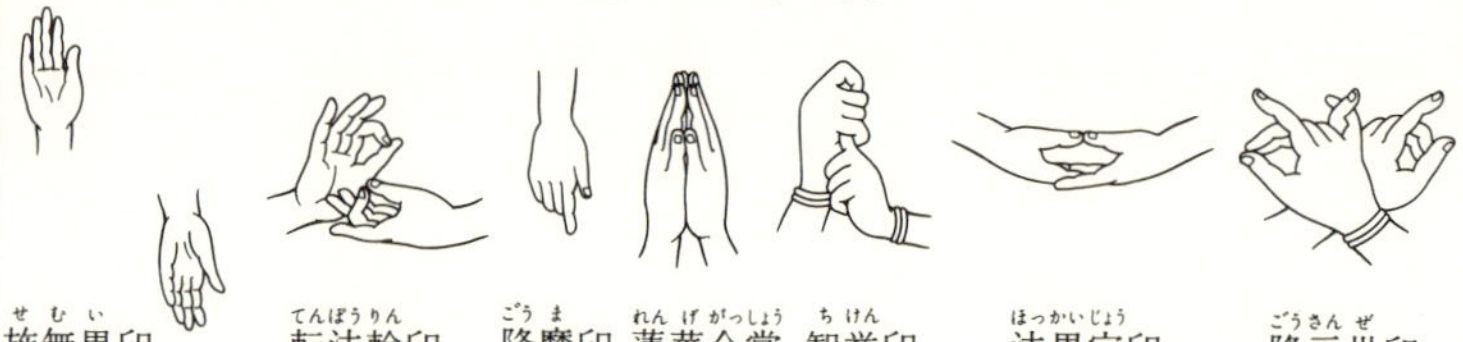

施無畏《せむい》印　与願《よがん》印　転法輪《てんぽうりん》印（智吉祥《ちきちじょう》印）　降魔《ごうま》印（触地《そくち》印）　蓮華合掌《れんげがっしょう》　智拳《ちけん》印　法界定《ほっかいじょう》印（禅定《ぜんじょう》印）　降三世《ごうさんぜ》印

論などに基づく宗派が顕教《けんきょう》という浅い教えであるのに対して、仏教の最も深遠な秘密の教えである*密教《みっきょう》を宗義とする。秘密のことばである真《しん》言《ごん》を唱えたり、手指の結び方である印契《いんげい》やいろいろな作法を行うことによって、現在の身このままで*成仏できる、という*即身成仏《そくしんじょうぶつ》を説いている。

これら両宗は、従来の宗が国家の管理下にある学問研究の集団であったのに対して、自主的に運営される独立した教団であった。また信仰による救済をめざす実践的な*大乗仏教《だいじょうぶっきょう》であるから、より広い支持が得られた。もちろん国の宝となり、師となり、鎮護国家を祈ることは、この時代の仏教者としての使命である。しかし新興階級である貴族が勢力を得てくると、僧は個人のために祈禱《きとう》することも、求められるようになった。こうして*空海《くうかい》の広めた密教が全盛となり、*天台宗でも密教に力を入れるようになった。前者を東密《とうみつ》、後者を台密《たいみつ》とよんでいる。

もともと最澄の伝えた密教は不十分なものであったため、その門下から円仁《えんにん》や円珍《えんちん》などが唐へ渡り密教をじっくり学びとってきたので、台密は次第に充実発展し、ついには天台宗の教義も密教を中心とするようになった。後に台密は三流に分かれ、さらに分派して一三流となった。一方東密は、空海の弟子において足並みが乱れ始め、多くの有力な寺院をかかえながらこれを統一する有能な指導者に恵まれなかったので、ついに多くの分派支流を生ずることになった。

ところで、こうした密教の流行に関連して注目すべきは神仏習合《しんぶつしゅうごう》説である。日本人は、元来呪術的な性格をもち、万物に霊を認めて神と崇《あが》めたり、疫病や天変地異に悪霊や死霊のたたりを恐れたりしてきた。平安時代はこうした御霊《ごりょう》信仰が特に盛んで、これを鎮めるために祈禱《きとう》や真言の神秘的な力を頼む密教が大いに受けいれ

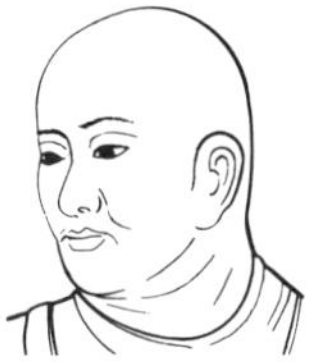

空　海

られた訳である。

仏教が日本に伝わった頃は仏が古来の神々と同じ観念で理解されていた。政治上から神と仏が衝突するように扱われることもあったが、一般の受け入れ方では両者は対立するものではなく、調和するべきものである。はじめは神々が仏法を悦《よろこ》び、これを守り助ける、あるいは神々も仏法によって悟りを得て救われると考えられた。こうした考え方を神仏習合説《しんぶつしゅうごうせつ》というが、これがやがて仏が本《もと》で神は仏の権化《ごんげ》・垂迹《すいじゃく》すなわち仮の姿であると定められるようになった。これを*本地垂迹説《ほんちすいじゃく》という。異質な文化をたくみに調和させて受容してきた日本人の信仰をよく表し、今日までこうした宗教意識に大きな変化はないといえよう。

日本には山岳そのものを神として崇《あが》める信仰があり、仏教もこの聖なる山において修行することを重視し、山林道場として山中に寺を建てた。これも神仏習合の一つであるが、*密教《みっきょう》では霊力のある僧が求められるので特に山岳修行が盛んとなり、修験道《しゅげんどう》として独立するに至った。

一方、密教の隆盛によって寺院は財力を蓄え、貴族と結んでその勢力を伸ばしたが、そのために世俗化が進んだ。その象徴である僧兵による私闘や武士の戦乱、そして天災や疫病など社会不安は高まり、混乱が深まるにつれて、仏教の年代論で終末的な濁世《じょくせ》をいう*末法思想《まっぽうしそう》が人々の心の中に広まった。

そして現世での希望を失い、*阿弥陀仏《あみだぶつ》の浄土へ往生することを願う浄土教の信仰が盛んになるのである。

浄土教は、*天台宗における常行三昧《じょうぎょうざんまい》という*念仏を唱える修行に端を発し、知識人である貴族たちの間にも念仏が広まり、次第に上流貴族や皇族にも伝わってさまざまな文化を形成した。浄土教を学問的に確立したのは『往生要集《おうじょうようしゅう》』を

著した*天台宗の*源信《げんしん》（恵心僧都《えしんそうず》）であるが、浄土教は*真言宗や奈良仏教界でも盛んになった。また、特定の教団を離れて庶民に*念仏を広める僧を聖《ひじり》・沙弥《しゃみ》というが、その代表が市聖《いちのひじり》と呼ばれた*空也《くうや》（九〇三〜九七二）である。

また、こうした仏教界の世俗化や社会の混乱の中で、比叡山《ひえいざん》中での学問研究は続けられ、その伝統の中から本覚法門《ほんがくほうもん》が発展した。本覚とは現実をそのまま仏の現れと見る立場で、人間はそのままで本来覚《さと》っていると肯定する思想である。この思想は一一世紀に起こり、院政時代に栄えて鎌倉・室町時代まで続いたとされるが、特に鎌倉時代の新仏教の成立に影響を与えた。

仏教の民衆化（鎌倉時代）

律令体制のもとでは、国家の鎮護を祈るための仏教として、僧も寺も官制下におかれ管理されていた。しかし、平安時代の中頃になるとその体制も崩れ始め、土地所有をめぐって貴族など民間の財力や地方豪族・武士の勢力が高まるにつれて、その支援を受けた仏教教団の自立化が進み、また民衆の中に入って布教する僧たちが増えた。一方、平安末期から鎌倉時代にかけては、源平の争いなど武士の戦乱が続き、また風水害や地震などの天災・疫病が相次いで起こるなど、世上の混乱から民衆の心に宗教を求める気運も高まっていた。こうした状勢の中で鎌倉時代には、旧来の仏教を変革するような新仏教が次々と現れるが、この時代背景に最もふさわしい浄土教を新しく民衆に布教したのが*法然《ほうねん》である。

法然（一一三三〜一二一二）は一五歳の時に比叡山で受戒し、やがて黒谷に隠遁してはじめは仏教の諸義を研究していたが、四三歳で念仏の法門を選びとりこれに専念した。そして比叡

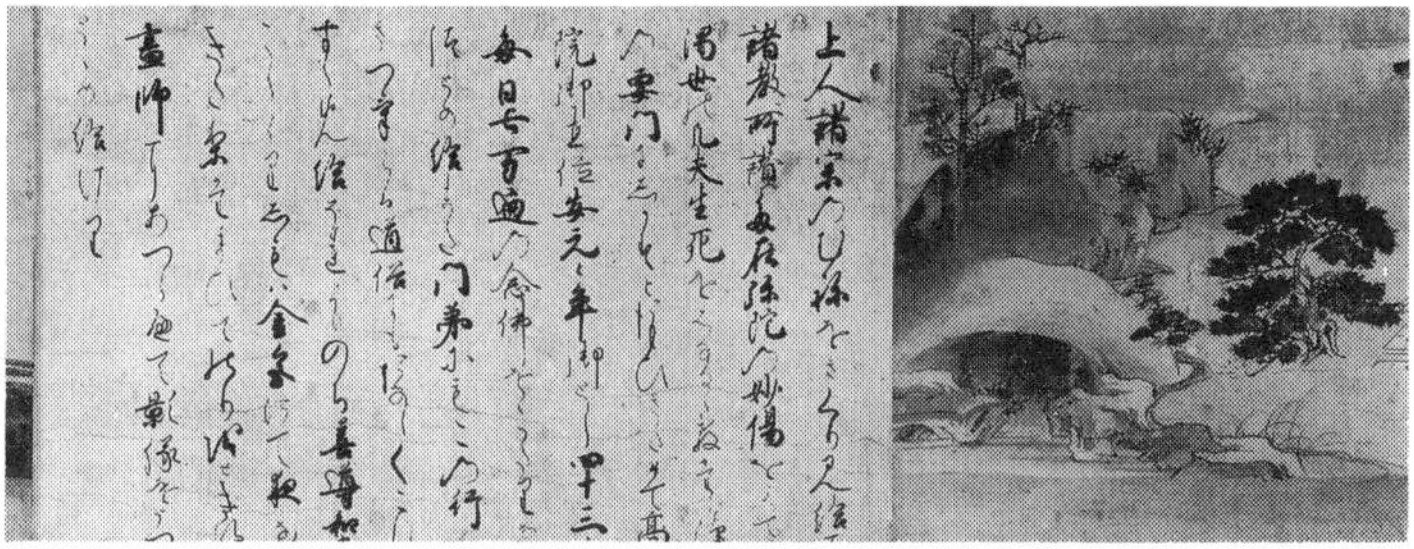

法然上人絵伝（増上寺蔵）

山より下り、吉水に草庵を結んで浄土宗*を広めた。その教義は、仏教とその修行について聖道《しょうどう》門《もん》と浄土門《じょうどもん》・正行《しょうぎょう》と雑行《ぞうぎょう》・正業《しょうごう》と助業《じょごう》に分け、浄土門に入るための正行をとり、正業の称名《しょうみょう》念仏《ねんぶつ》を一筋にするという専修念仏*《せんじゅねんぶつ》を選んで極楽*に往生*することが、すなわち阿弥陀仏*の本願*であるとしている。法然《ほうねん》の主著である『選択本願*《せんちゃくほんがん》念仏集《ねんぶつしゅう》』は、こうした教義を説いて浄土宗開設の根拠を示すものであった。

法然の浄土宗は、貴族や民衆の広い支持を得て急速に発展したが、その勢いのあまり旧仏教の反発をかい、国家からも弾圧を受けて法然の土佐流罪という法難を引き起こした。法然の入《にゅう》寂《じゃく》後も弾圧が続いて教団は安定せず、その上、多くの弟子の中から教義についての意見の相異も出て、ついには分裂していった。それは、法然の信仰についての説示に曖昧《あいまい》な点があるなど、弟子の誤解や曲解を招きやすい事情があったためである。その弟子のなかで、法然の説く専修念仏をさらに純粋に究めたのが親鸞*《しんらん》である。

親鸞《しんらん》（一一七三〜一二六二）も九歳で比叡山《ひえいざん》に登り出家したが、二九歳の時下山し、法然にめぐりあうと本願念仏を専修した。しかし間もなく法難が起こり越後に配流《はいる》となり、四年後赦《しゃ》免《めん》された。その後は関東に約二〇年間住んで布教し、晩年の三〇年は京都で著述に専心している。親鸞の宗教は、鋭い自己反省に基づき、阿《あ》弥陀《みだ》如来《にょらい》の本願の力に頼りきった絶対他力*《たりき》の信仰である。すなわち罪深い自己には「信」すら起こすこともできず、ただ如来の本願から生じた「信」によって自己の仏性*《ぶっしょう》を現し、信の一念によって往生が決定されるのである。こうした親鸞の信仰は、法然の教義を極端にまで徹底したもので、自らの立場も非僧非俗（僧でも俗人でもない）とし、一定の寺に安住することなくひたすら念仏するだけで、弟子は一人もなく、

日　蓮

信仰を通じて集まる者は同朋、同行であるという共感から教団を形成している。

親鸞と同様に他力信仰を説き、より深く民衆の中に入り込んで念仏を広めたのが一遍《いっぺん》である。*一遍（一二三九〜一二八九）は一〇歳の時出家し、浄土教を学んで智真《ちしん》と名乗った。その後各地で難行を重ねたが、熊野において霊験を得ると名を一遍と改め、以後は諸国をめぐって念仏信仰を勧めたのである。その方法として、信・不信を問わず*阿弥陀仏と縁を結ぶ札（算）を配った。そこには*念仏を唱える者がそのまま阿弥陀仏であるという信念があった。また民衆の心をとらえる踊念仏《おどりねんぶつ》を行った。こうして諸国を遊化する念仏の集団を一遍は時衆《じしゅう》と称したが、一遍の入寂後は各地に道場が創られ、やがて時衆一二派に分裂することになる。

このように浄土教に基づく念仏信仰は広く民衆に受けいれられたが、これに対して*法華経の信仰を*唱題によって民衆に説く*日蓮《にちれん》が現れた。

日蓮（一二二二〜一二八二）は、*天台宗に属する清澄寺《せいちょうじ》で出家し、鎌倉や比叡山《ひえいざん》・京都・奈良などに遊学した。三二歳の時、法華教が最も重要な仏の教えであると確信し、これに絶対*帰依《きえ》を表すものとして法華経の題目を唱えるようすすめた。鎌倉へ出た日蓮は辻説法によって信者を増やし、幕府を諫《いさ》め、他宗を激しく非難したので、幕府の弾圧や他宗徒の襲撃を受けた。五〇歳の時には佐渡に流されたが、かえって仏の使いとしての使命感を高め、教義を発展させた。赦免《しゃめん》後は身延山《みのぶさん》に入り、著述と弟子の養成に努めた。日蓮の宗教は、法華教の信仰によって理想的な仏国土を造り出すという立正安国《りっしょうあんこく》を主眼とするが、*衆生《しゅじょう》の側からすれば、法華経を受持し、その*題目を唱えれば仏の功徳が自然と与えられると説く。唱題《しょうだい》は、衆生にとって容易な行法であるとともに、法華経信仰の純粋さを示す

栄　西

ものであり、そのため*日蓮《にちれん》は他宗を厳しく攻撃（折伏《しゃくぶく》）し、純粋性を汚す者を謗法《ほうぼう》（正しい教えをそしること）として批判した。*法華教を選びとるのは、教判《きょうはん》という仏教的な価値判断に基づくが、日蓮においては迫害を受ける体験が法華経の正しさ、法華経の行者としての使命感を高めることになった。釈迦仏と法華経への命がけの信仰により、日蓮は行動的な宗教者となったのである。日蓮の入寂後、関東を中心に六人の有力な弟子が教化を展開したが、その中の日《にっ》興《こう》は教義上の相異から分派し富士門流を形成した。また日蓮の念願であった京都布教は日像《にちぞう》によって果たされ、次第にその勢力を発展させた。

一方、武士階級の台頭に伴い、個人の安心立命を説く禅宗が盛んになった。*禅は奈良時代以前に日本に伝わっていたが広まらず、中国で宋代に禅宗が隆盛となると、栄西が宋に渡って*臨《りん》済宗《ざいしゅう》を伝え、日本でも栄えたのである。

*栄西《えいさい》（ようさいともいう、一一四一〜一二一五）は一九歳で比叡山《ひえいざん》に登り、天台学や密教《みっきょう》を学んだ後、入宋して禅を修行し、四七歳の時に再び宋に渡り臨済宗黄竜派《りんざいしゅうおうりゅうは》の禅を修めた。帰国後は博多で禅を広め、さらに鎌倉や京都で活躍したが、その宗教は禅とともに天台・密教を合わせた三宗兼学の禅である。それは禅だけで一宗を立てるまでには機が熟さず、比叡山などの圧力も強くて妥協せざるを得なかったからである。栄西は厳しく*戒律《かいりつ》を守る僧としても知られ、また初めて日本に茶を伝えたとされる。

栄西の入寂後、同じ臨済宗の流れをくみ兼修《けんしゅう》禅《ぜん》を修める流派が出たが、やがて鎌倉の北条氏に招かれて蘭渓道隆・無学祖元など宋の禅僧が相次いで来日し、厳しい修行に基づき禅のみを修める純粋禅を伝えた。来日僧は、建長寺《けんちょうじ》・円《えん》覚寺《かくじ》などの大寺院を与えられ、多くの弟子を養成するとともに武士の教化にも当たった。とこ

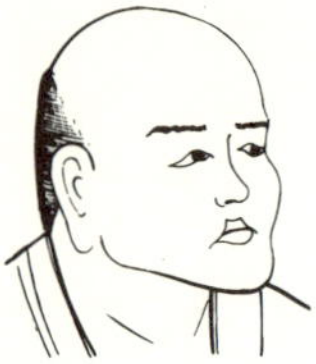

道　元

ろで、これよりも先に、世俗の権力に近づかず純粋な禅を確立しようとしたのが*道元《どうげん》である。

道元（一二〇〇～一二五三）は一三歳で出家し比叡山に登って天台学を修めたが、仏法に疑問を抱いて下山し、建仁寺の明全《みょうぜん》（栄西《えいさい》の弟子）に師事する。二四歳の時明全とともに宋へ渡り、天童山の如浄《にょじょう》に従って*曹洞宗《そうとうしゅう》の法を受けた。帰国後、坐禅こそが仏祖の正伝の法であるから、ただひたすら*坐禅するべきこと（只管打坐《しかんたざ》）を説いた。そのため比叡山《ひえいざん》衆徒の弾圧を受け、越前（福井県）に移り大仏寺（のち永平寺《えいへいじ》）を開創して弟子の育成に専心した。道元が只管打坐という実践を重視したのは、坐禅そのものがすでに*悟りであるという修証一如《しゅしょういちにょ》の立場をとるからで、そのため他を兼ねて修する*禅を批判し、また出家としての規律を重んじる純粋で厳格な面を強くもつ。しかし後には、道元の理想をそのまま守ろうとする者と教団を発展させようとする者に分裂し、後者が純粋禅を次第に変容させながら曹洞宗を全国に広めていくのである。

なおこの時期、新仏教の出現に刺激されて、奈良の旧仏教においても優れた人材を得て変革をみた。その顕著な動きは、実範《じっぱん》や叡尊《えいぞん》などが志した*戒律《かいりつ》の復興である。これは、*念仏のみを重視するあまり風紀の乱れた念仏者の出現など戒律の軽視を嘆いて、出家主義を再確立しようとするものである。その他同じ志を抱く者では、法相宗の復興に尽した貞慶《じょうきょう》、実践的な華厳学をつくり出した高弁《こうべん》（明恵《みょうえ》）、鎌倉極楽寺《ごくらくじ》で社会事業を行った忍性《にんしょう》（良観《りょうかん》）などが有名である。

民衆仏教の展開（室町・戦国時代）

鎌倉時代に開かれた新仏教各宗は、開祖《かいそ》のもつ民衆救済をめざした宗教的情熱によってそれぞれ根を下ろしたが、またそれを受け継ぐ門下によって、室町時代から戦国時代の間に大きく発展する。この時代は、荘園制度の崩壊によって経済的基盤を失った旧仏教の勢力が衰え、戦乱や飢《き》饉《きん》などの社会不安が高まるなかで、中央の貴族たちに代わって地方の豪族・武士、さらに農民や町民の実力が増すなど、社会構造も大きく変動した。こうした状況の中で、はじめは京都に進出して権力者や貴族に近づいた教団が発展の頂点を極めるが、そのため民衆の心から離れて支持を失い、これに代わって地方の農民や豪族、あるいは都市の商工人に布教して基盤を築き上げた教団が台頭した。

まず浄土教の関係からみると、*浄土宗では九州・関東に布教基盤を得た鎮西派《ちんぜいは》が京都に進出し、*法然《ほうねん》の廟所《びょうしょ》である智恩院《ちおんいん》を管理下に移して浄土宗正統派の地位を確立した。また関東においては増上寺《ぞうじょうじ》を基点とし、有力武士の支持を集めて発展し、やがて徳川《とくがわ》氏と深く結びついて隆盛をみることになる。*時宗《じしゅう》では、藤沢の清浄《しょうじょう》光寺《こうじ》を中心とする*遊行派《ゆぎょうは》が勢力をのばし、特に南北朝時代の末に天皇の血筋をひく尊観《そんかん》が第一二世上人となったため権威を高めた。時衆たちは、連歌・能楽・絵画・作庭などの文化活動にも優れた業績をあげ、多くの貴族や武士の支持を集め、広大な寺領も有するに至ったが、こうしたことが民衆の支持を失う原因となり、戦国時代からは急速に衰えていった。

この頃*浄土真宗では、本願寺《ほんがんじ》の*蓮如《れんにょ》（一四一五〜一四九九）が越前（福井県）吉崎を中心として精力的に布教し、北陸方面の時衆信徒たちを次々に転宗させた。蓮如は四三歳で本願寺八世となり、真宗の教義をわかりやすい文章で示したり、農民の中に入り込んで村単位の教化を重ねたので、それまで沈滞していた真宗教団が急速に発展した。吉崎を退去した後も近畿地方各地をまわって寺を建て、さらに京都山科に本願寺を復興させて、本願寺《ほんがんじ》を中心とする真宗王国の基盤づくりを果たしたのである。なお、戦国の世に一大勢力を形成した＊一向一揆《いっこういっき》は、本願寺門徒である農民たちが、＊蓮如《れんにょ》の村単位の教化により組織された宗教的団結を利用し、政治的要求を掲げて領主や豪族などと対立したものである。すでに蓮如が吉崎に住していた頃から始まり、初めは農民たちの自主的行動であったものが、次第に本願寺教団全体を巻きこんで影響力を増したが、ついには戦国乱世の政治的野心に利用され打撃を受けるに至った。

＊日蓮宗《にちれんしゅう》においては、日像《にちぞう》の京都開教をはじめとして各門流も次々に京都へ進出し、そこに布教の拠点となる寺を創建したが、また多くの分派を出した。農村に＊講《こう》をつくって教化をすすめる一方、港町や城下町で布教し、ことに京都では商工業に携わる者を中心として同一町内に生活を営む集団である町衆《まちしゅう》の強い支持を得た。そして一五世紀中頃までに、二一カ寺本山と呼ばれる大寺院をはじめ多数の寺が並び立ち、京都の半分は法華の信徒であるとまでいわれた。応《おう》仁《にん》の乱後も勢力を伸ばし、法華信徒である町衆たちは土一揆に対する自衛や幕府に対する要求から自治意識を高めて武装化し、これが＊法華一揆となって一向一揆と対決し、これを敗った。しかし天文五年（一五三六）に天文法華の乱が起こり、比叡山《ひえいざん》衆徒やこれに加勢した本願寺などのために京都二一カ寺本山はすべて焼かれ、町衆も打撃を被《こうむ》った。

一方、禅宗は室町幕府の成立とともにその中心を京都に移し、五山派《ござんは》が官寺制度である五山（南禅寺《なんぜんじ》を五山の上とし、天竜寺《てんりゅうじ》・相国寺《しょうこくじ》・建《けん》仁寺《にんじ》・東福寺《とうふくじ》・万寿寺《まんじゅじ》）を基盤として発展した。とりわけ＊夢窓疎石《むそうそせき》（一二七五〜一三五一）は後《ご》醍醐《だいご》天皇《てんのう》や足利尊氏《あしかがたかうじ》などの＊帰依《きえ》を受け、五山派を主導して黄金時代を築いた。五山派からは、

一　休

五山文学《ござんぶんがく》と呼ばれる文芸・詩文および建築・絵画・庭園などの一大文化が花開くのであったが、そのため本来の禅風を失い、貴族趣味化して次第に勢力を弱めた。これに対して、主に地方に禅を広めていた大応派《だいおうは》や*曹洞宗《そうとうしゅう》が、次第に勢力を増して近世教団の基礎を形作った。大応派は、はじめ京都大徳寺を中心に五山と対抗しつつ発展し、*一休宗純《いっきゅうそうじゅん》(一三九四〜一四八一)などの名僧が出て、戦国大名や堺の商人などの支持を得たが、特に千利休《せんのりきゅう》の茶道とは関係が深かった。また大徳寺《だいとくじ》派より分かれた妙心寺《みょうしんじ》派は、地方に禅風を広めながら民衆化し、発展の途上で五山系の地方寺院を吸い上げながら近世*臨済宗《りんざいしゅう》教団を形成していったのである。

封建制度下の仏教 (安土桃山・江戸時代)

戦国時代に群雄が並び立ち戦乱に明け暮れていたのも一応治まり、織田《おだ》信長《のぶなが》・豊臣秀吉《とよとみひでよし》が天下統一を果たして封建体制を形成すると、それまで社会に大きな影響力をもっていた仏教教団は、いろいろな規制を受けて次第に体制の中に押し込められ、自由な活力を失っていった。織田信長は武力によって教団を弾圧し、有名な比《ひ》叡山《えいざん》の焼き打ちや本願寺《ほんがんじ》との争いを一一年にわたり繰り返した石山《いしやま》戦争、さらに*日蓮宗《にちれんしゅう》に対する弾圧や高野山《こうやさん》の包囲などを行ったが、結局武装して対抗的になった教団を屈服させることはできなかった。秀吉はこの後を受けて、刀狩りによって教団の武力を除き、太閤検地により土地制度を改めて寺院の経済力を弱め、さらに信長により打撃を受けた教団を復興させて民衆の心をとらえたり、大仏殿《だいぶつでん》を建立して支配力を示すなど、たくみに仏教を政治統治に利用しながら封建体制下に従わせたのである。

こうした為政者の思惑《おもわく》は、徳川《とくがわ》幕府の幕藩体制のもとで完全に実現した。幕府は、各宗教団に対して*寺院法度《じいんはっと》という寺を統制するための法律を下し、*住職の資格や*袈裟《けさ》、*僧の階級、*寺の格式を表す段階など、本来は教団内で決定するべきことまで細かく定めた。また寺院は、本山《ほんざん》を中心としてその下に段階をつけて末寺《まつじ》までを系列化する本末制度《ほんまつせいど》に組み込まれ、本山を統制すれば全寺院に支配が及ぶように組織された。

それとともに各宗ごとに、幕府の命令を伝える触頭《ふれがしら》という寺院を江戸に置き、管理を強めた。

さらに幕府は、キリシタン禁教の政策として全国民を家単位でいずれかの宗派の寺に所属させる*檀家制度《だんかせいど》を作った。これは一人一人の宗旨を寺の住職が証明する宗旨人別帳《しゅうしにんべつちょう》（宗門改帳《しゅうもんあらためちょう》）という一種の戸籍を基盤に、婚姻や旅行・移住などに住職の寺請《てらうけ》証文を必要とするなど、幕府の支配体制に仏教が利用されたのである。

　個人の宗教を選ぶことは許されず、また僧もこの制度の上に安住するなど、日本人の宗教信仰の上で問題点を残すことになった。また、江戸初期には檀家制度を確立する必要から寺院数が急増したが、やがて新寺の建立は禁じられ、僧は教義について他宗と争う法論《ほうろん》（法談）を制限され、宗義についての異説を唱え始めることも禁止された。こうして教団の発展や信者を増やすための布教活動は思いのままにできず、葬式や法要などの儀礼行事に携わることが主となり、わずかに説教や祈禱《きとう》によって民衆の信仰を得ていく努力が功を奏し、各教団の勢力を維持することはできたものの、全般的に仏教界は沈滞していたといえよう。

　この点は強大な仏教教団の勢力を恐れる幕府にとって思いどおりのところであるが、そのかわり教学の研究や教育を奨励したので、各宗では宗義を教授する学校である檀林《だんりん》（談林）を設け、秀れた学問研究の僧を多く世に出し、教義の研究が発達した。しかし仏教界の沈滞に対する社会からの批判も鋭く、知識層の儒学者や国学者から理論的な仏教攻撃が出たり、政治経済などの面からの非難もあった。これに対して仏教側から反論するとともに、各宗で*戒律《かいりつ》を見直す動きが出るなどの自省も見られた。

近代国家と仏教（明治時代〜現代）

明治維新《いしん》によって新しく誕生した政府は、天皇制に基づく近代的国家をめざしつつ思想背景として神道の国教化を推進した。明治初年に神《しん》仏分離令《ぶつぶんりれい》が出され、それまで神仏習合思想《しんぶつしゅうごうしそう》などにより*寺と神社、仏と神とが互いに混然と共存していたものを厳しく区別する政策がとられると、これを強行した地域では寺院・仏像・仏具の打ち壊しや僧の還俗《げんぞく》という弾圧が行われた。これを*廃仏毀釈《はいぶつきしゃく》という。

これに対して危機感を強めた仏教側が護法運動を展開するが、まもなく政府は仏教にも神道同様に国民の教化を担当させる方針に転じて、国民の思想を指導する教導職に*僧侶《そうりょ》を任命し、さらにその教育研究機関である大教院を開設した。しかしこれが神道中心の政策であったため仏教側は反発し、政教の分離と信教の自由を求める声が高まった。教導職は明治一七年に廃止されるが、この時から各宗派は一人の管長《かんちょう》を頂点とし、宗制寺法に基づいて統制される集権的組織が整えられた。

明治二〇年代には仏教を西洋思想で解釈しなおすことや仏教革新の運動が起こり、また国粋主義の台頭に伴い仏教からのキリスト教攻撃が行われ、逆に反論も受けた。それは仏教の保守的で政府の体制に従属している面を批判するもので、その反省から明治後期には近代的な仏教信仰をめざす新仏教運動が起こってきた。また、こうした風潮は仏教学研究にも影響を与え、科学的方法を取り入れることによって学問研究の業績が発展した。

大正時代になると大正デモクラシーの思潮を反映して、仏教界はさらに近代化される。教団内に強く残っていた封建的な制度が次第に改められ、また自由主義による教学の自由研究が盛んになったが、これらはしばしば伝統と対立した。明治期から行われている仏教徒の社会事業が、西洋の理念を取りいれて、組織化されたのもこの頃であった。

昭和初期に経済恐慌《きょうこう》が起こると、仏教界はマルクス主義と対決したが、仏教を社会主義から評価する者も出た。やがて、軍部に煽動《せんどう》されたファシズム体制が形成されると日蓮主義者を中心にこれと結びつき、戦争協力の方向で妥協することになった。これに反抗した者は徹底的な弾圧を受け、教義内容などについての規制を受ける教団もあった。

戦後の仏教界は、農地解放などの政策によって経済的打撃を受け、信教の自由の保障により本末制度《ほんまつせいど》などの旧制度がくずれ、さらに家族制度の変化や都市と過疎の両極化が進んで寺檀制度も揺らいでいる。この間に新興宗教が次々に現れて勢力を広げる一方、宗教信仰に対する一般の関心は低迷している。現代は産業技術などの高度文明発達により、確かに物質的には恵まれた時代であるが、その一方で精神的な問題が深刻化している。ここで日本の仏教の歩みとその特色を概観してわかるように、人間の精神的な支えである宗教が、一般民衆の生活に溶け込んで指導原理となることもあれば、逆に民衆支配に利用される危険もある。そうした両面性をよくわきまえて、いま現代人が求めている心の安らぎ、魂の支えというものに仏教がいかに応えるべきか、皆ともに考えるべきであろう。

初詣　成田山新勝寺

仏教と生活

行事と供養

古来、わが国で親しまれ行われてきた仏教の行事は、実に多数に上り、時代の変遷《へんせん》に伴って多彩に繰り広げられ、また地域の違いによって、さまざまな特色を備えている。日本人は、いろいろな仏教行事を通して、己の信仰心を増進し、祈願を行い、あるいは精霊《しょうりょう》の供養《くよう》を営んだりしてきた。それはまた、日常の信仰生活にとっての糧ともなるものであった。

ここでは、それら諸行事の中から代表的なものを取り上げて紹介し、そのいわれや、今日的な意義について述べてみることにしよう。

初詣　正月に、その年初めて寺院や神社に参詣することをいう。毎年、正月三日の全国の初詣参詣者の人出は記録的な数字である。すでに、国民全般にわたって定着している感があり、風習化しているといえよう。

大晦日《おおみそか》の除夜の鐘がなると、晴れ着で着飾った老若男女が、著名な寺社、あるいは自分の菩《ぼ》提寺《だいじ》、氏神《うじがみ》を祭る神社などに参詣し、賽銭《さいせん》を投げて、その年の一年間の無事を祈る。寺社ではそれに応えてお札《ふだ》・お守り・護符《ごふ》などを渡し、参詣者のために祈禱《きとう》・祈願などを行う。

またその年の歳徳神《としとくじん》のいる方角の寺社に参詣することを、特に恵方参《えほうまい》りという。

初詣は、今日では単に年中行事的なものと受けとめられ、個人の信仰とは無関係に、有名な寺社や*現世利益《げんぜりやく》で知られる寺院などに参詣する傾向が強いが、本来は自分の信仰する寺社へ出向いて、年頭の参拝をすることに意義がある。

節分　四季それぞれの季節の変わり目を節《せつ》分《ぶん》というが、現在では、特に冬から春への変わり目である立春の前日をさして節分といい、古くは年の改まる日とも考えられていた。節分は、このように新しい季節を迎えるに際して、除災《じょさい》得幸《とっこう》（災難を除き、幸せを得る）を祈る行事として行われてきたもの。柊《ひいらぎ》の枝に鰯《いわし》の頭を差したものを戸口にはさんで、邪鬼が家に入らないようにする風習が今も残っている。

現在では、節分に豆をまいて、災難厄疫《さいなんやくえき》の象徴としての悪鬼を追い払う追儺《ついな》の風習が盛んに行われている。これはもともと中国で行われていたもので、わが国に伝来して宮中行事として大晦日《みそか》の夜に行われ、次第に神社や寺院で営まれるようになった。

今日、著名な寺社では、毎年この節分に有名人の年男《としおとこ》を招き、豆をまき、大声で「鬼は外、福は内」と唱えて、災難を追放し、招福《しょうふく》を祈る光景が見られる。また、家庭で家族そろって豆まきをした経験をもつ人は多いであろう。心の鬼を追放し、幸福をめざす心の宝を積むところに節分の意義がある。

彼岸会　春分と秋分の日を中日として、前後各三日の七日間にわたって行われる、わが国独特の仏教行事で、＊お盆《ぼん》とともに国民生活の中に溶け込んだ行事といえる。＊彼岸《ひがん》の期間中は、各寺院では彼岸会《ひがんえ》の法要《ほうよう》が営まれ、法話が行われたりする。

また人々は先祖の墓に詣で、彼岸だんごやおはぎをつくって家庭の＊仏壇《ぶつだん》に供え、先祖を敬い、亡き人に供養《くよう》を捧げる。

この彼岸ということばは、梵語パーラミター（波羅蜜多）の漢訳「到彼岸《とうひがん》」の略である。苦しみや迷いに満ちたこの世界（此岸《しがん》）から、仏道の修行によって、＊悟りの世界（彼岸《ひがん》）に到達

灌仏会（増上寺）

することを意味している。

そこで*彼《ひ》岸《がん》の期間中は、先祖の供養《くよう》とともに、「到彼岸」という本来の意味を考え、日頃の行いを反省し、自ら仏教の信仰と修行とに励んで心を磨き、彼岸に赴《おもむ》くように精進《しょうじん》することが大切である。

花まつり　四月八日に釈尊《しゃくそん》の誕生を祝って営まれる行事で、釈尊降誕会《ごうたんえ》とも*灌仏会《かんぶつえ》ともよばれる。

この日釈尊は、草花が美しく咲き匂うルンビニーの園（現ネパール領）で、マーヤー夫人がアショーカ樹（無憂樹）の枝に手をかけた時生まれたと伝えられている。そして七歩歩いて、天と地を指差し、「天上天下唯我《てんじょうてんげゆいが》独尊《どくそん》」（天にも地にも、ただ私一人尊し、私はこの世の苦しむ人々を救おう）といい、竜は喜び天から降りて、甘露をそそいで産湯としたといわれる。

こうした釈尊誕生の有様を再現するように、*花まつりにはルンビニーの花園にみたてて、花で美しく飾った花御《はなみ》堂《どう》を造り、その中に誕生仏《たんじょうぶつ》を安置して、頭上から甘茶をそそぐようになった。誕生仏に甘茶を灌《そそ》ぐ意味から、灌仏会と称されるようになったのである。

寺院では甘茶を用意し、参詣者はこの甘茶を持ち帰り、家族一緒に飲むという風習が行われてきた。この日には、*お釈迦《しゃか》様の誕生を祝うとともに、命の大切さ、尊さを心に刻むことが必要である。

盂蘭盆会　*彼岸会とともに、*盂蘭盆会《うらぼんえ》（お盆）は先祖に供養を捧げる行事として、古くから人々に親しまれてきた。一般に七月もしくは八月の十三日から十六日までとされるが、地域によって多少の違いがある。

盂蘭盆の起こりは、「盂蘭盆経」に説かれる故事によるものとされている。釈尊の弟子の*目《もく》連尊者《れんそんじゃ》は、餓鬼道《がきどう》に堕《お》ちて飢えと渇きに苦しむ

盂蘭盆会

母を救うために、その方法を釈尊《しゃくそん》にたずねた。
釈尊は、母の罪は重くて*目連《もくれん》一人の力ではどうすることもできない。十方の大勢の僧を招き、百味の飲食をそなえて供養すれば、母は餓鬼道《がきどう》から救われるであろうと説いたのである。この教えから、先祖の精霊を一切の苦しみから救い、わが家に迎えて供養《くよう》を捧げ、また仏の浄土*に送るという*盂蘭盆会《うらぼんえ》の行事が行われるようになった。

お盆中は、迎え火や送り火を焚き、各家庭には精霊棚《しょうりょうだな》を飾り、僧を招いて*棚経《たなぎょう》を営み、あわせて墓参りをする。

先祖のおかげで生き、生かされていることを常に心に刻み、報恩感謝を誓うこと。苦しみ迷う人々を救い助ける願いを新たにして供養を捧げ、善根功徳《ぜんごんくどく》を積むよう心掛けること――ここに「お盆」*の意義がある。

施餓鬼会　施餓鬼《せがき》とは、餓鬼道に堕《お》ちて飢えと渇きに苦しんでいる亡者のために飯食を施すという意味である。この意味から発展して、三界《さんがい》（すべての世界）の万霊を供養するために営む法会《ほうえ》を施餓鬼会という。一般には、盂蘭盆会の時期を中心として営まれている。

*施餓鬼会は、自分に有縁の精霊《しょうりょう》ばかりでなく、祀る人もいない無縁の精霊など、この世に生まれ、死んでいったすべての諸精霊に供養を捧げ、飲食物を供えて、その施しの功徳をもって苦しみを救おうとするものである。したがってこの法会《ほうえ》には、自分に縁ある人ばかりでなく、すべての人々のおかげで生かされている、という一切の生きとし生けるものに対する感謝の気持ちも込められている。

寺院では施餓鬼壇《だん》を作り、その上に三界万霊や新盆の*戒名《かいみょう》を書いた*位牌《いはい》を安置し、浄水や食べ物、飲み物などを供え、経文を書いた五色の旗を四方に立てて、法要《ほうよう》を営む。なお、水死者の霊を供養するため、川岸や水上で行うことを

お会式（池上本門寺）

川施《かわせ》餓鬼《がき》という。

祖師会　*祖師《そし》とは、一宗一派の開祖《かいそ》をいい、各宗において祖師の忌日《きにち》に、供養《くよう》や報恩のために行う法会《ほうえ》を祖師会、もしくは祖師忌《き》という。「*大師といえば弘法《こうぼう》、祖師といえば*日蓮《にちれん》」と称されるように、特に*日蓮宗は盛んで、忌日の十月十三日を中心に日蓮聖人の報恩のお会式《えしき》が修されている。東京の池上本門寺のお会式は、多数の万灯行列でにぎわうことで有名である。

*禅では、忌日の十月五日に達磨《だるま》大師《だいし》をしのんで達磨忌を営み、浄土宗では、四月十九日から二十五日まで、総本山知恩院《ちおんいん》を中心として、*法然上人のために御忌《ぎょき》が営まれる。

また*浄土真宗では、*親鸞上人《しんらんしょうにん》の恩に報いるため、一月九日から十六日まで、または十一月二十一日から二十八日まで、報恩講が営まれている。

開帳　開帳とは、厨子《ずし》などの戸帳を開いて、その中に安置されている尊像などを親しく人々に拝ませることをいい、開扉《かいひ》、啓龕《けいがん》ともいう。

本来は、民衆との結縁《けちえん》を目的とした宗教的行事であるが、後には寺院の修造費などを得るために実施されることもあった。鎌倉時代にはすでに実施されていたが、江戸時代に入ってからは最も盛んとなり、全国各地で頻繁に行われるようになった。

この開帳には、例えば三三年に一度というように、非公開の秘仏などを時を限って周期的に公開する場合や、寺院の年中行事の一環として、縁日や法会などの折に行う開帳、あるいは参拝の度ごとに行う開帳などがある。また各寺院で行うことを居開帳《いがいちょう》といい、寄付や勧進《かんじん》などの目的で、他所に出張し、ほかの寺を*宿寺として行う開帳を出開帳《でがいちょう》という。

縁日　縁日とは、神仏がこの世に縁をもつ有縁《うえん》の日であり、また人々が特定の神仏に縁を

初大師（総持寺）

結ぶ結縁《けちえん》の日のことである。すなわち、神仏の降誕《ごうたん》、示現《じげん》、入寂《にゅうじゃく》、誓願などにあたる日に、祭典、供養《くよう》を行うことを縁日《えんにち》という。この日にその神仏に参詣すれば、平常よりも功徳《くどく》が多いといわれる。

わが国では、鎌倉時代の頃から縁日が一定の日に行われるようになり、市場が立ったりするようになった。

縁日の日取りは、月の何日と定められたものと、干支《えと》によって決められたものとに分けられるが、現在その数はまことにおびただしいものとなっている。例えば、毎月五日の水天宮《すいてんぐう》、八日、十二日の*薬師如来《やくしにょらい》、十三日の*日蓮聖人《にちれんしょうにん》、十八日の*観世音菩薩《かんぜおんぼさつ》、*鬼子母神《きしもじん》、二十一日の弘法《こうぼう》大師《だいし》、二十四日の*地蔵菩薩《じぞうぼさつ》、二十八日の不動尊《ふどうそん》などや、亥の日の摩利支天《まりしてん》、甲子《きのえね》の日の大黒天《だいこくてん》などの縁日があり、今も広く行われている。

霊場巡り　霊場とは、宗教的な霊験のある土地の意味で、仏・*菩薩《ぼさつ》・*祖師《そし》などのゆかりの霊蹟《れいせき》や、由緒《ゆいしょ》のある神社、仏閣《ぶっかく》などをさす。霊場を次々と参拝してまわることを霊場巡り、または巡礼《じゅんれい》という。

インドや中国でも行われていたが、わが国では平安中期頃から観音《かんのん》信仰が盛んとなり、諸国の観音霊場を巡拝するようになった。後に西国《さいごく》三十三カ所をはじめ、坂東《ばんどう》三十三カ所、秩父《ちちぶ》三十三カ所の観音霊場が定められ、日本百観音霊場が成立した。さらに弘法大師*の霊蹟である四国の八十八カ所や、比叡山《ひえいざん》の三塔（東塔・西塔・横川《よかわ》）の巡拝も行われた。

初めは、一部の修行者だけが行っていたが、次第に一般庶民も行うようになり、特に江戸時代になると一層盛んとなった。しかもその風潮は各地方に伝わり、各地に三十三カ所の霊場が模倣して造られたり、*法然《ほうねん》・*親鸞《しんらん》・日蓮《にちれん》など、祖師高僧の霊蹟を巡拝する霊場巡りもなされている。こうした霊場巡りは現代にまで受けつがれ、交通機関などを利用しながら巡礼する人々の姿は、今日数多く見られる。それは、仏教との「縁」を結ぶことによって、「病める心」をいやし、本来の心を見出していこうとする姿を示している。

葬式　死者を葬る一連の儀式を葬式とか葬儀といい、死者の冥福《めいふく》を祈ることから成り立っている。それは死者と生き残った者とが、最後の別れを告げる場であるともいえる。

「葬」という文字は、死体を上と下で草をもって覆う、と書くのであって、死体を隠して見えなくするという意味である。インドでは、水葬・火葬・土葬・林葬（鳥葬）が行われていたが、仏教では、*仏陀釈尊《ぶっだしゃくそん》をはじめ、古来火葬の制がとられてきた。ただし仏陀の時代には、その教えは常に生きている人々のためのものであり、一般に出家者は葬式には関らず、それは在家信者の手によってなされていた。

今日の仏教における葬式は、過去・現在・未来という三世の流れの中の一つの過程として受けとめられており、死は来世への旅立ち、仏の*浄土への生まれ変わりと考えるのである。儀式の方法には宗派によって相違があるが、おおむねその内容は、お経を読み、*題目または*念仏を唱え、死者に仏教徒としての授戒《じゅかい》を施し、その上で仏の教えによって、死出の旅路を迷うことなくたどれるように導く「引導《いんどう》」をわたすというものである。

回向と追善供養　*回向《えこう》とは、仏を敬い、仏の教えを信じて善根功徳《ぜんごんくどく》をつみ、その善根功徳を生きとし生ける者にふり向け、仏に手向《たむ》けることをいう。仏と自分、生者と死者のあいだにかよう心と心のコミュニケーション、信じあう心の絆の結びあいを意味する。

回向の「回」は、転ずること、めぐらすこと。

自分の心を転換して仏を尊び、仏の教えを信じて慈悲の心を起こし、仏の教えを広くひろめ、善根功徳を一切の者にそそいでゆくことをさしている。

「向」は、おもむくこと、手向けること。ひたすら仏を敬い、仏の教えをよりどころとして、きよらかで安らかな仏の世界におもむいて、仏の教えを信じた善根功徳を仏に手向けることをいう。

この回向の方法が供養である。供養には、仏を敬い、讃嘆・礼拝して身を捧げ、心を尽くして信じてゆく身と心の供養と、華・香・燈明や飲食・財物などを捧げる供養がある。

また、生きている者に広く善根功徳をそそぐ散善供養《さんぜんくよう》と、死者をとむらい、善根功徳を捧げる*追善供養《ついぜんくよう》がある。

追善供養は、生きている者が死んだ人を偲んで思いを伝え、死んだ人が生き残った者に思いをそそぐ、心の交流を具体化する方法である。

死んだ人の葬送をいとなみ、引導を授け、遺骨を墓に納めること、年忌法要を営むこと、塔婆・華・香・燈明などや財物を供養することなどが、追善供養の方法である。

年忌法要　人の死後、年々回りくる祥月命日のうちで、特定の年の祥月命日を年忌《ねんき》といい、その日に営む法要を年忌法要《ねんきほうよう》という。

年忌法要は、死後一年目の一周忌、死亡の年から数えて三年目の三回忌、その後七回忌、十三回忌、十七回忌、二十三回忌、二十七回忌、三十三回忌、三十七回忌、五十回忌と続き、それ以後は五〇年目ごとに営むものである。

年忌法要を営むことは、故人の遺徳をしのんで冥福を祈るとともに、亡くなった自分の親や先祖に対しては、報恩感謝の念を表すことであり、さらに現在無事に生活している姿を報告することでもある。また、この機会を通じて、人人が仏の教えにふれ、縁を結ぶという意義を忘れてはならない。

仏前結婚式　仏前結婚式は、新郎・新婦が仏の御前に額《ぬか》づいて、相手と巡り会った仏縁を感謝し、将来にわたって夫婦としての縁を結ぶことを誓い合うものである。仏の教えに基づいた信仰を保って、健全な家庭生活を築くことを誓い、仏の加護を願う厳粛な儀式である。

一般には、菩提寺《ぼだいじ》の本堂の仏前で、その寺の住職*が式長となって式が営まれる。式の次第は宗派によって多少の違いがあるが、おおむね婚姻の成立の報告、仏教徒としての夫婦の誓いのことば、念珠《ねんじゅ》の授受、親族固《しんぞくかた》めの盃《さかづき》、授証、祝《しゅく》禱《とう》などといった内容になっている。

普通は結婚式というと、神社やキリスト教の教会、あるいは披露宴《ひろうえん》の会場となるホテルや会館などに設けられた結婚式場で行うものと考えられがちである。しかし、仏教徒であるならば、本来、生活のすべてに仏と関り合うことが大切であり、まして第二の人生の出発ともいえる結婚式は、仏の御前で挙げることが最も望ましいといえよう。

信仰生活の心得

感謝・反省・祈りの心　現代人が仏教と出会うのは、どのような場合であろうか。特定の信仰をもつ人を除いて、多くの人は、観光で寺院を訪れて、その建築物に目をみはり、仏像の姿に思わず心打たれ、庭園に安らぎを覚える、あるいは、親戚や知人の葬儀・法要《ほうよう》などの仏事に参加して、あるいは祭りや初詣《はつもうで》などの年中行事に出かけて、結果的に仏教に出会うという体験がまずあげられる。また、もっと積極的な場合もある。交通安全・安産・受験合格などの願い、特に病気・財産・争いなどの切実な悩みから、何らかのよい結果(利益《りやく》)を期待して仏教信仰に加わる人も多い。こうした人々の望みに応じて、仏教でも祈祷《きとう》・祈願という行法《ぎょうぼう》を行う。密教《みっきょう》では、*護摩《ごま》（*智慧《ちえ》の火で迷いや悩みを焼き尽くす）をたいて災いを除き福を招く。願いごとを板や紙に書いた護符《ごふ》（お守り）を用いるのも同じである。また、仏教では数多くの仏《ぶつ》・*菩《ぼ》薩《さつ》をはじめ明王《みょうおう》・天・神《しん》などが*本尊としてまつられ、さまざまな願いにあわせてそれぞれが信仰される。こうした信仰は、富や健康など、この世での利益（*現世利益《げんぜりやく》）だけを求めるもので、子どもが欲しい物をねだるようにきわめて幼稚でご都合主義の面がある。つまりその時だけの信仰であって、満足すれば無宗教者に戻るというわけである。

　このような仏教との出会い方が一般的であるのは、むしろ悲しむべきことだろう。心の安らぎと生きる*智慧を与える仏教に、毎日出会って欲しい。日々の生活の中での信仰、それは仏前でのお勤《つと》めを中心とした生活全般に関るが、次の三つの心を一応の目標と定める。

　まず「感謝の心」である。この世に生を受けたのも、生かされてあるのも、父母をはじめ多くの人々や物のおかげによってである。そうした多くの援助を恩と感じとり、その背後にあってすべてを包みこむ仏の大慈悲をはじめあらゆるものに感謝し、恩に報《むく》いるよう精一杯その日を生きることを誓うのである。

　次に「反省の心」である。足早に歩けばそれだけまわりの景色も目に入らないように、一日の出来事も時折ふりかえってみないと、思わぬ見落しや考え違いが起こる。自分の言動に不誠実はないか、他人に対して寛容であるかと問い、誤りがあれば深く反省して繰り返さないよう心にとどめることである。

　三つ目は「祈りの心」で、これは前述したさまざまな現世の願いと、先祖など死者の霊に対

して冥福《めいふく》を祈る*追善《ついぜん》*回向《えこう》、また来世における利益（これを当益《とうやく》という）を祈り、さらに広い心で社会・人類全体の幸せを祈願することも大切である。以上の三つは信仰生活の柱として心得ておくべきで、こうした心をもって毎日精進《しょうじん》すれば、利益は自ら現れよう。

檀家と講　ここでは、一般的な*檀家《だんか》制度《せいど》に基づく立場を前提として、正しい信仰生活を送るための心得となるものを初歩的に述べておく。なお、宗派によって多少の相違もあるが、できる限り共通的な内容にとどめることにする。

檀家《だんか》制度《せいど》は家を単位としていずれかの寺に所属し、そこに先祖の墓地を定め仏事供養《くよう》を受けるもので、江戸時代に幕府の政策として始められた。その構成は寺院を中心として、そこに住居して責務を果たす*住職《じゅうしょく》をはじめとする*僧侶《そうりょ》と、そこに墓地をもち（もたない場合もある）、追善《ついぜん》供養などの回向を依頼する檀徒《だんと》（檀家）、およびこの寺を拠点として信仰に励む信徒（信者）である。檀家のすべてが信者とは言えないが、両者はあわせて檀信徒と呼ばれている。

*寺では、檀信徒が定期的に寄り合い、僧侶の指導によって信仰修行に励む組織である*講《こう》（信《しん》行会《ぎょうかい》などともいう）が開かれる。*浄土宗では念《ねん》仏講《ぶっこう》、*浄土真宗では報恩講《ほうおんこう》、*真言宗では大師講《だいしこう》、*日蓮《にちれん》宗では題目講《だいもくこう》とよばれ、そのほか観音講《かんのんこう》・地蔵講《じぞうこう》などがある。また禅宗の寺で坐禅の会を開いたり、その他宗派を問わず*写経《しゃきょう》（経文を書き写すこと）や聞法《もんぽう》（仏の教えについての説法を聞くこと）など各種の修行の場を提供している寺も多い。こうした場に積極的に参加して、それを信仰生活の中で生きしていくことが望ましい。

僧侶と供養　僧侶《そうりょ》は、檀信徒やその他の人人に仏の教えを広め、正しい信仰を指導する布《ふ》教《きょう》・教化《きょうけ》をしたり、宗派ごとに特色のある年中行事や檀信徒の要求に応じて、葬式や追善法要《ついぜんほうよう》などの儀式を行う。

*僧侶は修行《しゅうぎょう》によって養われたものが、人格や挙動に自ら表れるものであるから、それに相応した尊敬の念をもって接すればよいが、どのような場合も、仏に仕える者として常識的な敬意だけは忘れてはならない。たとえば僧侶の呼び方であるが、宗派により、また地方によって慣習的な呼び方がある場合はそれに従い、一般的には「ご*住職《じゅうしょく》さん」「ご住持《じゅうじ》さん」「お上人《しょうにん》さん」あるいは「〇〇寺《じ》さん」と寺の名を敬称したものなどを用いる。「和尚《おしょう》さん」は親しみはあるが、やや幼稚な呼び方、「お坊さん」「お寺さん」なども呼びかけに使うのは少しなじまない。

また、僧侶に法要などで*回向《えこう》をしてもらった際、そのお礼として「お*布施《ふせ》」を差しあげるが、これを読経・回向に対して支払う料金のように考えて「お経料」「ご回向料」と書く人が多い。しかしこれは間違いで、僧侶に対してはあくまでも布施として供養《くよう》を与えるべきであるから、できる範囲の金額を包み「お布施」と書き添えるものである。

　布施には、金や物を施す財施《ざいせ》のほかに、仏の教えを説き聞かせる法施《ほうせ》、そして不安や悩みから逃れて、安心を与える無畏施《むいせ》がある。檀信徒は財施を、僧侶は法施と無畏施を互いに与え合うのであり、こうした布施行を修めて功徳《くどく》を積んでいることを喜ぶべきである。

家庭の信仰生活　仏壇《ぶつだん》は「家の中の小さなお寺」といわれるように、家庭における信仰の中心である。信仰をささげる*本尊《ほんぞん》を安置し、あわせて先祖の*位牌《いはい》をまつるのであるから、*仏壇を置く場所もそれにふさわしい所を選びたい。よく南向きや東向きが良いといわれているが、住宅の事情もあるのでそうした形式的なことにあまりこだわらず、むしろ次のような点に注意して欲しい。

①仏壇には必ず本尊をまつる。本尊は宗派によって異なるので住職などに相談し、安置する時は開眼《かいげん》（魂《たましい》を入れること）してもらう。

②仏壇は、特に豪華であったり、大きなものにする必要はない。手造りのような質素なものでも、掃除を怠らず、心をこめて給仕することが大切である。

③仏壇は、親から子へと受け継ぐものであるが、兄弟が独立して家庭をもったならば新しく求め、一家庭ごとにまつる。

位牌は、死者の戒名《かいみょう》*や死亡年月日・俗名《ぞくみょう》（生前の氏名）・年齢などを書いたもので、本来は記録のためであったが、一般には死者の霊が宿る依代《よりしろ》と考えられて大切にされる。葬式の時には白木の位牌を用い、忌明《きあけ》（四十九日）まで、これを新仏《しんぼとけ》の祭壇にまつる。忌明けの後は、あらかじめ用意した黒・金箔などの位牌や、くり出し位牌といって戒名を記した板片が数枚入れられるものに加えて、これを仏壇に安置し、白木の位牌は寺へおさめる。なお浄土真宗*では位牌をつくらない。位牌の数が多くなった場合は、日めくりで霊を書きこむ過去帳を利用し、古い位牌を整理するとよい。

戒名（法名《ほうみょう》・法号《ほうごう》）は、葬式の際に住職から与えられるのが大部分であるが、本来は仏の教えを守っていくことを決意して仏教徒となった時に与えられる名であるから、生前に受けるべきものである。とかく戒名*というと、字数や院《いん》号《ごう》・居士号《こじごう》などの位が問題にされるが、仏教では人間が平等*に尊重されるべきことを説いているのであるから、どのような戒名《かいみょう》を受けても仏前では変わりがない。要はその人の人柄や行いにふさわしい戒名を、できれば生前に受けておきたいものである。なお、戒名の読み方は仏教的に読むなど一般と異なる場合があるので、その意味も含めて住職*にたずねるとよい。

仏壇給仕と合掌礼拝　*仏壇《ぶつだん》には線香を立てる香炉《こうろ》、生花を供える花立て、ローソクをともす燭台《しょくだい》を必ず置く。これら三つの仏具を*三具足《みつぐそく》（花立て・燭台が一対の場合は五具足）という。香は、仏前に芳香を捧げて徳をたたえ、己《おのれ》の心も浄《きよ》める。線香の本数は、それぞれ意味をもって説明されるので、一本・二本・三本いずれでもよいし、焼香《しょうこう》の場合も三回とこだわる必要はなく一回でも充分である。花は、仏前を美しく飾り、見る者の心を慰めるものであるから、見た目に整った形に生け、材料は清純な色香の花を選ぶ。灯明は、仏の*智慧《ちえ》と救いを表す。消す場合は息で吹き消さないように心掛け、これは線香に点火する時も同様である。そのほか仏壇への供え物としては、仏飯・水・茶湯など毎朝一番のものを捧げ、果物や野菜・菓子など亡くなった者が好んだものを供える。また季節の初物や頂《いただ》き物は、まず仏壇に供えるという習慣をつけたい。

仏壇（日蓮宗）

仏前での作法は、*合掌《がっしょう》と*礼拝《らいはい》が基本であり、簡単にだれでもでき、真心を示すものとして各宗派に共通している。合掌は両手のひらをぴたりとつけて指先をそろえ、親指の付け根あたりが胸につくように約六〇度傾け、両ひじを張らずに自然にたらした状態が、最も美しい姿とされる。これは、両手十指を一つに集めるように、心を統一して雑念のないことを意味し、また右手は仏、左手は*衆生《しゅじょう》（人間たち）を表し、仏と衆生とが一つになった宗教的境地などと説明さ

念珠（東京国立博物館蔵）

れる。
礼拝は、素直な気持ち・無邪気な心となって仏前に頭を下げる。その時、両手のひらを上に向けて耳の上まで軽く上げる。これは仏の足を手のひらに受けて、それに自分の最も尊いところである頭をつけるという丁寧な礼拝の方法である。合掌・礼拝は、*仏壇《ぶつだん》の前だけに限らず、生活の中のあらゆる場で生かすことができる。食事をいただく時や、人に挨拶《あいさつ》をしたり、感謝の意を表す時など、この美しい姿で互いに拝みあうことはすばらしい。

仏前で合掌する時には*数珠《じゅず》を持ちたい。数珠（念珠《ねんじゅ》）は、常に仏を敬い、その教えを守ることを示す仏教徒の象徴である。本来は仏名や呪文を唱える数を数えるのに用いられたようで、珠は一〇八のものが多く、一〇八*煩悩《ぼんのう》（迷いや悩み）を消す働きがあるといわれる。数珠は宗派によって形状が異なるが、普通は左手に持ち、拝む時に両手にかけたり両中指にかける。

信仰生活を送る基本となるのは毎日のお勤《つと》めである。合掌・礼拝に始まり、経典を読んだり要文を唱えたりした後、*回向《えこう》によって祈りを表すというのが一般的である。宗派ごとに檀信徒用お勤めの仕方を定めているので、寺の*住職の指導を受けたり、レコードやテープなどを参考にすればよい。お勤めの心がまえとして大切なことは、お勤めに専念することであろう。社会人として多忙な毎日を送る人は、お勤めにあまり長い時間をとることができない。そこでたとえわずかな時間でも、真心をこめてお勤めをすることが肝要になる。お勤めの内容も、各自の許される状況に応じて適宜に工夫することが必要である。

以上のように、*仏壇は家庭における信仰の拠点である。朝に夕に*合掌《がっしょう》・*礼拝《らいはい》をするばかりでなく、家族の出来事を報告したり、人からの頂き物や贈り物を捧げるなど、目に見えないものに対する敬意を表す姿を、親から子・孫へと身をもって示し伝えていけば、家庭教育の上からも大きな効果をもたらすであろう。

お墓参りの心得　墓には死者の遺体や遺骨を葬るところから、そこに死者の霊も眠るかのように考えられ、先祖を尊ぶ気持ちや生前の親しみ・なつかしさを持って墓参りをするのである。墓参りは、年忌《ねんき》法要《ほうよう》や命日に行われるほか、春秋の*彼岸《ひがん》やお*盆《ぼん》の行事として慣例化している。*寺に墓地がある場合は、まず寺の本堂において*本尊《ほんぞん》にお参りしてから墓参りをするように心がけたい。祖先の霊は、仏に守られて安らいでいるからである。

墓を建てる際は、ふつう彼岸や盆、または年忌法要などに合わせて時期を選ぶ。この頃、墓の形状について吉凶を問題にする人もいるが、これは仏教と関係ないことであるから、あまり気にするべきではない。

*浄土真宗などを除いて、墓には*塔婆《とうば》を立てる。塔婆（卒都婆《そとば》）は、霊を供養《くよう》するためのもので、もともと釈尊《しゃくそん》が入滅した時にその遺骨を分け、それぞれ*塔を建てて納めたことに由来し、中国・日本では三重・五重などの塔として伝わった。やがて細長い板を塔の形に切った板塔婆《いたとうば》を用いて経文とともに戒名《かいみょう》を記し、追善《ついぜん》供養の意を表して墓に立てるようになったのである。墓参りや法要などで*塔婆を頼む時は、*寺にあらかじめ連絡しておくこと、特に施主の氏名など誤りがないように伝えることが大切である。

信仰や仏事に関することは、宗派や地域により、さまざまな慣習もあるので、ここでは基本的な理解を記すにとどめる。詳しくは良き師について、指導を受けていただきたい。

第二部 仏教と文化

信仰様式

日頃なじみの少ないお寺*でも、修学旅行や観光で足を踏み入れた時を思い浮かべると、そこには壮大なお堂や塔*などの建物が築かれ、よく手入れされた庭園が広がり、また建物の中にはいろいろな仏像や仏画がまつられ、堂内の飾りや儀式に使われる仏具《ぶつぐ》などがある。これらは、一見すると意味もなく無雑作にあるように思えるが、ひとたび個々のもつ意味を知り、他との区別や比較にまで興味が高まると、お寺や仏教に対する見方もまた変わるであろう。

寺院建築

日本の建築は、仏教が伝来して以来その影響を強く受け、明治時代に西洋文明が本格的に入るまで数多くの代表的建築物を残すなど、仏教建築が主流を形成していた。そこでまず日本の寺院建築の様式であるが、中国などからの技術を受け伝える飛鳥《あすか》時代は別として、奈良時代から平安時代の間に大陸伝来の様式が日本的に整えられ、おおらかでゆったりとした感じの和様《わよう》建築《けんちく》が一応完成された。ところが、鎌倉時代を境として建築様式が大きく変わる。すなわち鎌倉時代の初め、戦乱で焼かれた東大寺《とうだいじ》復興のために中国（宋《そう》）より新しく伝わった様式（大仏《だいぶつ》様《よう》または天竺様《てんじくよう》ともいう）を取り入れた。これは最小限の材料で大きな建物を造るという合理的な構造をとり、たくましく力強い印象を与えるが、日本人の趣味には合わず、あまり用いられなかった。後に、禅宗が隆盛となるにつれて禅宗様《ぜんしゅうよう》（唐様《からよう》）の建築が伝来した。全体的に繊細な印象で、日本人の好みに合った技巧的・装飾的な建築であるため全国に普及し、和様建築とともに長く用いられたのである。なお鎌倉以後は、これら三様式が互いに混合し、中間的な折衷様《せっちゅうよう》といわれるものも用いられた。

さて建築物の種類は、俗に七堂伽藍《しちどうがらん》といわれるように、古い時代の大寺院では必要な建物が決められていた。金堂《こんどう》は寺院の中心となる*本尊《ほんぞん》を安置する建物で、本堂《ほんどう》のこと。禅宗では仏殿《ぶつでん》、浄土宗では御影堂《みえいどう》、真宗では*阿弥陀堂《あみだどう》ともいう。*講堂《こうどう》は、弟子を養成するために経典などの講義をする建物である。*塔《とう》は、仏の骨（*舎利《しゃり》）を納めるものであったが、日本では寺院の荘厳さを高めるために建てられ、三重塔・五重塔などの◆多層塔や◆◆多宝塔《たほうとう》などがある。このほか鐘楼《しょうろう》（鐘をつるす）・経蔵《きょうぞう》（経典を納める）・僧房《そうぼう》（僧尼が住居する）・食堂《じきどう》（食事をする）や門（南大門《なんだいもん》・中《ちゅう》門《もん》）、回廊《かいろう》（建物をつなぐ廊下）などがある。

◆屋根が三つ以上の奇数に重なった塔。

◆◆下層は方形、上層は円形で二重の屋根の塔。

これらの建物の位置関係（*伽藍配置《がらんはいち》）は、一定の形式に従うのが普通で、時代とともにその特色を示している。奈良時代までの代表的な伽藍配置（中心的な建物のみ）を図示すると次のとおりである。

①飛鳥寺《あすかでら》式　塔を中心に三方へ金堂を配す。日本最古の寺といわれる飛鳥寺の発掘によって知られるだけであるが、朝鮮半島にはこの例が見られる。

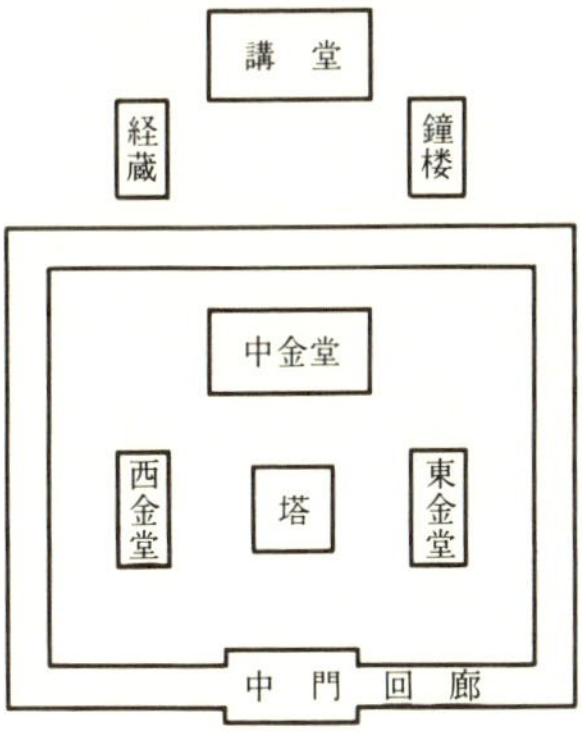

飛鳥寺式

法隆寺西院伽藍

②四《し》天王寺《てんのうじ》式　中門から*塔・金堂《こんどう》・*講堂《こうどう》を一直線に並べる飛鳥《あすか》時代初期のもの。

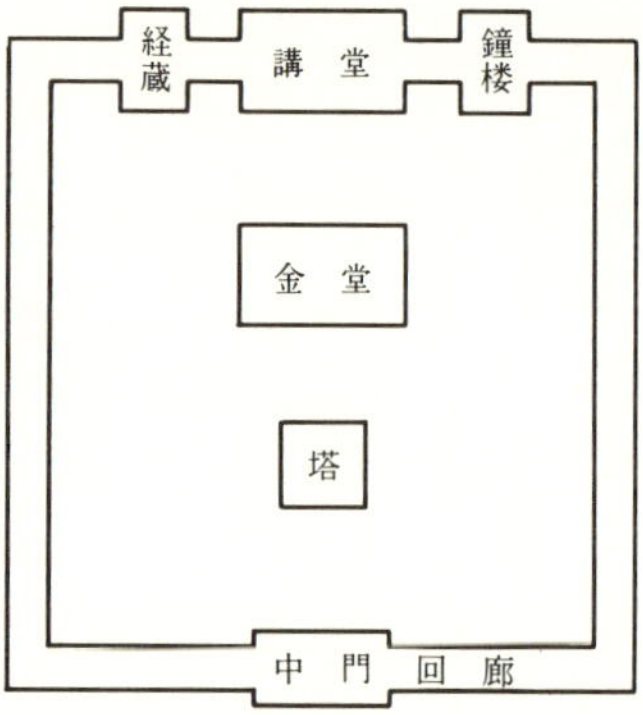

四天王寺式

③法隆寺《ほうりゅうじ》式　東西方向に塔と金堂を並列して配するもの（塔と金堂を逆に配置したものを法《ほっ》起《き》寺《じ》式ともいう）で、飛鳥時代末期から行われた。

④薬師寺《やくしじ》式　正面中央の金堂の前に東西二基の塔を配置する。白鳳《はくほう》時代に流行した。

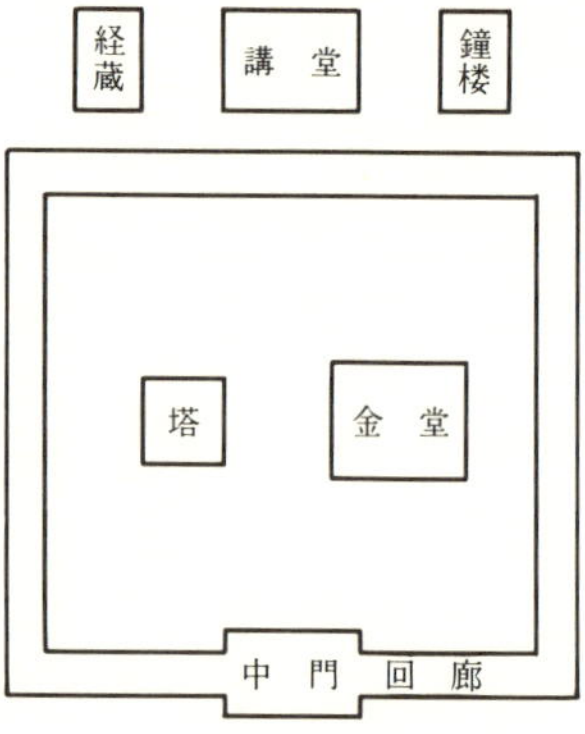

法隆寺式

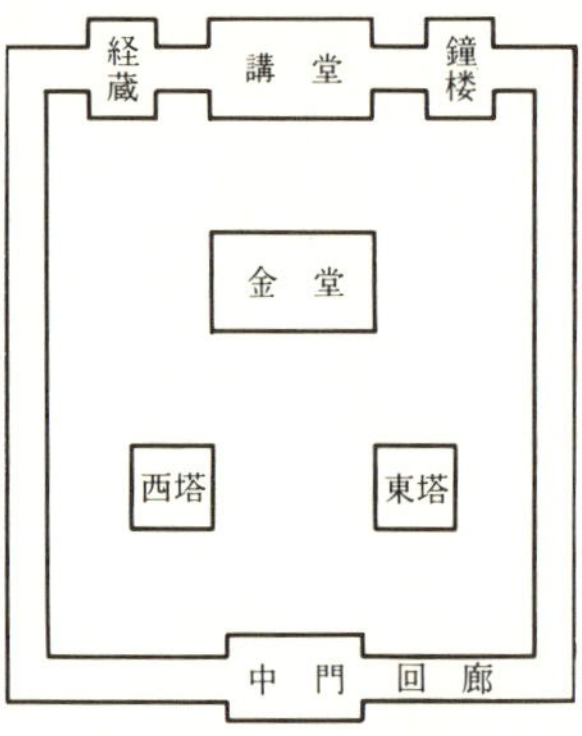

薬師寺式

法隆寺金堂

⑤東大寺式《とうだいじ》　回廊《かいろう》の外の前方に東西両塔を置くもので、天平時代に盛んに用いられ、諸国に建てられた*国分寺《こくぶんじ》の大多数がこの形式である。

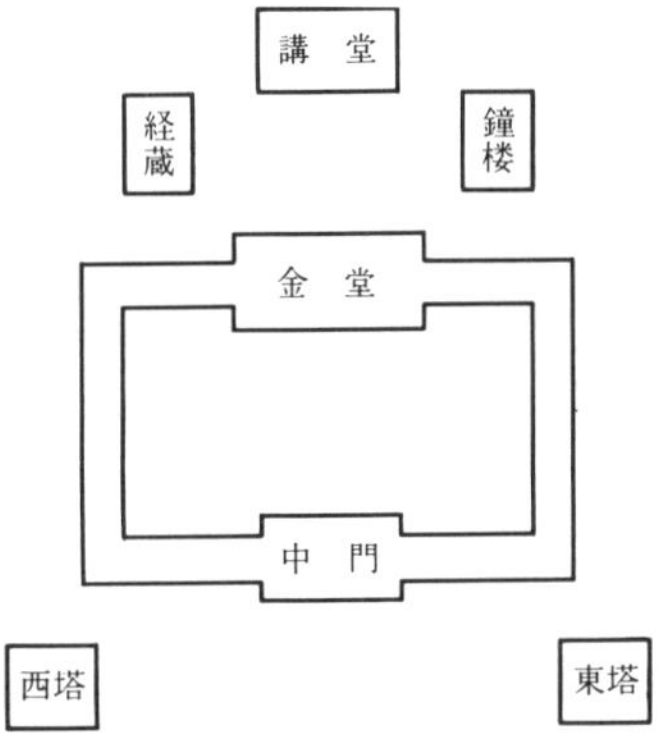

東大寺式

なおこれらの伽藍配置《がらんはいち》では、*講堂の左右に経《きょう》蔵《ぞう》や鐘楼《しょうろう》を置き、さらにこれらや回廊を囲む東・西・北の三方に僧たちの住居する僧房《そうぼう》（三面僧房）があり、いずれも平地に南面して建てられていた。

平安時代になると*天台《てんだい》宗・*真言《しんごん》宗が開かれ、比叡山延暦寺《ひえいざんえんりゃくじ》・高野山金剛峯寺《こうやさんこんごうぶじ》など山岳地帯に適当な平地を選んで堂塔を建てることが多くなり、整然とした配置はとられていない。なお、この時代を代表する建物である*阿弥陀堂《あみだどう》は、極楽浄土の様子をこの世に伝えるためその内外に華麗優美な姿をとっており、平等院鳳凰堂《びょうどういんほうおうどう》・中尊寺金色堂《ちゅうそんじこんじきどう》などが有名である。

鎌倉時代には、禅宗の大寺院が京都や鎌倉に建てられた。これらは再び広い平地に南面して、総門・三門《さんもん》（三つの戸がある門で山門《さんもん》ともいう）・仏殿《ぶつでん》（*本尊《ほんぞん》を安置する）・法堂《はっとう》（法を講説する）が一直線に連なり、その奥に*方丈《ほうじょう》（僧の住居）・庫裏《くり》（台所）、また東西両側に僧堂（坐禅を行う）・経蔵・鐘楼・東司《とうす》（便所）などを建てた禅宗《ぜんしゅう》特有の伽藍配置を形成している。

鎌倉新仏教の*浄土宗・真宗・*日蓮《にちれん》宗ではそれぞれ特色ある配置をしており、たとえば真宗で

宇治平等院鳳凰堂

は西方浄土《さいほうじょうど》を拝むため東に面し、本堂（*阿弥陀堂）と並んで大師堂（御影堂《みえいどう》）を建て、両堂を回廊でつなぐ。また*日蓮宗でも、本堂（釈迦堂）のほかに祖師堂《そしどう》を建立している。

庭園

　こうした寺院建築に合わせて、次第に庭園が重視されるようになった。鎌倉時代に伝わった禅宗の新風は、この庭園作りにも大きな影響を与えたのである。すなわち、それまでは貴族的な寝殿造《しんでんづく》りに合わせた池と島を中心とする庭園が主流であり、それが寺院において阿弥陀堂とともに、極楽浄土をこの世に再現する浄土庭園となった。例えば、宇治平等院鳳凰堂《うじびょうどういんほうおうどう》にある池は、極楽浄土の七宝妙池をかたどったものであり、醍醐寺《だいごじ》三宝院は弥陀*三尊を石組にして表現している。こうした寺院の庭作りには、仏教的知識が必要であるから、石立僧《いしだてそう》と呼ばれる作庭を専門に行う僧も現れ、鎌倉時代の寺院庭園は、ほぼこれらの石立僧の技術によるといわれる。

　ところが、南北朝時代に活躍した*夢窓疎石《むそうそせき》は、中国伝来の唐様《からよう》と呼ばれる建物にふさわしい、斬新で大胆な構成をもつ庭園を作り上げた。西《さい》芳寺《ほうじ》（苔寺《こけでら》）では、建物の中から座って眺める従来の庭を改めて、池のまわりを歩きめぐりながら鑑賞する回遊《かいゆう》式の庭園を作り出すとともに、石組《いしぐみ》の力強さと美しさを用いて造形を試みる枯山水《かれさんすい》の技法を取り入れている。後に室町時代の文化を代表することになる金閣寺《きんかくじ》・銀閣寺《ぎんかくじ》は、楼閣《ろうかく》建築と庭園とが深く調和して整美な姿を示しているが、いずれも西芳寺にその構想を求めたといわれる。

　夢窓疎石の作庭でもう一方を代表する天竜寺《てんりゅうじ》の庭園は、やはり池を中心として石組を用いるが回遊《かいゆう》式ではなく、*禅の教義に基づく理想境を空間的に表現し、それを対岸の*方丈に座って鑑

石庭（竜安寺）

賞するもので、やがて流行する書院造《しょいんづく》りの庭の初めといわれている。

　このような石組を中心にして山水《さんすい》などの大自然の姿を表し、そこに禅の思想を形象化しようと試みた石庭が数多く作られ、大徳寺《だいとくじ》大仙院《だいせんいん》や竜安寺《りょうあんじ》の庭のような傑作が生まれた。しかし室町の末頃には、地形の高低を用いず石の大小や樹木によって庭園を構成する平庭式の枯山水《かれさんすい》などが試みられ、従来の自然描写から抽象的な造形の美しさを表現する姿勢に変化した。そして禅の思想を背景にしながら、ひたすら造形的な芸術としての作庭を志す小堀遠州《こぼりえんしゅう》のような近代的作庭家を誕生させたのである。

仏像・仏画

　仏教を信仰する上で、一般に仏像や仏画など仏の姿を掲げて*礼拝《らいはい》の対象としている。こうした仏像・仏画は、日本美術の中でも特に重要なもので、日本に伝わって以来、時代とともに特色ある発展を示している。

　飛鳥《あすか》時代の仏像は中国の北魏《ほくぎ》様式をそのまま取り入れ、全体は扁平で左右相称し不均衡であり、杏仁《きょうにん》形の目と口もとのアルカイック・スマイル(古拙の微笑)などの特色がある。帰化人の孫、止利仏師《とりぶっし》の作とされる法隆寺金堂《ほうりゅうじこんどう》の釈迦《しゃか》*三《さん》尊像《ぞんぞう》や、夢殿の救世《ぐぜ》観音像《かんのんぞう》などがその代表である。一方、法隆寺の百済観音像《くだらかんのんぞう》や中宮寺《ちゅうぐうじ》の*弥勒《みろく》半伽《はんか》像《ぞう》はこれと異なり、均衡のとれた姿である中国南朝様式の影響を受けているといわれる。

　この時代の仏画としては、*聖徳太子の死を悼んでその妃橘郎女《たちばなのいらつめ》らが作った天寿国繍帳《てんじゅこくしゅうちょう》(中宮寺)や玉虫厨子《たまむしのずし》(法隆寺)に描かれた装飾画などが残る。白鳳《はくほう》時代(奈良前期)の仏像は隋・初唐の様式を受けいれ、薄い衣を通して肉体感が伝わるような立体的な構成と*慈悲に富む表情など若々しい明るさが特色である。奈良薬師寺《やくしじ》

月光菩薩像（東大寺蔵）

の薬師三尊像や聖観音立像、旧山田寺仏頭《ぶっとう》（興《こう》福寺《ふくじ》）など、優れた技法を示している。また仏画においても、法隆寺金堂壁画《ほうりゅうじこんどうへきが》（焼失）という傑作を生んでいる。

天平《てんぴょう》時代（奈良後期）は、東大寺大仏《とうだいじだいぶつ》に象徴されるように仏像彫刻の絶頂期である。唐の様式を継承しつつ、これを日本化したが、主流となった東大寺派の仏像は美しい調和・優雅さ・おだやかな安定感を示し、これと別に唐招提寺《とうしょうだいじ》派では憂いを含む表情と重々しさが特色である。

前者は東大寺三月堂《さんがつどう》の月光菩薩《がっこうぼさつ》など諸尊像や戒壇院《かいだんいん》の四天王像《してんのうぞう》、後者は興福寺《こうふくじ》の*阿修羅像《あしゅらぞう》をはじめ八部衆像および十大弟子像に代表され、いずれも体形・表情など写実に徹し理想化して崇高感を与えている。なお、これ以前は金銅像が主体で一木彫・まる彫の木像も造られたが、天平時代は麻布を漆《うるし》で張り固める乾漆像《かんしつぞう》が盛んになり、粘土でつくる塑像《そぞう》も用いられた。

一方、この時代の仏画製作も隆盛であったことが伝えられるが、当麻寺《たいまでら》の浄土変相図《じょうどへんそうず》（当麻《たいま》曼荼羅《まんだら》）・東大寺大仏の台座蓮弁に線刻される蓮華《れんげ》蔵《ぞう》世界図・薬師寺の吉祥天《きちじょうてん》像など今日まで残るものはきわめて少ない。

平安時代に入ると真言宗を中心とする*密教《みっきょう》の隆盛によって独特な密教美術が主流となる。教義上からも最も重要な*曼荼羅は、密教の教主である*大日如来を中心に諸尊を配置した図絵で、『大日経』に基づく八葉蓮華の*胎蔵界《たいぞうかい》曼荼羅、および『金剛頂経《こんごうちょうきょう》』に基づき九つに等分割した*金剛界《こんごうかい》曼荼羅とが基本となり、これらを両界《りょうかい》曼荼羅とよぶ。現存するものでは、神護寺の高雄《たかお》曼荼羅が最古であり、かつ最も優れているともいわれる。仏像においても、東寺の*講堂に安置されるように*大日如来を中心として四方に四如《によ》来《らい》像、右に五菩薩、左に*不動明王《ふどうみょうおう》などの五大明《みょう》王像《おうぞう》など多彩な配置をとり、しかもそれぞれが

東大寺南大門仁王像

多面・多目・多臂《たひ》という超人的な様相や怒りを表す忿怒《ふんぬ》相《そう》などをとることが特色である。また腰から下の重量感が強調されて男性的なたくましさを示すとともに、女性的な情感を漂わせて神秘的である。

寛平六年（八九四）に遣唐使《けんとうし》が廃止されたため平安後期（藤原時代）には、仏像・仏画ともに日本独自の様式（和様）が確立する。また世上の不安が高まり、*末法思想《まっぽうしそう》が広まって浄土教が流行すると、*阿弥陀堂の中に*極楽世界《ごくらくせかい》を再現するために阿弥陀如来などの尊像を安置し、極楽の姿を描く*浄土変相図《じょうどへんそうず》や阿弥陀如来はじめ聖衆《しょうじゅ》たちが迎えに来る様子を表す*来迎図《らいごうず》などの仏画を掲げた。その代表である平等院鳳凰堂《びょうどういんほうおうどう》には定朝《じょうちょう》作の阿弥陀如来坐像が置かれ、壁画《へきが》や扉絵など浄土を描いた仏画が残されている。

六道（地獄《じごく》・餓鬼《がき》・畜生《ちくしょう》・修羅《しゅら》・人《にん》・天《てん》）を穢《けが》れた世界として、これから離れるために地獄の恐ろしい責苦を描く地獄草紙《じごくぞうし》（地獄図・地獄変相図）や飢渇に苦しむ者の姿を写す餓鬼草紙などの六道絵巻《ろくどうえまき》（六道苦難図）が作られた。また、死後の裁きをする閻魔大王《えんまだいおう》や*十王《じゅうおう》の像が製作される一方、地獄の苦から救う*地蔵菩薩《じぞうぼさつ》の像も盛んに作られ始めた。

鎌倉時代になると、*禅の伝来によって宋《そう》文化の影響を受ける。仏像は、天平《てんぴょう》彫刻を理想として写実主義をとる鎌倉新様式が*運慶《うんけい》によって完成され、東大寺南大門の仁王《におう》像に見られるように男性的なたくましさを強調するが、その門下の快慶《かいけい》は宋様式を取り入れ、女性的な優雅な面を表した。この運慶・快慶の一門によって多くの傑作が作られたが、鎌倉後期には衰退し、その後彫像の様式は沈滞した。

仏画においても、宋画の影響を受けて線描を強調する鋭い筆法と配色が用いられ、また禅関係では次第に*水墨画が盛んとなり、室町時代に

◆明兆《みんちょう》・周文《しゅうぶん》・*雪舟《せっしゅう》ら著名な画僧が生まれるが、仏画全体としては様式的に沈滞した。

　こうした衰退の理由の一つに、鎌倉新仏教の多くが民衆を対象とし、しかも信仰教義の簡素明解さを計ったために、いわゆる仏教美術面での発達は望めなかったと指摘されよう。各宗では開祖《かいそ》の姿を模した祖師像《そしぞう》を造って崇《あが》めたり、肖像画を描いているが、わずかに禅宗における頂相《ちんぞう》（*祖師《そし》や高僧を描く彫像や画像）や羅漢《らかん》画が注目される程度である。

写経・墨跡

　絵画とならんで書《しょ》も日本美術の重要な分野である。古くは*聖徳太子の筆にかかるといわれる『法華義疏《ほっけぎしょ》』（御物）や飛鳥《あすか》・奈良時代の仏像などに刻まれた金石銘、あるいは平安三筆に数えられる*空海《くうかい》をはじめ、数多くの僧が残した文書など、仏教に関係する書だけでもあまたの興味を与えてくれるが、ここでは信仰様式という観点から、*写経と墨跡《ぼくせき》についてのみ触れておく。

　写経は、印刷のない時代に経典を広めるためにこれを写すという実用面があり、奈良時代には官立の写経所も設けられていた。またこの頃、皇族が「願経《がんきょう》」とよばれる個人の発願による写経を残している。こうした個人的な写経は、平安時代になると比叡山《ひえいざん》を中心にますます盛んとなる。もともと*法華経をはじめ、多くの大乗経典に経を書写する功徳《くどく》が説かれており、それが貴族たちの信仰となって多くの写経が奉納された。それは、紺紙・紫紙に金銀泥で書いたり、一字一字を宝塔の中や蓮華坐の上に書き、また扇面型に下絵を書いた料紙を用いるなどさまざまな趣好を施し、豪華な装飾が加えられているものも多い。厳島《いつくしま》神社の『平家納経《へいけのうきょう》』や『久能《くのう》寺経《じきょう》』と呼ばれる経巻などは、美術品としても一流である。

◆室町時代の画僧。東福寺の殿司を勤めながら、頂相や仏画を描いた。「五百羅漢」「涅槃図」「四十祖像」「達磨像」など大量の画像を製作。

五具足（東京国立博物館蔵）

墨跡は、臨済宗を中心とする禅の高僧がしたためた筆跡をいい、日本においては主に鎌倉時代から室町前期頃までの、いわゆる五山《ござん》やその後の大徳寺《だいとくじ》・万福寺《まんぷくじ》に関係する禅僧をさす。この墨跡が珍重されるのは、ひとえに高僧に対する尊敬の念からで、師匠が修行中の弟子の得法を認める印可状《いんかじょう》や号を書き与えた字号《じごう》などを重視するほか、仏法や*悟りについて書いた法語《ほうご》・偈頌《げじゅ》、死に臨んで門弟に残した遺偈《ゆいげ》、また詩や書簡などその内容はさまざまである。それと同時に、室町時代末頃から江戸時代初めに現れた千利休など茶道の巨匠たちが、禅の修行にも努め、茶席において墨跡を尊重したことも忘れられない。

仏具

仏具《ぶつぐ》は、ふつう寺院の堂内を飾りつけるためのもの（荘厳具《しょうごんぐ》）と、法要儀式に使うものなどを総称しているが、本来は、仏前に供える器物（供養具《くようぐ》）を意味した。すなわち香《こう》をたくための香炉《こうろ》、生花を捧げる華瓶《けびょう》、灯明《とうみょう》をともす燭台《しょくだい》で、これらを*三具足《みつぐそく》（華瓶・燭台が一対の場合を五具足《ごぐそく》）という。この他の供養具として飲食物を供える仏飯器・茶湯器などがある。これらは宗派を問わず備えているが、以下、各宗によって（また寺院によって）多少の相異もあることを前提にした上で、まず荘厳具から見ていく。

堂内の正面高くには*本尊《ほんぞん》の仏像がまつられるが、仏が説法をしたといわれるインドの須弥山《しゅみせん》をかたどった須弥壇《しゅみだん》（ふつう木製四角で欄干が施される）の上に安置される。そして立派な宮殿《きゅうでん》（三方妻《つま》や唐破風《とうはふ》などの屋根をもつ）や厨子《ずし》（箱形や筒形で扉がつく）に入れたり、あるいは仏像の頭上に宝珠《ほうじゅ》や*瓔珞《ようらく》（玉や金属を糸で編んだ装飾品）などで飾りたてた雲型・小判型・八葉型などの*天蓋《てんがい》（仏天蓋《ぶつてんがい》）が差しかけられる。

礼拝する側の天井からは、四角・六角・八角など大型の*天蓋(人天蓋《にんてんがい》)や、吊燈籠《つりとうろう》・幢幡《どうばん》(上方は天蓋型で長い帛《はく》を下げ*瓔珞《ようらく》などで飾ったもの)などが吊される。いずれも仏の徳をたたえるための飾りである。須弥《しゅみ》壇《だん》の前には五《ご》具《ぐ》足《そく》を乗せる前机《まえづくえ》を置き、その左右に台燈籠《だいとうろう》が並べられる。また前机の手前に焼香台《しょうこうだい》が置かれる。これに対して正面やや後方に法要《ほうよう》を主催する導師が上がる礼盤《らいばん》(登高座《とうこうざ》)、その両脇には式に列する僧が座る経 机《きょうづくえ》が置かれ、その上に経典を納めた経箱《きょうばこ》が乗っている。*密教《みっきょう》(*真言宗・*天台《てんだい》宗)では礼盤の前に修法壇《しゅほうだん》(大壇《だいだん》・護摩壇《ごまだん》)を置く。四角の壇の四隅に柱(金剛橛《こんごうけつ》)を立てて紐(壇《だん》線《せん》)をめぐらし、その上に金剛杵《こんごうしょ》(両端に突起のある武器、独鈷《どっこ》・三鈷・五鈷などある)や金《こん》剛鈴《ごうれい》・金剛盤・仏器・香炉・華瓶などの前具を並べる。

法要儀式などに用いられる仏具で、音を出して使うものを梵音具《ぼんのんぐ》といい、多くの種類がある。法要中の合図に使う磬《けい》(金属板で磬台《けいだい》に吊されている)や鏧子《けす》(大きな打鳴《うちならし》、家庭用は鈴《りん》という)、読経などの調子をとる木魚《もくぎょ》(球形で魚の形をとる)や木柾《もくしょう》(日蓮宗で用いる円形のもの)、また太鼓にはふつうの長胴型のほか懺法太鼓《せんぼうだいこ》・団扇《うちわ》太鼓《だいこ》(*題目を唱えるのに用いる)などがあり、音楽法要や*声 明《しょうみょう》に使う鐃鉢《にょうはち》(円形銅板一対を打ち合わせたり、こすり合わせて音を出す)や銅鑼《どら》、そして日本古来の雅楽器を使うこともある。

一方、時を知らせたり、人を集めるのに*梵鐘《ぼんしょう》(室外の大きなつり鐘)や半鐘《はんしょう》、また禅宗では雲《うん》版《ぱん》(鉄・銅でできた雲型の板)や打版《ちょうはん》(木製の厚い板で俗に板木《ばんぎ》という)、魚鼓《ぎょこ》(木製で大きな魚の形)などが用いられた。

仏教と文芸

仏教と歌謡

無常の歌　日本の歌謡曲には、旅立ちとか船出とか愛と別れなど、人生の哀歓や*無常《むじょう》について歌ったものが多い。これらの歌は、古くから人生の切なさや移ろいやすい無常の現実を詠嘆してきた日本人の歌心を無意識に受け入れ、受け継いできたものである。

古代の代表的歌集である『◆万葉集《まんようしゅう》』には、仏教思想を人生や生活のなかで素朴に感じとり、吸収した無常の歌が載せられている。例えば、歌人◆◆柿本人麻呂《かきのもとのひとまろ》は〝水の上に数書くごときわが命妹《いも》にあはむとうけひつるかも〟と歌い、愛する妻に会うために、命のはかなさを感じつつ生き続ける自分の心を表白している。これは、『*涅《ね》槃経《はんぎょう》』に説かれる「この身は頼りなくはかない。無常の命がこの世にずっと住み続けられないのは水に絵を描くようなものである」という一節に基づいている。

また、◆◆◆大伴旅人《おおとものたびと》は、大《だ》宰府《ざいふ》長官であった折に妻を失い、〝世の中はむなしきものと知る時しいよよますます悲しかりけり〟と歌っている。旅人は、妻の死に直面して人生の空《むな》しさを痛感したが、病気になった時にも「病に臥《ふ》し無常を悲しみて道を修するを欲して作る歌」を二首詠んでいる。

〝うつせみは数なき身なり 山川のさやけき見つゝ道をたづねな〟

〝わたる日の光《かげ》にきほひてたづねてな 清きその道またもあはむため〟

◆古代日本の代表的歌集。二〇巻。天皇より庶民に至るまでの四五〇〇余首の和歌を集録している。

◆◆七世紀末より八世紀初めの宮廷歌人。長歌・短歌に雄大な調べを持つ万葉集の代表的歌人。

◆◆◆六六五〜七三一。奈良時代前期の武人。神仏思想に関心を抱いた歌人で漢学や神仙道にも通じていた。

ここには、世間は仮のもの、この身は頼りないものと切実に感じとりながら、迷いから離れて清浄な仏道をたずね求めてゆく万葉人《まんようびと》の思いが示されている。

こうした無常*の歌は、旅人の子◆大伴家持《おおとものやかもち》が妻をなくした気持ちを〝妹《いも》が見し屋前《にわ》に花咲き時は経るわが泣く涙いまだ干《ひ》なくに〟と吐露し、◆◆山上憶良《やまのうえのおくら》が〝妹《いも》が見しあふちの花はちりぬべしわが泣く涙ひまだ干《ひ》なくに〟と歌った心にも表されている。それは、『古今集《こきんしゅう》』の女流歌人◆◆◆小野小町《おののこまち》の詠んだ〝花の色はうつりにけりないたづらにわが身世にふるながめせしまに〟という無常なるわが身を意識する歌心へとつながってゆく。

この「わが身」に伴う無常《むじょう》の意識は、仏教本来の無常観として確認されたものではないにせよ、無常感を通して人生の悲哀を慨嘆しないではいられなかった心のひだを写し出している。それは、「わが身」の無常さを広く自然の四季の移り変わりと一体化させながら見つめる精神と結び合っていった。

西行《さいぎょう》が〝ながむとて花にもいたくなれぬれば散る別れこそ悲しかりけれ〟(『新古今集《しんこきんしゅう》』『山家《さんか》集』)と詠んだように、人間も自然も同じように転変する命を備えたものである、という見方は、歌心の中心に絶えず流れている。これが◆◆◆◆「山《さん》川草木悉有仏性《せんそうもくしつうぶっしょう》」をさし示した仏教思想を詠み込んでいく歌として、形成される土台となったのである。

いろは歌　無常の歌が情緒的、経験的に日本人の生活にしみわたっていったなかから生まれたものに、「いろは歌」がある。「いろは歌」は、古くから別れの悲しみと仏道欣求《ぶつどうごんぐ》の心を示すものとして受けとめられてきたが、時代が下ると◆◆◆◆◆五十音図がつくられ、リズムをもつことばとして用いられるようになり、やがて仮名の手

◆七一八?〜七八五。大伴旅人の子。奈良時代末から平安時代初期の武人で万葉集に多くの和歌を載せている歌人。

◆◆六六〇〜七三三。奈良時代の歌人。唐に渡り、貧窮問答歌を詠んだことで有名。

◆◆◆九世紀頃の女流歌人。六歌仙の一人。移ろいゆく自身や、夢の中で恋人と会えたことなどを詠んだ和歌が多い。

◆◆◆◆すべての自然はみな命を備えており、仏になる可能性を持っているということ。

◆◆◆◆◆アからンに至るまでの五十音を音の種類に従い、仮名を連ねた図。

◆伊呂波可留多と書く。長方形の厚紙の小札に絵や歌を書き、伊呂波順に揃えた玩具。

習いの手本や「いろはがるた」◆に活用された。仏典を世界最大の文学といった川端康成《かわばたやすなり》の『散りぬるを』と題した小説に至るまで、「いろは歌」の伝統は深く日本人の意識の底に流れ続けている。

「いろは歌」は、ふつう*空海《くうかい》の作と伝えられているが、実際の成立は一〇世紀後半頃と考えられている。最も古い「いろは歌」の文献は、承暦三年（一〇七九）に書写された『金光明最勝王経音義《こんこうみょうさいしょうおうきょうおんぎ》』に万葉仮名《まんようがな》で、七字ずつ区切って記されていたものである。

色はにほへど　散りぬるを
わが世誰ぞ　常ならむ
有為《うい》の奥山　今日こえて
あさき夢見じ　酔《え》ひもせず

桜の花は咲き匂うけれども、やがては散ってゆく。私たちの生きているこの世も人の命も、花のように移り変わってしまう。このはかない世の中を今日こそ越えて、幻のように移ろいゆく迷いの夢を見ることなく、快楽に酔って心を乱されることもなく、*無常《むじょう》の世の奥にある、真実の仏道に入って、平安な*悟りを求めて行こう。これが「いろは歌」の心である。

この心は、*『涅槃経《ねはんぎょう》』に説く雪山童子《せっせんどうじ》の捨身《しゃしん》偈《げ》を歌謡化したものとされている。すなわち、「諸行は無常なり、これ生滅の法なり。生滅を滅し終わり、寂滅を楽しみとす」（*「諸行無常《しょぎょうむじょう》、是生滅法《ぜしょうめっぽう》。生滅滅已《しょうめつめつい》、寂滅為楽《じゃくめついらく》」）ということばをわかりやすくしたものと伝えられている。これは、次のエピソードによっている。ある日、雪山童子が仏道を求めて山中を歩いていた時、「すべてのものは移り変わってゆく。生じたり滅したりするのが、この世の姿である」と歌う声を聞いた。その声のする方に歩いてゆくと、鬼神がそこにいた。鬼神が歌っていたのだ。童子は、どうか後のことばを歌ってほしいとたの

◆一一一四〜一二〇四。院政期の代表的歌人。王朝風の歌を集大成し、歌道と仏道とを一つにみなす歌論を打ち出した。

んだ。鬼神は腹がすいてこれ以上歌えぬ、温かい人間の血と肉を食べれば、後の句を歌えるであろうという。童子が自分の命をあげるから教えて下さいと懇願すると、鬼神は「生じたり滅したりする無常の苦しみから離れ、それに迷う心を消滅したならば、平安寂静の心を得られる。それこそ真の安楽である」と歌った。童子は木という木、石という石にこのことばを書きつけ、約束した通りに鬼神の口めがけて身を投げ与えたところ、鬼神は、たちまち*帝釈天《たいしゃくてん》の姿にもどって童子をしっかりと抱きかかえた――。

帝釈天は、雪山童子が仏道を命がけで求めているかどうかを試み、雪山童子はわが身を布施*した功徳《くどく》によって、仏道を体得した、というわけである。

歌道即ち仏道

『千載和歌集《せんざいわかしゅう》』の編者藤原《ふじわら》◆俊成《しゅんぜい》は、歌論書『古来風体抄《こらいふうたいしょう》』を書いた歌人として名高い。俊成は、歌の心を深く究め尽くして、歌というものが人生の在り方を明らかにし、仏の道に人を導くためのものであることを示した。歌とは、*「煩悩《ぼんのう》すなわち*菩提《ぼだい》」の道を語るものである、迷いの心をもつ人間の無常*を「言《こと》の葉《は》」によって詠み表すことを「縁《えん》」として仏道に心を通わすためのものである、と俊成は述べている。

俊成にとって歌は、自然や人間のありのままの姿を知り「幽玄《ゆうげん》」の世界を見るもので、それは「もとの心*(仏性《ぶっしょう》)」から生まれたものであり、深い歌心を詠むことはそのまま限りない仏の教えを悟ることでもあった。「この詠歌のことばをかへして仏をほめたてまつり、法をききてあまねく十方の仏土に順詣《じゅんけい》し、まづは娑婆《しゃば》の*衆生《しゅじょう》を引導せむとなり」というのが、歌道即仏道をめざした俊成の目的であった。この幽玄の心は、後に俳諧や能の芸術理念になっていったのである。

こうした歌心は、俊成《しゅんぜい》の子◆藤原定家《ふじわらていか》にも受け継がれた。定家の歌った〃ひさかたの光のどけき春の日にしづ心なく花のちるらむ〃には、春の日をあびるのどけさのうちに移ろいゆく*無常《むじょう》への憂愁を見てとった歌心が表現されている。

定家は、仏のみがよく諸法の実相を究め尽すことができる、と説く法華経方便品《ほけきょうほうべんぽん》の十如是《にょぜ》の一節を「もとの心のかはりやはする（世間は無常であっても、*仏性《ぶっしょう》はどうして変わることがあろうか）」と述べることによって、はかない人生のしらべを歌う和歌を通して変わることのない人生のあり方、仏道による確固とした生き方のあることを語ろうとしたのである。

仏教讃歌

後白河《ごしらかわ》法皇によって、選ばれた◆◆『梁塵秘抄《りょうじんひしょう》』には、すぐれた仏教讃歌が収められている。今様《いまよう》として歌われた法文歌《ほうもんか》は、平安末期における浄土教の流行とあいまって布教と結びつきながら口ずさみとして歌われたものである。

この法文歌には、『極楽六時讃《ごくらくろくじさん》』『天台大師和讃《てんだいだいしわさん》』の触《さわ》りを詠んだ今様の*和讃や*法華経の二八品を本歌取りして歌いあげた釈教歌《しゃきょうか》一一五首がある。また、釈迦牟尼如来、*大日如来、*観世音菩薩などの仏菩薩や大乗仏典の心を詠んだ歌があり、信仰生活について歌ったものも多い。

〃仏は常にいませども、現《うつつ》ならぬぞあはれなる。人の音せぬ暁に、ほのかに夢に見えままふ〃という会いがたき仏との出会いを歌った仏歌のほか、四天王寺《してんのうじ》信仰に基づく〃極楽浄土の東門は、難波《なにわ》の海にぞ対《むか》へたる。転法輪《てんぽうりん》の西門《さいもん》に、*念仏する人参れとて〃という布教歌、〃暁しづかに寝ざめして、思へば涙ぞ抑へあへぬ、はかなくこの世を過《す》ぐしては、いつかは*浄土へまいるべき〃と詠む欣求浄土の歌、〃大峯行なふ聖《ひじり》こそ、あはれに尊きものはあれ、法華経誦《ず》する声はして、たしかの正体まだ見えず〃と歌う聖

◆一一六二〜一二四一。藤原俊成の子。新古今和歌集などを編纂した鎌倉時代初期歌壇の中心的存在。

◆◆後白河法皇の編になる歌謡集。平安時代末期に流行した種々の雑芸歌謡が分類集成されている。

称讃の歌など、仏教は広く世間に歌いつがれていった。

仏教と説話

因果応報　平仮名が漢字を草書体にくずして作られ、女性の手によって書かれたのに対し、片仮名は奈良の僧たちによって、漢字の偏《へん》とつくりを略字化して作られた。こうして文字が創造された後、平安初期から鎌倉末期にかけて説話集が次々に書かれた。説話集には、生活のなかで庶民が語り伝えた仏教信仰や、その効験の話が具体的に収められている。

奈良薬師寺の僧景戒《きょうかい》の◆『日本霊異記《にほんりょういき》』（『日本《にほん》国現報善悪霊異記《こくげんぽうぜんあくりょういき》』）は、今生《こんじょう》で善いことや悪い行いをしたものは来世を待たずに、直ちにその報いを得るという*因果応報《いんがおうほう》の教えを現報主義《げんぽうしゅぎ》に基づいて記した仏教説話集として名高い。

この作品は、世間で行われた、珍しい出来事（霊異）を書き記し、これを縁として、因果応報の道理が、現実に確かに存在することをさし示し、仏教信仰に入るよう説いてゆくという、はっきりした目的意識をもってまとめられたものであった。

また、善因善果、悪因悪果のなかに身を処しながら善行を積んで西方浄土《さいほうじょうど》に生まれようとする景戒の求道《ぐどう》心によって編集された。景戒は、仏教の伝来から語り始め「*三宝《さんぼう》を信敬《しんきょう》し奉りて現報を得し縁」「*観音菩薩をたのみ念ぜしりによりて現報を得し縁」「法花経品《ほけきょうほん》を読む人をあざけりて現に口ゆがみて悪報を得し縁」「慳貪《けんどん》によりて大きなる蛇となりし縁」などを記した。全編を貫く仏教説話は、卑劣な悪行を示して罪の恐ろしさを知らせ、仏法を信じ善行を修めて福徳をうける実例を述べることによって、間違った考えや悪行を改めて仏法を信ずる道に導こうとしたものである。

◆日本最初の説話集。八世紀初めに成立。因果応報の姿を提示した仏教説話。

仏教功徳談　◆『今昔物語《こんじゃくものがたり》』は、王朝時代から武士の世に移行する社会の野性的な人間の生きざまを写実した説話文学である。そこには多彩な人物が登場し種々の事件や行動がありのままに語られているが、その柱は巻一から巻二〇にいたる仏法部にある。『今昔物語』は、天竺《てんじく》（インド）・震旦《しんたん》（中国）・本朝《ほんちょう》（日本）の三部から構成され、当時の世界そのものを視野に入れながら、天竺部では＊釈迦《しゃか》の成道《じょうどう》談、仏弟子の説法談、出家の功徳《くどく》、仏法の効験談および本生譚《ほんしょうたん》、動物の報恩譚《ほうおんたん》を記し、震旦部でも仏教伝来談、往生談、経文の功徳談、地獄談をあげている。

本朝部においては仏会・仏像・経文の功徳談、寺塔縁起や霊験譚、高僧の苦しみと救いについての話などがまとめられている。その数は全篇で七〇〇を越えており、悉達太子《しったたいし》の出家、地獄めぐり、久米仙人《くめせんにん》と久米寺、道成寺物語《どうじょうじものがたり》、＊法華経によって救われた紅梅の好きな少女の物語など、人間の生きざまと仏教の功徳を生き生きと示した仏教説話が写実的に語られている。

これらの仏教説話は、そのほかの説話作品にも流れこみ、他の説話が『今昔物語』の底本になったものもある。◆◆『宇治拾遺物語《うじしゅういものがたり》』には、「鼻長き僧の事」「永超僧都《えいちょうそうず》魚食う事」「児のかい餅するに空寝《そらね》したる事」などにみられるように僧侶や寺院生活を題材として人間の振舞いをシニカルに描きだした話が載せられている。

往生説話　平安末期には、＊念仏による＊往生《おうじょう》と法華経信仰の功徳を提示し、信仰的救いの現証を書き著した往生説話《おうじょうせつわ》が語られた。このうち往生伝に類するものには、慶滋保胤《よししげやすたね》の◆◆◆『日本往生極楽記』、大江匡房《おおえまさふさ》の『続本朝往生伝』、三善《みよし》為康《ためやす》の『拾遺往生伝』『後拾遺往生伝』、蓮禅《れんぜん》の『三外往生伝』、藤原宗友《ふじわらむねとも》の『本朝新修往生伝』などがある。

往生《おうじょう》伝を代表する保胤《やすたね》の『日本往生極楽記』

◆一一世紀末から一二世紀初めに成立した「今は昔」に始まる説話集。仏教説話を中心に各階層の生活行動をリアルに描写している。

◆◆一三世紀初めに成立した説話集。仏教や世間の不思議な話や滑稽譚を集録する。

◆◆◆一〇世紀末に成立。高僧・沙門・念仏聖の往生譚をまとめた説話。

◆一一世紀中期に成立。一二九名の法華経持経者の足跡を記し法華経の読誦・書写などの功徳をまとめた説話。

は、康保元年（九六四）に彼を中心として営まれた勧学会《かんがくえ》における教養的な信仰を母体とし、朝は*法華経を講じ、夕には弥陀を念じて仏教との縁《えん》を深めた保胤《やすたね》が寛和二年（九八六）に恵心《えしん》僧都《そうず》*源信《げんしん》にしたがって出家し、念仏のグループ二十五三昧会をおこした時期に書かれたものである。その中心は僧尼《そうに》と在家信徒の念仏信仰や臨終正念《りんじゅうしょうねん》の相をとらえ、現世を厭《いと》い来世を欣求《ごんぐ》する信仰姿勢を明らかにしたところにある。

この『日本往生極楽記』の立場は、横川首楞《よかわしゅりょう》厳院《ごんいん》の鎮源《ちんげん》に引き継がれた。鎮源は、◆『本朝法《ほんちょうほっ》華験記《けげんき》』を書いて、法華経信仰の功徳が現実に存在することをさし示し、法華経の持経者《じきょうしゃ》たちのさまざまな行いや悪人の往生成仏などについての話を書きまとめた。

この二つの往生説話は、広く民間に伝わり『今昔物語』には『日本往生極楽記』より三一話、『本朝法華験記』より一五話が収められている。

これらの説話は、いずれも現存の寺院や貴族の世界から離れて、民間において*念仏と法華経信仰を具体的に実行していった聖《ひじり》たちの行動をとらえたものであり、仏教と結縁《けちえん》して道心《どうしん》をおこすことの大切さと信仰の現実的な功徳、救済への願望などを語った仏教説話としての意義を備えている。

唱導説話　鎌倉初期に作られた『十訓抄《じっきんしょう》』には、仏教に基づいた教訓話を示し、『古《こ》今著《こんちょ》聞集《もんじゅう》』は釈教をあげて「聖徳太子仏法を弘むる事」「性空上人《しょうくうしょうにん》法華経書写の事」にいたる三八の説話を載せている。

平康頼《たいらのやすより》の『宝物集《ほうぶつしゅう》』は人間にとっての宝とは何かを語り合い、金・宝石・子ども・命と次次にあげ、ついに仏法を最高の宝とする説話として構成されている。また、人の耳を喜ばしめ結縁することを目的に出家遁世者の尊さを記した鴨長明《かものちょうめい》の『発心集《ほっしんしゅう》』、増賀上人が神明の示現《じげん》によって道心を起こして再び遁世《とんせい》した話などを素材とした『撰集抄《せんじゅうしょう》』、無住《むじゅう》の書いた『沙石集《しゃせきしゅう》』『雑談集《ぞうだんしゅう》』の世界も仏教説話を集録したものである。

◆鴨長明《かものちょうめい》は、『方丈記《ほうじょうき》』において草庵の閑居生活に身をおきながら、*無常の世にさらされているはかなさを強烈に語っているが、『発心集《ほっしんしゅう》』のなかでも人間の内なる悪を見つめながら、弥陀の救いを願う心のひだを語り、説話を縁として、賢きを願い、愚かさを改めて発心していくことを念じている。

鴨長明とならんで隠者の文学を打ち立てた◆◆吉《よし》田《だ》兼好《けんこう》の『徒然草《つれづれぐさ》』は、説話集に分類しにくい面もあるが、無常の命を凝視しそれを乗り越えたところにある人間の自由な心境を実例をまじえて語っている仏教生活談といえる。人間への深い洞察に基づいて移り変わって止まない厳しい無常の現実を繰り返し語ることによって、道心を起こすことの困難さ、大切さを生活実感に即して鋭くさし示している。

無住の◆◆◆『沙石集《しゃせきしゅう》』は、鎌倉末期における民衆の生活行動をリアルに語り、仏道に導いていくことを意図した代表的な仏教の唱導説話である。世間の身近かな出来事を縁として、「仏乗の妙なる道に入らしめ」、仏の教えの深い道理を知らせ、生死の苦しみより出て*悟りにいたらしめる、というのが無住の志であった。

その書名は、「沙」を集めて仏法の輝きを見出し、「石」をみがいて仏法の大いなる救いを悟らせるという目的に由来している。

仏教と物語

菩提と煩悩のへだたり

光源氏《ひかるげんじ》の栄光と流転の運命を軸とした「宿世《すくせ》」に生きる王朝貴族のさまざまな生と死、愛執と別れ、罪へのおののき。きらびやかな後宮における人間たちの葛《かっ》

◆一一五五〜一二一六。鎌倉時代前期の出家遁世者。『方丈記』の著者として名高い。

◆◆一二八二〜一三五〇。鎌倉時代南北朝期の随筆家・文人。主として京都双ケ丘に遁世し、徒然草を書いて人生の実相を明らかにした。

◆◆◆一三世紀末に書かれた仏教説話集。世間浅近の出来事を集めて仏道に引導することをめざした話が多く、貪欲を嫌い正直を主張した。

◆九七八～一〇一六?。平安時代の代表的な歌人。中宮彰子に宮仕えした女房で『源氏物語』を書いた、最初の女流作家。

藤《とう》と孤独、「浮きたる世」の哀歓——◆紫式部は、人間として、女としていかに生きるかを必死に探究しながら「はかなき物語」のうちに、もののあわれを痛感する自己の内なる憂愁と絶望の思いを結晶させた。紫式部が物語を書いたのは、人間の真の姿をきめ細かく綴り、虚構のなかで「宿世《すくせ》」の真実をとらえようとしたからである。「物語というものは、歴史を記述するのとは違って人間のことをありのままに表現するものではないが、この世に生きている人間の善いことや悪いことなど、いろいろな有り様を見聞きした奥深くにあるものを、心にしまっておき難くて書き表したものである。それによって人生の真の姿にふれることができる。だから、物語を単に空言《そらごと》と言ってしまったならば、物語の本当の意味とは違ってしまうのである。」こう紫式部《むらさきしきぶ》は、物語について述べている。紫式部は、『源《げん》氏物語《じものがたり》』のなかで光源氏を通して、次のようにも語らせている。「仏が大層麗わしい心で説きおかれた御法《みのり》にも、方便《ほうべん》ということが説かれている。*悟りを開いていないものが経文を見ると、ここかしこに説かれている内容が違うので、どれが正しいか疑いをおこすほどである。しかし、方便はさまざまに説いて真実にいたらしめるものであり、*菩提《ぼだい》と*煩悩《ぼんのう》とがへだたって見えるが実は同じであるように、*方便《ほうべん》と真実も一つの内容なのである。人の善し悪しだけが変わっているわけではない。そう思えば、何事もむなしいことはあるまい。」

光源氏は、方便つまりフィクションという仮の姿を通して人生の真実にふれる道を明らかにしたのである。この物語論は、仏教の示す方便と真実の教えや天台大師《てんだいだいし》の著した『摩訶止観《まかしかん》』に明らかにされている*空《くう》・仮《け》・中《ちゅう》の三諦説《さんたいせつ》（一切のものは変わりゆく。万事は仮の姿をとって現れているのであるから、これにとらわれないことが、真実の仏道にかなうことであるという見方）をよりどころにして、登場人物の善悪が「＊菩提《ぼだい》と＊煩悩《ぼんのう》のへだたり」に対応するものであるという立場から『源氏物語』を描きだしたのである。『源氏物語』には、＊法華経をはじめ数多くの仏典の名があげられているが、紫式部は虚構の物語に打ち込むことによって、人間の真実と「仏のかならず救ひたまふべき」ことを希求し続けたのである。

　こうした思いについては、菅原孝標女《すがわらたかすえのむすめ》の『◆更級日記《さらしなにっき》』にも、夢に僧が現れたり、弥陀来迎《みだらいごう》の夢を見たことが書かれている。悲嘆に沈む自分の心の闇をぬぐいとる仏教の救いを、彼女もまた願いつつ、「夢の世」を生きたことがわかる。

　『源氏物語』と同じく、藤原道長《ふじわらみちなが》を中心とする摂関《せっかん》政治の黄金時代を描いた『◆◆栄花《えいが》物語』には、道長の栄華を賛美することを目的に記述され、道長によってなされた法成寺《ほうじょうじ》の建立や仏教事業の様子が浄土信仰へのあこがれと結び合いながら記述されている。『源氏物語』が「憂世」に生きる人間の哀歓と罪をとらえたのに対し、『栄花物語』は「浮世《うきよ》」の栄華を肯定的に称讃したのである。

盛者必衰の理　天台座主《てんだいざす》◆◆◆慈円《じえん》は『愚管抄《ぐかんしょう》』において、貴族の世から武士の世への移行の必然性を語り、正法《しょうぼう》の世から像法《ぞうぼう》へ、像法の世から＊末法《まっぽう》の世に歴史というものは下降していくものであると記述した。それは、源平内乱を転機として武士が歴史の表舞台に登場し、戦乱を通した転換期の姿をありのままに見つめたところから認識された史論であった。この戦乱の世界を描いたのが、◆◆◆◆『平家物語《へいけものがたり》』をはじめとする軍《ぐん》記《き》物語である。

　『平家物語』の序章の「＊祇園精舎《ぎおんしょうじゃ》の鐘の声、＊諸行無常《しょぎょうむじょう》の響あり。沙羅双樹《さらそうじゅ》の花の色、盛者必《じょうしゃひっ》衰《すい》の理《ことわり》をあらはす。奢《おご》れる者は久しからず、只

◆平安時代の自伝文学。一一世紀中期に成立。菅原孝標女の人生が回想されている。

◆◆『栄華物語』とも書く。四〇巻。平安朝の歴史物語。藤原道長の世を中心に貴族政治を描く。

◆◆◆一一五五～一二二五。関白藤原忠通の子。天台座主を歴任し仏教史観に立った『愚管抄』を著述した。

◆◆◆◆鎌倉時代の軍記文学。平家一門の栄枯盛衰を中心に源平内乱を描いた語り物。

春の夢のごとし。猛《たけ》き者も遂には亡びぬ、偏《ひと》へに風の前の塵に同じ」は、*諸行無常の現実と盛者必衰の道理を提示しようとする『平家物語』の作者の主眼を明らかにしている。*祇園精舎《ぎおんしょうじゃ》にある無常堂の鐘は人が死ぬと鳴りわたり、沙羅《さら》双樹《そうじゅ》は常に緑したたる大樹なのに釈尊《しゃくそん》の入滅を悲しんで葉が白くなって倒れ伏した、という仏教の故事を引きながら、奢りと専横によって滅亡していく運命から免れなかった「無常と必衰」の道理を強調し、俊寛の悲惨、清盛の狂死、恩愛の妄執などの現世における地獄と修羅を描きだしながら、諸行無常の現実にさからって必衰の運命をたどっていく人間の赤裸々な姿をとらえたものである。また『平家物語』は、平家一門の興隆から栄華と専横そして滅亡に至る足跡を語っているが、この興隆・専横・滅亡の三段階の背後には、正法《しょうぼう》・像法《ぞうぼう》・*末法《まっぽう》の三時に生きる人間の因果を末法観にたって見つめた仏教認識がうかがわれる。

法語と説経

法語文学　法語《ほうご》文学《ぶんがく》とは、仏法の内容を語り、書き記した僧侶による文学性の結晶された著作・消息《しょうそく》（手紙）・語録のことである。

法語文学は、*最澄《さいちょう》・*空海《くうかい》に始まる。最澄は、『山家学生式《さんげがくしょうしき》』で国の宝とは道心《どうしん》ある大乗の菩《ぼ》薩《さつ》僧であると述べ、『*顕戒論《けんかいろん》』においては法華《ほけ》一乗《いちじょう》の戒をおこして、人々に安楽をもたらすことを記している。最澄以上に文学性豊かに法語の内容を示したのが、空海の『*三教指帰《さんごうしいき》』である。ここには、儒教・道教・仏教の三大宗教を説く人物の話を並べて戯曲風に構成し、儒・道二教は浅薄な思想で*大乗仏教《だいじょうぶつきょう》のただ一つの真理は意義も利益《りやく》も最も深いことを明らかにしている。

法語文学の土台を築いたのは、恵《え》心《しん》僧都《そうず》*源信《げんしん》

◆源信（九四二〜一〇一七）の著述した念仏往生の手引書。地獄・餓鬼・畜生道を生き生きと描写し、極楽浄土への往生を説く。

の著した『◆往生要集《おうじょうようしゅう》』である。この著作は、厭離穢土《おんりえど》・欣求浄土《ごんぐじょうど》を主題としており、地獄・餓鬼《がき》・畜生《ちくしょう》・修羅《しゅら》・人・天の六道の罪苦をつきつけて、現世を厭《いと》い離れる道を説いている。

法語文学《ほうごぶんがく》は、鎌倉時代にいたって念仏*・禅*・法華各宗の開祖《かいそ》たちによって著作・消息・語録が綴られたことを通し大成された。次のことばは、それぞれ開祖たちの語った一節を現代語訳したものである。

○いまの時はまさに末法五濁《まっぽうごじょく》の悪世であって、ただ浄土の一門のみ、行くべき道としてあるのみである（*法然《ほうねん》『*選択本願念仏《せんちゃくほんがんねんぶつ》集《しゅう》』）

○心をいたし信じいり、*往生《おうじょう》ねがう人のためふしぎの誓いたてまして、真の浄土をたねとなす（*親鸞《しんらん》『浄土和讃《じょうどわさん》』）

○善人ですら往生するのだから、まして悪人はなおさらである（『歎異抄《たんにしょう》』）

○この世で受けている小さな苦しみを嘆くことはない。未来の救いを思えばこれ以上のよろこびはない（*日蓮《にちれん》『開目抄《かいもくしょう》』）

○今の世の中を見ても、人をよくするのは味方よりも強敵がよくしてくれるのだ。強敵がいなかったら、どうして*法華経《ほけきょう》を身に読んで法華経の行者になりえよう（日蓮『*種《しゅ》種御振舞御書《じゅおんふるまいごしょ》』）

○迷いとは、とらわれる心であり、*悟りとは、とらわれる心から離れる心である。身を捨てて行じ、心をつくして修するがよい（*一《いっ》遍《ぺん》『消息法語』）

○来世において助かろうと願うのではなく、ただ現世においてまず自分のあるべきようにあることを願うものである（明恵《みょうえ》『阿留《ある》辺幾夜宇和《べきやうわ》』）

禅の文学　室町時代に盛んになった京都五《ご》山《ざん》の禅僧による文学は、法語をさらに芸術的に

◆京都臨済宗の天竜寺・相国寺・建仁寺・東福寺・万寿寺の五山を中心に栄えた禅宗風の文学。

洗練した作品を生み出し、漢詩文を駆使して禅林生活の心境や原理が記されている。

この◆五山文学の影響は、江戸期における松尾《まつお》芭蕉《ばしょう》の俳諧に及び、芭蕉の自然や人間への見方と「さび」を芸術の心とみなす芭蕉の俳諧は、禅僧によってもたらされた中国風の臨済禅《りんざいぜん》の思想であった。応仁《おうにん》の乱の前後には五山文学は衰退したが、この時期に登場した*一休《いっきゅう》は『狂雲《きょううん》集《しゅう》』『狂雲詩集』『自戒集』を書いて禅の文学を開拓した。このなかで一休は、仏教の頌偈《じゅげ》を通して信仰を体験した禅僧としての心境を自戒と気迫をこめて語り「風狂《ふうきょう》」の境地を明らかにしている。

仏教と音楽

声明　平安時代を頂点に、天台宗*・真言宗*の各寺院を中心にして「*声明《しょうみょう》」とよばれる仏教音楽が法会儀式で盛んに行われた。声明とは、仏・*菩薩《ぼさつ》の名号などに旋律をつけて、その徳を讃めたたえる仏教儀式における声楽のことである。

本来は、インドのバラモン僧が司祭を営む場合に習得すべき五明《ごみょう》の一つにあげられていたものである。五明は、声明（音韻・言語）、因明《いんみょう》（論理学）、内明《ないみょう》（教理学）、医《い》方明《ほうみょう》（医学）、工《こう》巧明《こうみょう》（工芸・算数）をさすが、経文の偈《げ》や仏・菩薩の徳を声唄と音曲によって歌うものとして声明が独自に歌われ、インド・中国で形成された。初め日本には唐僧によってもたらされたが、声明を法要儀式のなかで重く用いるようになったのは平安時代からのことである。*空海《くうかい》の伝えた真言の声明と最澄《さいちょう》・円仁《えんにん》の伝えた天台の声明がその後の声明の源流をなし、高野山《こうやさん》・仁《にん》和寺《なじ》・醍醐寺・智積院・長谷寺などの真言声明が発展し、比叡山声明は、円仁によって法華懺《せん》法《ぼう》、普賢讃《ふげんさん》などの曲がつくられた。この二流から仏教各宗の*声明《しょうみょう》が成立し、五絃・笛・笙《しょう》・ひちりき・鼓などの楽器を使った仏教音楽として広まっていった。

和讃　*和讃《わさん》は、声明において歌われた仏・菩薩への讃歌であり、また独自に仏教の功徳《くどく》や高僧の徳を讃嘆する歌として成立した。七五調の二句ないし、四句を一節とし、曲を付した語り物音楽として作られた。鎌倉時代に最も盛んに作られ、*親鸞《しんらん》の『三帖和讃《さんじょうわさん》』『正信偈《しょうしんげ》』は特に有名であり、その他、釈迦如来《しゃかにょらい》和讃や法華和讃、日蓮《にちれん》聖人和讃なども歌われてきている。さまざまな節回しを付けて歌われる法文歌、御詠歌も仏教音楽の表れである。

仏教音楽の波及　琵琶法師《びわほうし》によってなされた『保元物語』『平治物語』『平家物語』など軍記物語の「語り」、*僧侶の行った一種のバラエティショーというべき◆延年能《えんねんのう》をはじめとする能楽は、いずれも声明・和讃を主とする仏教音楽を土台にして形成された。さらに、浄瑠璃《じょうるり》も説経と音曲をミックスした「うたいと語り」を源としており、念仏踊・題目踊や盆踊、各地で歌われた音頭《おんど》、民謡、小歌なども仏教音楽から派生した音曲である。

◆寺院の儀式行事等に行われた歌舞音曲。

仏教と茶道・華道

喫茶　日本人が、お茶を飲み始めたのは、八世紀頃のことである。聖武天皇《しょうむてんのう》は経典を講じた僧に茶を与えたといわれ、九世紀初めには、*最澄《さいちょう》が唐より茶の種を持参して比叡山麓《ひえいさんろく》の坂本に植えて以来、茶は各地で栽培されて煎茶《せんちゃ》が賞味された。鎌倉時代には、*栄西《えいさい》が茶種を持ち帰って九州に植え、これはやがて京栂尾《とがのお》の明恵《みょうえ》に贈られて栂尾茶となった。栄西は、抹茶としての飲み方を伝えるとともに『喫茶養生記《きっさようじょうき》』を書いて茶の効用を明らかにした。

茶道　喫茶の法が「茶の道」として大成さ

れるのは、十六世紀に◆千利休《せんのりきゅう》が登場して禅*の精神に基づき、侘《わび》・数奇《すき》を基調とする茶道を生み出してからのことである。千利休に先立って茶道を開拓した村田珠光《むらたじゅこう》、武野紹鷗《たけのじょうおう》は、禅宗より出て僧の修行にしたがって茶の道と参禅とを一つにみなしており、千利休も「小座敷の茶の湯は仏法を第一と心得て修行し、仏道を成し遂げることにある。」と述べている。小さな茶室に身をおいて清寂の境地に入ることによって仏の悟りの世界に住む、というのが茶道のめざす目的であった。

供華と生け花　生け花は、本来は仏に花を奉る供華《くげ》から起こったものである。華・香・灯明の三つを仏に捧げることは、供養《くよう》を具体的に実行する印と考えられている。この供華という仏教信仰の営みが、瓶《びん》などに花をさす生け花となり、さらに鎌倉時代以降には立花《たてばな》になり、主として美的鑑賞に変わっていった。しかし、華道とよばれるのは花を生ける行いを通して、仏教の精神を表すことを意味しており、茶道と同じく和敬清寂の心境を得て仏に供華する仏道修行の姿としてなされてきたことを示している。今日の茶道と華道はともに、こうした本来の意味を失っているか、薄れさせている。「お稽古《けいこ》ごと」ではなく「仏道修行」としてなされるべきものであることに、もう一度目を向けねばならない。

説経と話芸

唱導説経　説経とは、仏教の経典に示された教えの内容を広めるためになされた布教の方法である。教え（法門《ほうもん》）の趣旨をかみくだいて説き明かし、聴聞する者を仏道に導いていくことを目的に語られたので◆◆唱導説経《しょうどうせっきょう》といわれている。説法・説教・演説・談義《だんぎ》・法話などの名称は、この唱導を主眼とする説経のことをさし

◆一五二二〜一五九一。侘茶の大成に尽力した代表的茶人。豊臣秀吉の怒りを受けて自刃。

◆◆仏法の道理を平易に語り仏名・経名を唱えるよう勧め仏道に導くことを目的とする説法・講経。

ている。

法を説くことは、そもそも釈尊《しゃくそん》の伝道活動における中心内容であり、人々の個性、才能、性別や立場の違いに応じて説法を繰り広げたところに、釈尊による＊対機《たいき》説法《せっぽう》の特色があった。その釈尊のことばや教えの内容が経典として編集されるにしたがって、説経することが釈尊の教えを伝え広める大切な布教方法となった。

日本で最初に説経を行ったのは、＊聖徳太子である。＊聖徳太子は、法華経・＊維摩経《ゆいまぎょう》・勝鬘経《しょうまんぎょう》の三経を講座に座って講説したと伝えられている。

この後、奈良時代には法隆寺《ほうりゅうじ》などの大寺で法華経百座や法華十講といった講座がもたれ、＊行基《ぎょうき》は奈良春日山や街頭で路傍説経をしたといわれている。平安時代になると、各寺院でさまざまな法会《ほうえ》・講経・修法において説経がなされ、仏教の内容を法説するだけでなく、因縁話《いんねんばなし》や譬喩《ひゆ》譚《たん》をまじえながら、わかりやすく、身近に、おもしろく、物悲しく説き示す説経師・唱導僧が活躍するようになった。

説経名人　平安時代末〜鎌倉時代初期に活躍した説経の名人は、藤原信西《ふじわらしんぜい》の六子澄憲《ちょうけん》である。澄憲は、＊天台《てんだい》宗の奥義を受け継ぎ弁舌巧みに説経し、多くの人々を導いた。京の安居院《あぐい》に住んでから妻帯して十人の子持ちとなったが、その唱導説経の尊さ、素晴しさに世の人は感嘆したという。「弁舌いでて泉のごとし、高座に昇れば人みな耳をそそぐ」と称された。澄憲は安居院流《あぐいりゅう》を興し、彼の子孫がその後を受け継いだ。日本の神々は仏・菩薩の化身であることを民間説話を通して語る『神道集』は、この安居院流の説経台本である。

安居院流とならぶ説経の流派には三井園城寺の系統がある。これは、定円《じょうえん》という説経の名人が唱導したことに始まり、当時の、二流派を形作って唱導説経の先がけを成していた。

唱導説経は、やがて経文や仏者の法語を語る「讃題《さんだい》」、讃題の主旨を解説する「法説《ほうせつ》」、その解説をたとえ話によってわかりやすく説く「譬《ひ》喩《ゆ》」、法説の中味を実例によって証明する「因《いん》縁《ねん》」、仏道に導くための結びの説教である「結《けち》勧《かん》」の五段に分けられて進められた。

諸芸　説経師は、独特の節まわしや語り口によって法を説いたが、そこから浄瑠璃《じょうるり》・講談・落語や浪花節《なにわぶし》・説経節が生まれていった。これらは江戸時代になって定着し、説経浄瑠璃は音曲と合わせて説経節と操り人形を駆使して＊因果《いんが》応報《おうほう》を語り、守護大名赤松一族より出た赤松法印は、家康《いえやす》の前で『源平盛衰記』や『太平記』を講じ、これより太平記読みが行われるようになって講談が成立した。落語の開祖《かいそ》安楽庵策伝《あんらくあんさくでん》は、＊浄土宗の僧で「まんだら絵とき」などの説経によって屈指の咄《はなし》の達人といわれ、◆『醒睡笑《せいすいしょう》』を著して落とし話（落語）を創作した。

これまで演じられてきた仏教に関連する落語には、「お血脈」「景清」「心眼」「野ざらし」「鰍《かじか》沢《さわ》」「こんにゃく問答」「甲府ィ」「おせつ徳三郎」「法華豆腐」など多数に上っている。これらはいずれも唱導説経の大衆化を物語っている。

他方、寺院や＊僧侶の間でも盛んに説教が行われ、浄土宗・＊浄土真宗系からは説教書が刊行されたのをはじめ、説教の台本も作られ、絵解きや節談説教《ふしだんせっきょう》が展開された。また＊日蓮《にちれん》宗系でも出《で》開帳《がいちょう》などの行事を中心に宗祖日蓮伝が口演される「繰《く》り弁《べん》」を用いた高座説教が行われた。

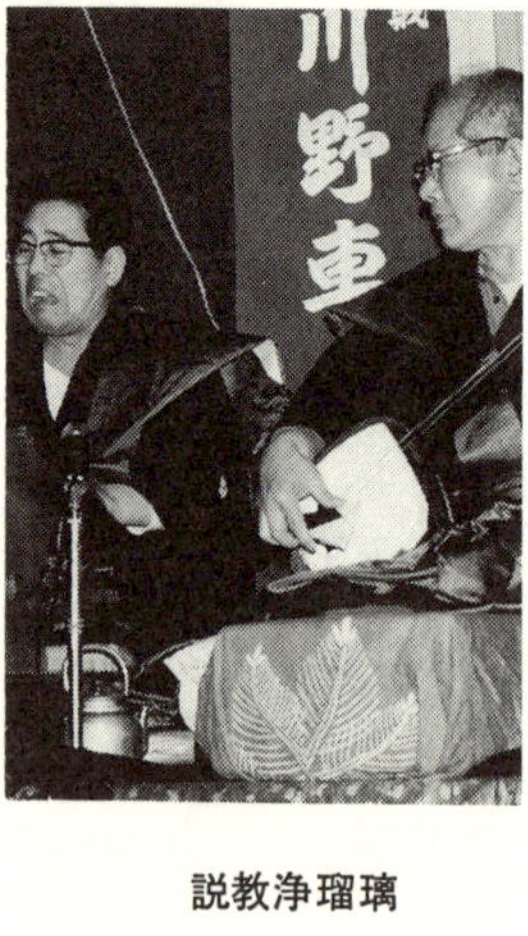
説教浄瑠璃

◆落語の開祖安楽庵策伝の書いた咄の集成。落語の底本となり、後代に影響を与えた。

仏教と近代文学

仏教と評伝　近代に入ってから、仏教者によって信仰内容を説き、布教を目的に書かれた文学性をもつ作品が生まれたが、同時に文学者の側からも仏教の信仰思想を主題とした評伝・評釈・戯曲・小説が書き著された。

仏教および仏教者の信仰人生に関する文学者の作品のうち、仏典や仏教者の著作についての作品には、◆幸田露伴《こうだろはん》の『般若心経第二義注』や*法華経如来《によらい》寿量品《じゆりようほん》の世界を詠んだ俳句『寿量讃』をはじめ、佐藤春夫《さとうはるお》の『観無量寿経《かんむりようじゆきよう》』、岡本《おかもと》かの子《こ》の『観音経《かんのんきよう》』、武者小路実篤《むしやのこうじさねあつ》の『*維摩経《ゆいまぎよう》』ならびに倉田百三《くらたひやくぞう》の『一枚起請文』『歎異抄《たんにしよう》』や菊地寛《きくちひろし》『十住心論』などがあり、最近では野間《のま》宏《ひろし》の『歎異抄』に至るまですぐれた評釈が試みられている。

仏教者に関する評伝には、中村吉蔵《なかむらきちぞう》の『弘法《こうぼう》大師伝《だいしでん》』、中里介山《なかざとかいざん》の『法然行伝』、倉田百三の『*親鸞《しんらん》』、幸田露伴の『日蓮上人』、坪内逍遙《つぼうちしようよう》の戯曲『法難』などがある。特に多いのは*日蓮関係であり、明治三〇年代において◆◆高山樗牛《たかやまちよぎゆう》が『日蓮上人とは如何なる人ぞ』『日蓮上人と日本国』などを次々に発表して「日蓮文学」の鼓吹《こすい》に一時期を画した。さらに、釈尊関係では武者小路実篤の『*釈迦と其弟子』『わしも知らない』、倉田百三の『布施太子の入山』などがあり、近年では真継伸彦が『樹下の仏陀』を書いている。

仏教と文学作品　文学作品のなかに仏教の精神が流れているものには、幸田露伴『風流仏』、釈尊《しやくそん》を大歌人と賛美する『毒朱唇』や『五重塔』、泉鏡花《いずみきようか》が観音力《かんのんりき》と鬼神力《きじんりき》の現れをモチーフとして書いた『高野聖《こうやひじり》』および、倉田百三の『出家とその弟子』などが知られている。

戦後では、武田泰淳《たけだたいじゆん》の『異形の者』『ひかり

◆一八六七～一九四七。小説・史伝・随筆・考証などにわたる作品を書いた近代の理想主義的作家。

◆◆一八七一～一九〇二。明治時代、文芸評論に活躍。ニーチェの超人英雄主義から日本主義に変わり、最後は日蓮主義を鼓吹した。

ごけ』『快楽《けらく》』、丹羽文雄《にわふみお》の『*菩提樹《ぼだいじゅ》』『青麦』『一路』『仏にひかれて』、野間宏《のまひろし》の『わが塔はそこに立つ』など、主として念仏信仰を背景として救われざる人間の内部を形象し、罪の問題を凝視する作品が書かれている。

童話と詩を通して仏教とくに*法華経の精神を書き著した◆宮沢賢治《みやざわけんじ》は、心に正しい種を植え、無上*菩提《ぼだい》のかけ橋を架《か》けることを意図する「法華文学」を構想し、その具現に取り組んだ。『どんぐりと山猫』『よだかの星』『ひかりの素足』や詩「雨ニモマケズ」などは、その信仰姿勢から生まれた作品であった。

また、◆◆岡本《おかもと》かの子《こ》は*親鸞《しんらん》にひかれて信仰の道に入り、やがて観音信仰に傾倒し「愛によってつまずくものは、また愛によって立上がらせられる」という釈尊のことばの内奥を『阿難《あなん》と呪術師の娘』で書き記し、煩悩即菩提《ぼんのうそくぼだい》に仏教の救いを見出した。観音経《かんのんきょう》の評釈のほか、仏典に題材をとった『鯉魚』『愚人とその妻』『鬼子母の愛』などの仏教文学ともいうべき作品がある。

この根本精神は、『宗教、すてこそ』など瀬戸内寂聴《せとうちじゃくちょう》の仏教に関する作品に受け継がれている。

仏教の文学者に与えた影響は多方面に及んでおり、キリスト教にひかれていた芥川龍之介《あくたがわりゅうのすけ》でさえ『蜘蛛《くも》の糸』、未定稿『弘法大師御利生記』、南無妙法蓮華経と染筆した*曼荼羅《まんだら》を書き記し、さらに夏目漱石《なつめそうせき》は『こころ』を執筆するとともに参禅によって則天去私《そくてんきょし》という悟道を探求し、中里介山《なかざとかいざん》は、人間界の業相を描いて菩薩《ぼさつ》の遊戯三昧を見る曼荼羅を描出する立場から『大菩薩峠』を書いた。多くの作家による文学活動や、亀《かめ》井《い》勝一郎《かついちろう》などにみられる、仏教と文学との接点を追究した評論活動に至るまで、仏教は文学と深く関りながら、その信仰世界が取り上げられ、継承されてきているのである。

◆一八九六〜一九三三。詩人・童話作家。『法華経』の教えを東北農村に活現するため詩・童話を書き、農村改革に尽力した。

◆◆一八八九〜一九三九。女流作家。仏教研究に取組み、仏典を題材とした作品や観音経の解説を行った。

第三部　仏教用語解説

【あ行】

●**愛**《あい》　仏教では「渇愛《かつあい》」という。喉が渇いて水をどうしても飲みたいという衝動をおさえることが出来ないほどの激しい欲望。愛欲の煩悩《ぼんのう》をいう。

●**愛染明王**《あいぜんみょうおう》　さまざまな愛欲に染まった心を浄《きよ》め、その悩みから救う*密教の守護神。口を開き牙を出して三つの目をむく怒りの顔、六本の手に弓矢などの武器や鈴・蓮華《れんげ》・珠《たま》を持ち、全身が赤い。

●**閼伽**《あか》　仏に供養する水。仏が口をすすぎ、足を洗う水として捧げる。東大寺二月堂の若狭井（お水取り）は有名。

●**悪人成仏**《あくにんじょうぶつ》　仏に背き善心を失なった悪逆非道の心にも仏になれる素質があるとし、仏は悪人を救う慈悲をそそいで、悪人も仏になれるという教え。阿弥陀仏は破戒・無戒の悪人を往生せしめるといい、法華経では釈尊《しゃくそん》が極悪人の提《だい》婆《ば》達多《だった》も釈尊に法華経を説いた功徳があったことにより将来には成仏すると説かれている。

●**阿含経**《あごんきょう》　梵語《ぼんご》アーガマの音写で、師から弟子に伝えられた聖典の意味。*仏陀《ぶつだ》の言行を伝え、その説法を集めた原始仏教の経典を総称していう。現在、漢訳経典には、長阿含《じょうあごん》、中《ちゅう》阿含、増一《ぞういち》阿含、雑《ぞう》阿含の四種があり、パーリ語経典には五種の阿含経が残っている。また大乗《だいじょう》経典と対比されて、小乗《しょうじょう》経典の別名とされる。

●**阿弥陀堂**《あみだどう》　本尊《ほんぞん》に阿弥陀如来《にょらい》をまつるお堂。*天台宗で常行三昧《じょうぎょうざんまい》という修行をする常行堂が転じて一般化された。形式的には、外観は小規模・簡素で内部が極楽浄土《ごくらくじょうど》のように飾られたものが多く、また平等院鳳凰堂《びょうどういんほうおうどう》に代表される建物内外で*極楽を表すものや、九体の*阿弥陀仏を安置するもの（九体堂《くたいどう》）などがある。

●**阿弥陀仏**《あみだぶつ》　西方十万億土の極楽浄土《ごくらくじょうど》にいる

教主。*浄土宗・真宗などの本尊《ほんぞん》。一切の*衆生《しゅじょう》を救うために、修行時代に法蔵比丘《ほうぞうびく》として四八の願《がん》をたて、その願行が成就して阿弥陀仏となった。この仏を念じ、その名を唱えれば、死後直ちに極楽浄土に*往生《おうじょう》できるとされる。

●**安居《あんご》**　インドでは四月から七月までが雨期であり、外出するのに適さないこの三カ月間、僧たちは寺院内で修行する。夏安居《げあんご》・雨安居《うあんご》ともいう。日本では、禅宗が夏期と冬期（冬安居）を僧堂で*坐禅修行すること。

●**一乗《いちじょう》**　一仏乗ともいう。一は唯一無二《ゆいいつむに》、乗は乗り物で、*衆生《しゅじょう》を乗せて悟りに赴《おもむ》かせる教えの喩《たと》え。三乗（声聞《しょうもん》乗・縁覚《えんがく》乗・菩薩《ぼさつ》乗）を説く教えに対して、仏教の真実の教えは唯一であり、すべてのものが等しく仏になれると説く教えをいう。一乗の思想は*法華経《ほけきょう》や勝鬘経《しょうまんぎょう》、華厳経《けごんきょう》などに説かれ、*天台《てんだい》宗や日蓮《にちれん》宗では法華経の精神をもって一乗を強調する。

●**一休《いっきゅう》**　一三九四〜一四八一。室町時代の*臨済《りんざい》宗禅僧。諱《いなみ》は宗純《そうじゅん》、ほかに狂雲子などと号した。はじめ安国寺《あんこくじ》に入り、やがて大徳寺《だいとくじ》派について参禅した。京都・堺など各地で教化し、八〇歳頃大徳寺住持を命じられたが、まもなくこれを辞して引退した。参禅に集まる者には一流の文化人を多かったが、自らは自由で民衆的な*禅を好んだ。なお「一休さん」で知られるとんち話は、江戸時代初期の作り話である。

●**一向一揆《いっこういっき》**　戦国時代に*浄土真宗門徒が起こした一揆で、北陸から近畿・東海地方に広がった。はじめは一地方の闘争であったが、次第に戦国大名間の争いに本願寺《ほんがんじ》全体が関るようになり、織田信長《おだのぶなが》によって石山本願寺が敗れるまで約一〇〇年間続いた。

●**一切衆生悉有仏性《いっさいしゅじょうしつうぶっしょう》**　→仏性をみよ。

●**一闡提《いっせんだい》**　仏法を信ぜず、*悟りを求める心がなくて、*成仏の因縁を欠いたもの。

位牌

●一遍《いっぺん》　一二三九～一二八九。鎌倉時代の僧で*時宗《じしゅう》の開祖《かいそ》、智真《ちしん》ともいう。伊予《いよ》（愛媛県）の生まれ。一〇歳で出家し、はじめ浄土教を学んでいたが、二五歳の時、家督を継ぐ。しかし同族の争いから再び出家し、諸国をまわる*遊行《ゆぎょう》生活に入り各地で修行を重ねた。そして熊野で霊験を得ると名を一遍と改め、全国をめぐって*念仏を広めた。その特色は、決まった住居をもたない集団（これを時衆《じしゅう》と呼ぶ）を形成して遊行し、念仏の札（算《さん》）を配って*衆生《しゅじょう》と仏との縁を結んだこと、また念仏を唱えながら踊りはねる踊念仏《おどりねんぶつ》を始めたこと、さらに神祇《しんぎ》を尊んだことなどがあげられる。

●位牌《いはい》　死者の*戒名《かいみょう》・死亡年月日・俗名（生前の氏名）・年齢などを記してその霊を祀《まつ》るもの。もともと中国の儒教で行われた存命中の官位・姓名を板に書き神霊に託させる習慣が日本に伝わり、江戸時代頃から一般化した。位牌《いはい》は、黒塗りや金箔塗りの木製で、形や大きさは種類がある。葬式から忌明《きあ》け（四十九日）までは白木の位牌を用いて新仏《しんぼとけ》の祭壇に飾り、以後は黒塗りなどの位牌を作って*仏壇《ぶつだん》に安置する。なお、*浄土真宗では位牌を作らない。

●因果応報《いんがおうほう》　あらゆる物事は、原因があれば必ず結果があるという因果の法則に支配されるから、善悪いずれの行為にも、それに応じた報いが必ずあるということ。

●優婆塞《うばそく》・優婆夷《うばい》　梵語《ぼんご》の音写で、仏教の在家信者をいう。優婆塞は男性、優婆夷は女性で、それぞれ清信士《しょうしんじ》・清信女《しょうしんにょ》と訳される。

●盂蘭盆《うらぼん》　→盆をみよ。

●運慶《うんけい》　？～一二二三。平安時代末から鎌倉時代の彫刻家。父康慶《こうけい》や弟子の快慶《かいけい》などとともに東大寺《とうだいじ》復興の造仏にあたる。東大寺南大門仁《に》王《おう》像や興福寺《こうふくじ》の*世《せ》親《しん》・*無《む》著《じゃく》像など、写実的で力強い作品を残している。

◎**栄西**《えいさい》　一一四一〜一二一五。鎌倉時代の禅僧で*臨済宗《りんざいしゅう》の開祖《かいそ》、「ようさい」ともいう。備中（岡山県）吉備津《きびつ》の出身、一一歳で出家し、一九歳で比叡山《ひえいざん》に入って天台《てんだい》学を学んだが、のち大山寺《だいせんじ》にて*密教《みっきょう》を修めた。二八歳の時、宋に渡って天台山で学び、帰国後は台密《たいみつ》を究めて葉《よう》上《じょう》流の一派を開いている。しかし四七歳で再び入宋し、虚庵懐敞《こあんえしょう》に師事して臨済宗黄竜《おうりゅう》派の禅法を受けた。

　帰国後は、博多に聖福寺《しょうふくじ》などを建立し、禅宗に対する誤解をとき、これを広めることの理解を得るため『興禅護国論《こうぜんごこくろん》』を著した。ついで招かれて鎌倉へ行き寿福寺《じゅふくじ》を造営したが、ここでは主に密教僧として活動している。また、将軍源頼《より》家《いえ》より土地を与えられ、京都に建仁寺《けんにんじ》を創建したが、*天台・*真言・*禅の三宗を合わせ置くことが条件とされた。このように純粋な禅だけを修するには時機が熟さず、栄西の場合は兼修禅にとどまっている。それだけ栄西に対する比叡山などからの圧力干渉が強かったのであるが、栄西は*末法《まっぽう》の世に仏法を興《おこ》す熱意を燃やし、*戒律《かいりつ》を厳しく守ることを先とする禅宗の意義を強調している。なお、栄西が『喫茶養生記《きっさようじょうき》』を著し、日本に茶を飲むことを普及させようとしたことも注目される。

◎**回向**《えこう》　自らが修めたり積んだ功徳《くどく》を、他のものにふり向けること。特に物を供えめぐらすことは供養《くよう》、また死者の霊の安穏のためにすることを追善《ついぜん》という。

◎**縁覚**《えんがく》　辟支仏《びゃくしぶつ》と音写し、独覚《どっかく》とも訳される。仏の教えによらないで、自ら道を悟った聖者。自分のためだけの修行に努め、静寂を好み、他人に教えを説かないとされ、*声聞《しょうもん》とともに二乗と呼ばれて*利他《りた》の*菩薩と区別される。師となる仏がいなくても独《ひと》りで悟るので独覚といい、また*十二因縁《いんねん》を観じたり、あるいは飛花落葉のよ

閻魔像（太宗寺）

うな世の*無常《むじょう》を縁として悟るので縁覚という。

●**縁起**《えんぎ》　因縁生起《いんねんしょうき》の略。縁《よ》って起こるという意味で、すべての現象は、無数の原因や条件(縁)が相互に関係しあって成り立っていること。仏教の根本的な教えの一つである。後に転じて社寺・仏像などの由来や、功徳《くどく》についての伝説、また、物事の吉凶のきざしをいうようにもなり、「縁起をかつぐ」というような使い方もされる。

●**閻魔**《えんま》　死後の世界の支配者で、死者の生前の行いを審判する者。*地蔵菩薩《じぞうぼさつ》の化身ともいわれる。インドの古代神話に出てくるが、今日に伝わるものは中国の道教の影響を受けている。死者の審判をする者として、閻魔を含めて十人の判官（*十王《じゅうおう》）がおり、七日目ごと七回と百カ日・一周忌・三回忌に裁きを受けるという。

●**往生**《おうじょう》　死後に他の世界へ往き、生まれること。往生には、極楽《ごくらく》往生・兜率《とそつ》往生・十方往生などがあるが、今日では浄土教信仰の流布により、*念仏の功徳《くどく》によって、死後、*阿弥陀《あみだ》仏の極楽浄土に往生する極楽往生をいう場合が多い。また、死後をさすことから、俗に死ぬことを「往生する」といい、転じて、あきらめておとなしくする、閉口するなどの意味でも用いられている。

●**黄檗宗**《おうばくしゅう》　江戸時代初期に明《みん》から来日した隠《いん》元隆琦《げんりゅうき》によって伝えられた臨済《りんざい》系の禅宗一派。*臨済宗の立場の上に浄土教の影響を受け、念仏公案を一心に念ずるところを安心とみる。現在は寺院数約五〇〇、京都宇治《うじ》の万福寺《まんぷくじ》が本山《ほんざん》。

●**和尚**《おしょう》　→僧侶をみよ。

【か行】

●**戒壇**《かいだん》　出家して僧となる者に*戒律《かいりつ》を授けるための壇。釈尊《しゃくそん》在世の時にあったともいわれるが、中国で*律宗《りっしゅう》が盛んとなって確立し、日本では*鑑真《がんじん》が来朝して東大寺《とうだいじ》に築かれ、のち戒壇院として独立した建物が造られた。

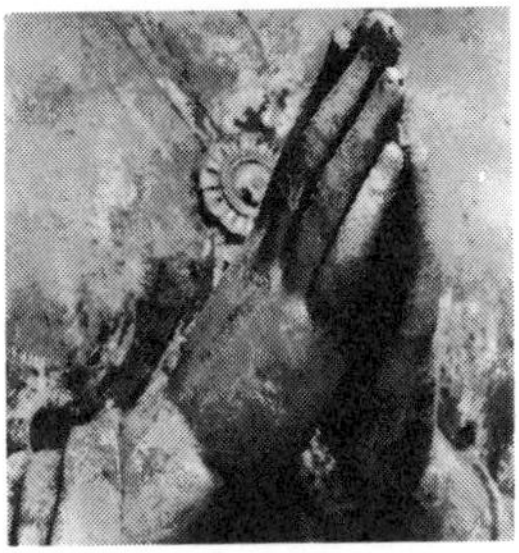
合掌

●**開帳**《かいちょう》　本尊や仏像を安置する厨子《ずし》の扉または幕を開いて外から拝めるようにすること。本尊・仏像を他所に出張して参拝することを「出開帳」という。

●**戒名**《かいみょう》　本来は、仏の教えを守ることを誓い、戒を授けられて、仏教徒となった時に与えられる名前であるが、今日では死後に檀那寺《だんなでら》の*住職などから俗名に代わるものとして授けられる。

　戒名は、宗派によって相異もあるが、一般に院号・道号・法号・位号より成り、その組み合わせでいくつかの位階がある。しかしながら本来の戒名は法号に当たり、その他は尊称にすぎず、また位階の上下は、信仰の深浅や寺への協力の程度などによって決められるべきものである。なお、戒名のことを*浄土真宗では法名《ほうみょう》、*日《にち》蓮《れん》宗では法号《ほうごう》と呼んでいる。

●**戒律**《かいりつ》　*仏陀《ぶつだ》によって定められた仏教徒の非行を防ぐための規則。戒《かい》は規則を守ろうと誓う自発的な心のはたらき、律《りつ》は仏教教団を維持する上での規律や禁止条項である。戒には、出家した僧尼が守る具足戒《ぐそくかい》、在家仏教徒が守る五戒《ごかい》（大乗仏教では十善戒《じゅうぜんかい》）などがある。

●**覚者**《かくしゃ》　→仏陀をみよ。

●**過去帳**《かこちょう》　亡き人や先祖の法名・戒名・命日・年齢などを記載した霊簿。寺院や檀家の仏壇に置かれ、本尊と共に大事にされる。

●**迦葉**《かしょう》　→十大弟子をみよ。

●**合掌**《がっしょう》　両手の指を伸ばしてそろえ合わせ、胸の前に立てること。仏前において一心となることを表す。また右手は仏《ほとけ》、左手は*衆生《しゅじょう》、その両者が合一する仏教の理想を示すともいわれる。

●**伽藍**《がらん》　僧たちが集まり、修行する聖なる場所を意味する梵《ぼん》語の音写、僧伽藍《そうぎゃらん》の略。後に寺院の建物を総称するのに用いた。

●**鑑真**《がんじん》　六八八～七六三。中国の江蘇省揚州の人。一四歳で出家して*戒律《かいりつ》を学び、やがて戒法を講じていたが、天平五年（七三三）、天皇の勅命《ちょくめい》により入唐した普照《ふしょう》らに請われて日本へ渡ることを決意した。しかし、渡航に失敗すること五回、両眼を失明した末、一二年目に来朝を果たした。この時鑑真は六七歳、東大寺《とうだいじ》大仏殿に*戒《かい》壇《だん》を設けて聖武天皇らに菩薩《ぼさつ》戒を授けた。後に東大寺大仏殿の西に戒壇院が常設され、さらに筑紫《つくし》（福岡県）の観世音寺《かんぜおんじ》と下野《しもつけ》（栃木県）の薬師寺《やくしじ》にも戒壇が設けられ、出家する者はここで受戒するべきものと定められた。鑑真は創建された唐招提寺《とうしょうだいじ》に住し、大僧正に任じて大和上《だいわじょう》の号を賜わった。

●観念《かんねん》　ある対象に心を集中し、仏や浄土の姿を思い描き、心の中で念ずること。また、現象の奥にある真実を観察して悟りを得ることをいう。その方法のひとつを観法と呼んでいる。

●堪能《かんのう》　①ものに堪《た》える力のあること。「一切の時と場所で、あらゆる善を行えば、おのれの堪能にしたがって、勉学を捨てず、怠け心もない」（大乗起信論《だいじょうきしんろん》）とある。②満足すること。すぐれたものに接して心が満ち足りること。もともとは漢語。日本では「堪」の慣用語が「たん」であるため「たんのう」になった。

●観音菩薩《かんのんぼさつ》　「観音《かんのん》さま」と通称されるが、正しくは観世音《かんぜおん》菩薩、また観自在《かんじざい》菩薩ともいう。悩み苦しむ世の人々の声をよく見極める者という意味で、観音の名を呼ぶと三十三身に変現して救われる。ここから三十三カ所の観音霊場めぐりが行われるようになった。珠を手にとる救《ぐ》世《ぜ》観音、蓮華を持つか、空手である聖《しょう》観音のほか救いを求める人々の願いに応じて、千手《せんじゅ》観音・十一面観音・馬頭《ばとう》観音・如意輪《にょいりん》観音が現れた。

●灌仏会《かんぶつえ》　釈尊《しゃくそん》の誕生を祝って、四月八日に修する法会《ほうえ》。*花まつり、釈尊降誕会《ごうたんえ》ともいう。釈尊誕生の時、竜が天から降りてきて仏の体に

行基像（東大寺蔵）

甘露をそそいで洗ったという故事に基づき、ルンビニーの花園にみたてた花御堂《はなみどう》を作り、誕生仏を安置し、甘茶をそそぎかけて供養《くよう》する行事。

帰依《きえ》　すべてを捧げて依《よ》りすがることで、絶対的な信仰を意味する。帰命《きみょう》ともいう。ふつう仏・法・僧の*三宝《さんぼう》に帰依することが、仏教徒としての条件となる。

祇園精舎《ぎおんしょうじゃ》　→精舎をみよ。

鬼子母神《きしもじん》　インド古代神話に出るハリティ（訶利帝母《かりていも》）という鬼女で、他人の子供をさらっては食べていたが、釈尊《しゃくそん》に諭《さと》されて改心し、仏法に*帰依《きえ》してすべての子供を守ることにした。安産や子育ての信仰とともに、*日蓮《にちれん》宗では特に災難を除き、福を得る*守護神として崇《あが》められる。

行基《ぎょうき》　六六八〜七四九。和泉（大阪）の出身で百済《くだら》王の子孫といわれる。一五歳で出家し、*法相《ほっそう》宗義を学んだが、やがて諸国をめぐって民衆に仏教をひろめ、橋をかけたり池や用水を掘るなどの社会事業にもあたった。これは*僧尼令《そうにれい》に反すると禁止されたが伝道をやめず、後に聖武天皇の*帰依《きえ》を受け、東大寺《とうだいじ》大仏造営に協力した。このため天平一七年（七四五）に大僧正に任ぜられ、また、天皇をはじめ皇族に菩薩戒《ぼさつかい》を授けて大菩薩の号を与えられた。

教行信証《きょうぎょうしんしょう》　*親鸞《しんらん》の著。詳しくは『顕浄土真《けんじょうどしん》実教行証文類《じつきょうぎょうしょうもんるい》』といい、元仁元年（一二二四）の成立とされる。*浄土真宗の信仰を詳述したもので、教義の中心書とされる。教、行、信、証、真仏土の五巻で真実の教門を明らかにし、第六巻の化身土《けしんど》では方便《ほうべん》教を明らかにしている。

空《くう》　この世に存在する諸々の事物は因縁によって生じたものであり、固定的な実体や自我がないということ。実体がないというのは、存在しないということではなく、一瞬たりとも同じ状態でとどまっているのではないということである。大別して人空《にんくう》と法空《ほっくう》とに分かれ、人空は人間の自己の中に実体として自我などはないとする立場をいい、法空は、存在するものには実体としての自我はないとする立場をいう。空《くう》は仏教全般に通じる基本的な思想であるが、特に*大乗仏教《だいじょうぶっきょう》では、般若《はんにゃ》系経典を中心に諸法の空が説かれ、重要な教理とされている。

●**空海**《くうかい》　七七四〜八三五。真言宗の開祖《かいそ》。讃岐国(香川県)多度郡の出身、一五歳で上京し、はじめは儒教を中心に学んだが、やがて仏道に志し出家の道を選んだ。二〇歳で出家したとする説もあるが、この頃の行動は不明で、おそらく山岳修行に励んだものと思われる。

延暦二三年（八〇四）に得度《とくど》したが、同年*最《さい》澄《ちょう》とともに遣唐使《けんとうし》の一行に加わり入唐した。長安の青竜寺恵果《せいりゅうじけいか》より真言密教《しんごんみっきょう》を伝授され、ほかに梵語《ぼんご》や悉曇《しったん》などを学び、多くの経論や仏具《ぶつぐ》などをもって二年後に帰国した。嵯峨《さが》天皇が即位すると、空海の文芸的才能が認められ、やがて密教が宮中や貴族に広まったが、国家の鎮護を祈禱《きとう》した功績により高雄《たかお》山寺《さんじ》（神護《じんご》寺《じ》）をはじめ高野《こうや》山《さん》や東寺などを賜わり、ここを根本道場とした。

また奈良の仏教界とも協調し、従来の修法《しゅほう》に密教の影響を与えるとともに、自ら東大寺の別当を任じ、大僧正となった。その一方、四国の万農池《まんのういけ》などの農業用水池の修築を行ったり、庶民教育のために綜芸種智《しゅげいしゅち》院《いん》を建立するなど、多彩な活躍をしている。後年、弘法大師《こうぼうだいし》の号を贈られた。

●**空也**《くうや》　九〇三〜九七二。諸国をめぐって民衆に*念仏を広めた市聖《いちのひじり》。その出生については父は常康親王ともいわれる。若くして世を捨て、諸国を遊行して念仏を広めながら、道や橋の修築や死人の処置など社会奉仕を行っていた。天暦二年(九四八)、比叡山《ひえいざん》で受戒して正規の僧となり、光勝《こうしょう》と名乗った。しかし、依然として沙《しゃ》弥《み》空也の名を用いて、既成教団に属さない自由な念仏信仰者の集団を形成していた。貴族の＊帰《き》依《え》を集めて十一面観音をつくり、西光寺《さいこうじ》が建てられたが、これが後の六波羅蜜寺《ろくはらみつじ》である。

●**久遠実成**《くおんじつじょう》　久遠の昔に真実の悟り＊を成就して、仏となったこと。インドのブッダガヤの＊菩《ぼ》提樹《だいじゅ》の下で悟りを開いて仏となった歴史上の釈《しゃく》尊《そん》は、仮の姿であって、実は久遠の過去に成道し、それ以来、過去・現在・未来の三世にわたって、人々を教化している釈尊を「久遠実成の釈尊」という。＊法華経《ほけきょう》の＊本門《ほんもん》の如来寿量品《にょらいじゅりょうほん》第一六に説かれる。

●**苦行**《くぎょう》　肉体的な欲望を否定し、自由安穏な精神を実現するために断食・不眠などの苦しい修行をすること。仏教以外の宗教者が行い、釈《しゃく》尊《そん》も悟りを得るため苦行したことがあるが、後に極端な苦行を廃して成道した。

●**鳩摩羅什**《くまらじゅう》　三五〇〜四〇九（また三四四〜四一三）。中国の六朝時代の訳経僧。インド人を父として亀茲《きじ》国に生まれ、インドで仏法を学び、帰国後、西域諸国に＊大乗仏教《だいじょうぶっきょう》を広めた。さらに国師として後秦の都長安《ちょうあん》に迎えられ、多くの仏典の翻訳に従事して、『＊維摩経《ゆいまぎょう》』『＊法華経《ほけきょう》』＊『般若経《はんにゃきょう》』『阿弥陀経』や『中論』『百論』『十二門論』など経論三五部三〇〇余巻を漢訳した。その訳文は、内容の卓抜さと文体の簡潔さによって後世まで重く用いられている。また三論宗の祖ともされる。

●**警策**《けいさく》　＊臨済宗《りんざいしゅう》では「けいさく」、＊曹洞《そうとう》宗では「きょうさく」という。禅堂で坐禅をする時、眠気《ねむけ》をさましたり雑念を払うのに用いる木製の鞭《むち》。

●**華厳宗**《けごんしゅう》　↓南都六宗《なんとろくしゅう》をみよ。

●**袈裟**《けさ》　もともとインドの仏教教団では、僧が身につける衣の色を赤褐色のくすんだ色に決めており、この色のことをカシャーヤといった

華鬘（鶴岡八幡宮蔵）

その音写である。また、僧の衣は大衣（九ないし二五条）・上衣（七条）・下衣（五条）の三種（これを三衣《さんえ》という）であったが、仏教が北方から中国・日本へ伝わると、寒さを防ぐため袈裟の下に法衣（ころも）を着るようになった。はじめは捨てられたぼろ布を縦横につなぎ合わせたので糞掃衣《ふんぞうえ》と呼ばれたが、日本では次第に神聖視されて華美なものとなった。また輪袈《わげ》裟《さ》・絡子《らくす》・威儀細《いぎぼそ》など略式のものも用いられる。

●**結集**《けつじゅう》　釈尊《しゃくそん》の入滅後、仏弟子が集まり、口から口へ伝えられた釈尊の遺教を合誦《ごうじゅ》し、個々の異同を正して経と律とを編集したことをいう。入滅後、間もなく行われた第一回の「五百結集」をはじめ、四回の結集が行われたとされる。

●**華鬘**《けまん》　インドで高貴な人に花輪を贈る風習があり、仏や仏塔にも花輪が捧げられたが、その形を銅・木・皮などを用いて作り、仏前に供える仏具《ぶつぐ》。花のほか鳳凰・天人などの姿を透彫《すかしぼり》にする。

●**顕戒論**《けんかいろん》　大乗戒壇《だいじょうかいだん》建立に反対する*南都六宗《なんとろくしゅう》の僧たちの論難を破るために、弘仁一一年（八二〇）に伝教大師《でんぎょうだいし》*最澄《さいちょう》が著した、純大乗戒創立の根本聖典。

●**玄奘**《げんじょう》　六〇〇（六〇二）～六六四。三蔵法《さんぞうほっ》師《し》の名で知られる、中国唐代の僧。六二九年、独力で長安を出発し、西域諸国を経てインドに入り、ナーランダー寺の戒賢《かいけん》に*唯識《ゆいしき》を学び、インド各地の仏跡を訪ね、仏像・*仏舎利《ぶっしゃり》とともに六五七部の原典を得て、六四五年に帰国した。太宗の命により経典を訳出し、『大般若経《だいはんにゃきょう》』（六〇〇巻）をはじめ、漢訳した数は七五部一三〇〇余巻におよんだ。それらの翻訳は、原典を忠実正確に訳出したものといわれ、それ以前の旧訳《くやく》と区別されて、新訳と称される。一七年間にわたる旅行をつづったものに、「大唐西域記《だいとうさいいきき》」がある。後世、*法相宗《ほっそうしゅう》および倶舎宗《くしゃしゅう》の祖と称された。

源信《げんしん》　九四二〜一〇一七、*天台宗《てんだい》の学僧。大和《やまと》（奈良県）当麻《たいま》の出身、恵心僧都《えしんそうず》とも呼ばれる。比叡山《ひえいざん》に入り良源《りょうげん》の弟子となり、学問研究で認められていたが、やがて横川《よかわ》に隠遁《いんとん》して勉学を続けた。名声を聞いて集まる門下も多く、また『一乗要決《いちじょうようけつ》』や『往生要集《おうじょうようしゅう》』など多数の著述を残し、その教学を恵心流《えしんりゅう》という。

現世利益《げんぜりやく》　信仰や祈りによって現在世で受ける恩恵。災いを除き、福を得ることを願うのは誰にでもある要求ではあるが、それだけを求めるのでは、仏教信仰として次元が低いといえる。

講《こう》　同じ信仰をもつ者が定期的に集まる組織的な集団。仏教では念仏講・報恩《ほうおん》講・題目講など宗派的なものと、地蔵《じぞう》講・観音《かんのん》講など特定の信仰対象によるものなどがある。

五蘊《ごうん》　あらゆる存在を構成する五つの集まり。①色《しき》は肉体および物質、②受《じゅ》は感受作用、③想《そう》は心に浮かぶ表象、④行《ぎょう》は意志や行動的欲求、⑤識《しき》は認識作用。われわれの存在は、色の肉体と受以下の心によって成立し、それ以外に「我《が》」というものを認めない。

虚空蔵菩薩《こくうぞうぼさつ》　広大無限な虚空があらゆるものを含蔵するように、限りない福徳と*智慧《ちえ》を授けてくれる*菩薩。特にこの菩薩を*本尊《ほんぞん》として、「求聞持法《ぐもんじほう》」という修行をすると、頭脳明晰《めいせき》・記憶力抜群になるといわれる。また京都近郊で一三歳の男女子が嵯峨の法輪寺《ほうりんじ》などに参詣する「十三詣《まい》り」の主役でもある。

国分寺《こくぶんじ》　天平一三年（七四一）、聖武天皇の詔勅により、国家社会の安穏を願って全国六九カ所に建てられた寺のこと。僧寺（国分寺）と尼寺（国分尼寺《こくぶんにじ》または法華寺《ほっけじ》）とがあり、それぞれ僧尼を配置し経営援助をしていたが、地方では計画が順調に進まなかった。

極楽《ごくらく》　↓浄土をみよ。

●**居士**《こじ》　家に居る男女の意味で、商工業に携わる資産家をいうが、仏教では在家のまま仏道を修めた高徳の信者のこと。今日では篤信で社会的地位の高い男性に、*戒名《かいみょう》の位号として用いられる。

●**ゴータマ＝シッダルタ**　仏教の開祖《かいそ》釈尊《しゃくそん》が出家する以前の名前。紀元前五世紀中頃に、インド北方に住む*釈迦族《しゃかぞく》の王子として誕生した。二九歳の時、城を抜け出して修行生活に入り、悟りを開いて*仏陀《ぶつだ》（釈迦牟尼仏《しゃかむにぶつ》）となった。

●**五比丘**《ごびく》　釈尊《しゃくそん》が出家した時、ともに*苦行を修した五人の修行者。伝説では釈尊の父浄飯王《じょうぼんのう》の命令で釈尊に従ったといわれる。一時苦行を捨てた釈尊と別れたが、成道後初めての説法（*初《しょ》転法輪《てんぼうりん》）を聞き、まず憍陳如《きょうじんにょ》が悟りを得た後、残りの四人も法を悟って釈尊の弟子となった。

●**護摩**《ごま》　*智慧《ちえ》の火で*煩悩《ぼんのう》を焼くという意味の*密教《みっきょう》の修法。護摩壇《だん》に置かれた火炉で護摩木を焚《た》き、穀物などを火に投じて供養《くよう》し、災いを除き、福を招くことを祈願する。願いごとを板や紙に書いたものを護摩札《ごまふだ》といい、お守りとする。

●**金剛界曼荼羅**《こんごうかいまんだら》　→曼荼羅をみよ。

【さ行】

●**最澄**《さいちょう》　七六七～八二二。日本天台《てんだい》宗の開祖《かいそ》。近江国《おうみのくに》（滋賀県）滋賀郡古市郷の生まれで、父が熱心な仏教信者であった。近江国分寺の行表《ぎょうひょう》の弟子となり、一四歳で得度《とくど》した。さらに一九歳の時、東大寺《とうだいじ》戒壇《かいだん》で具足戒《ぐそくかい》を受けたが、世俗を離れて故郷に近い比叡山《ひえいざん》に入り、そこに草庵を結んで修行した。後に草庵を改めて一乗止観《いちじょうしかん》院《いん》（いまの根本中堂《こんぽんちゅうどう》）とし、主に中国天台宗の研鑽《けんさん》に励んだが、延暦二一年（八〇二）、和気氏に招かれて高雄《たかお》山《さん》寺で*天台三大部を講じた。

同二三年（八〇四）、遣唐使《けんとうし》に加わって唐に渡り、修禅寺《しゅぜんじ》道邃《どうずい》・仏隴寺《ぶつりゅうじ》行満《ぎょうまん》より天台宗の妙義を伝えられ、また霊巌寺《れいがんじ》の順暁《じゅんぎょう》より*密教《みっきょう》を受けた。翌年に天台や密教など多くの典籍とともに帰国すると、高雄山寺で勅命《ちょくめい》により八人の高僧に灌頂《かんじょう》を授け、翌延暦二五年（八〇六）以後毎年二名が正式に得度を許され、天台法華宗が公認された。しかし、桓武《かんむ》天皇という最有力な支持者を失ってからは、*空海《くうかい》の新興密教に押され、さらに晩年まで*法相宗《ほっそうしゅう》の徳一《とくいち》と教義を論争したり、大乗《だいじょう》戒壇独立のために奔走するなど波乱の生涯を送った。大乗戒壇の独立は奈良旧仏教の反対にあい、最澄の寂後七日にやっと許された。後に伝教大師《でんぎょうだいし》の号を贈られたが、これが日本における大師号の初めである。

●坐禅《ざぜん》　↓禅をみよ。

●悟《さと》り　真理に目覚めること。真実の教えを体得し、仏の境地に入ること。

●三界《さんがい》　欲望にみちた世界（欲界《よっかい》）、欲望にとらわれていないが物質に支配されている世界（色界《しきかい》）、欲望から離れ物質的な条件にもとらわれないが精神性に左右される世界（無色界《むしきかい》）の三つの世界。転じて、生きものの住む世界のこと。法華経は、「三界は火宅《かたく》のごとし」といい、苦しみの炎で燃えている家にたとえている。

●三経義疏《さんきょうぎしょ》　*聖徳太子が著したとされる『法華経義疏《ほけきょうぎしょ》』『勝鬘経義疏《しょうまんぎょうぎしょ》』『維摩経義疏《ゆいまきょうぎしょ》』を総じて称したもの。内容はかなり専門的で当時一流の学説を参考にしているが、そのため聖徳太子自身の著作であることを疑う学者もいる。

●懺悔《さんげ》　「ざんげ」と読むが、仏教では一般に「さんげ」という。過去に犯した罪を悔い改め、仏・*菩薩《ぼさつ》などの前に自己のすべてをさらけ出し、許しを請うこと。

●三教指帰《さんごうしいき》　*真言宗の開祖《かいそ》*空海《くうかい》が若くして著した仏教書。三教とは儒教・道教・仏教で、三者を代表する者との対話形式をとり、儒・道二教を捨てて仏教に帰すべきことを示している。

●**三証**《さんしょう》　仏の教えを示す三つの証拠。仏教の内容をあらわす理証《りしょう》（道理ともいう）、経文として示されている文証《もんしょう》、仏教の内容や救いが現実に実証される現証《げんしょう》を指《さ》す。

●**三身**《さんじん》　仏陀のすぐれた三つの身体的な特性。法身《ほっしん》・報身《ほうじん》・応身《おうじん》をいう。法身は、真実をすべて体現し、永遠に真理そのものとして存在していること。報身は、衆生救済のための広大な智慧と慈悲を結晶させた身であること。応身は、現実の世界に仏となって出現し衆生済度のために教えを説く身であること。

●**三世**《さんぜ》　過去・現在・未来の世のこと。過去は、生まれる以前の歴史的な事がらとのかかわりあいを持っていること。生まれる前というところから前生《ぜんしょう》または前世《ぜんせ》ともいう。現在は、この世に生きている生涯。未来は、死後に生まれ変わる来世のこと。現在の生き方によって将来に救われる時代をもさす。

●**三千大千世**《さんぜんだいせんせ》**界**《かい》　全世界、宇宙のこと。須弥《しゅみ》山《せん》という高大な山を中心にして、その周囲に四大洲があり、さらにそのまわりに九つの山、八つの海がある世界。一つの世界が千集まって小千世界をつくり、小千世界が千集まって中千世界になり、中千世界が千集まって大千世界になる。これらが集合した十億の世界より成っているので三千大千世界という。地球は小千世界の中の一つの世界の南の端にあたる。

●**三尊**《さんぞん》　信仰礼拝の対象の形式で、中尊《ちゅうそん》（主尊）の仏と左右の両脇侍《きょうじ》の菩薩《ぼさつ》をいう。たとえば釈迦《しゃか》三尊は釈迦・文殊《もんじゅ》・普賢《ふげん》、阿弥陀三尊は阿弥陀・観音・勢至《せいし》などである。

●**三毒**《さんどく》　善い心をそこなわせ、苦しみを生みだす三つの心の毒。むさぼり、怒り、無知という三つの*煩悩《ぼんのう》のこと。

●**三宝**《さんぽう》　仏教において根本的に尊重される三つの宝。*悟りを開き教えを示す仏《ぶつ》、その教えの内容である法《ほう》、その教えに従って修行する者たちである僧《そう》、以上の三宝に*帰依《きえ》することが仏教徒の実践となる。

●**三法印**《さんぼういん》　仏教の根本的立場を明らかにした三つの旗印で、仏教であることを証明する規準をいう。*諸行無常《しょぎょうむじょう》、*諸法無我《しょほうむが》、涅槃寂静《ねはんじゃくじょう》の三つをいい、これに一切皆苦《いっさいかいく》を加えて、四法印ともいう。諸行無常とは、世の中の一切の現象や万物は、常に生滅変化して移り変わり、同じ状態にとどまっていないこと。諸法無我は、すべてのものは*縁起《えんぎ》によって成り立っているのであるから、固有の実体的な本性はないということ。涅槃寂静とは、*涅槃の境地は、一切の生死《しょうじ》の苦を超越したものであるということ。

●**寺院法度**《じいんはっと》　江戸幕府が寺院や僧を規制するために制定した法令。はじめは各宗派・大寺院ごとに争いごとの処理と統制を目的に、各宗内の職制・席次・住職の資格、紫衣や上人《しょうにん》号などの許可、授戒などの制限、本寺末寺《ほんじまつじ》の関係、法談や新寺建立の制限などが定められ、やがて各宗共通の総合的なものが発布された。繰り返し出された法度によって、江戸時代中期には本末《ほんまつ》制度《せいど》と*檀家制度などを骨組みとする幕府の仏教統制が確立し、仏教界は布教活動を制限され、わずかに奨励された学問に力を注いだ。

●**色心不二**《しきしんふに》　色は物。物と心、身体と精神は言葉はちがっていても一体となっていること。この双方はたがいに関連しあい影響しあっているから、総合的に調和・統一することによって悟りが得られると説く。

●**自行化他**《じぎょうけた》　自ら仏道修行に励んで悟りをひらくよう努め、他のために尽くして仏道に導くこと。自分のための修行は他を救うためであり、他のために尽くすことが自分の悟りともなること。菩薩の実践的態度として重んじられている。

地蔵菩薩像（東大寺蔵）

●**四《し》弘《ぐ》誓願《せいがん》**　菩薩の四つの誓いと願い。衆《しゅ》生《じょう》は限りなくいようともすべて済度するという誓願、煩悩《ぼんのう》は無数にあろうともすべて断ち尽くすという誓願、法門（仏の教え）は測り知れないほどたくさんあろうともすべてを知り尽くそうという誓願、仏になる道はこの上なく高く遠くにあろうとも、最高の悟りを身につけ、仏になるという誓願をいう。

●**四《し》苦《く》八苦《はっく》**　生《しょう》・老《ろう》・病《びょう》・死《し》の四苦、愛別離《あいべつり》苦《く》・怨憎会《おんぞうえ》苦《く》・求《ぐ》不《ふ》得《とっ》苦《く》・五蘊盛苦《ごうんじょうく》の四苦を加えた苦悩の根本原因のこと。生まれること、老い、病み、死ぬことの苦しみが四苦。愛別離苦は愛するものと別れる苦しみ。怨憎会苦は怨み憎むものとも会わねばならない苦しみ。求不得苦は求めても得られない苦しみ。五《ご》蘊盛苦《うんじょうく》は五陰盛苦《おんじょうく》ともいい、人間の身と心を構成する五つの要素（*五蘊）から生じる苦しみ。転じて、大変な苦しみや苦労をさす日常用語として使われている。

●**時宗《じしゅう》**　鎌倉時代に*一遍《いっぺん》によって始められた浄土教の一派。遊行宗《ゆぎょうしゅう》ともいう。一遍は特定の寺に住まないで集団（時衆《じしゅう》という）を作り、*念《ねん》仏《ぶつ》を広めるために各地をめぐる遊行をし、念仏を記《しる》した札を配り、踊《おど》り念仏を取り入れるなどの庶民的布教を展開した。このため時衆は大きな勢力となったが、室町時代から次第に衰えた。今日では、藤沢の清浄光寺《しょうじょうこうじ》（遊行寺《ゆぎょうじ》）を総本山《そうほんざん》とし、末寺は約四〇〇ある。

●**四姓制度《しせいせいど》**　インドで行われている社会階級で、バラモン（司祭）・クシャトリア（王族武士）・ヴァイシャ（農工商の庶民）・スードラ（奴隷）の四つ。仏教はこうした差別的な制度を否定し、すべての人の*平等を説いている。

●**地蔵菩薩《じぞうぼさつ》**　大地の中に生命をはぐくむ力が蔵されているように、*慈悲《じひ》の深い*菩薩《ぼさつ》で、修行僧の姿をして世に現れ、六道（地獄から人・天までの六つの迷いの世界）の人々を救うとされる。特に救いのない地獄において死者の苦しみを助ける者といわれる。

●**四諦**《したい》　四聖諦《ししょうたい》ともいう。諦は真理の意味。迷いと悟りの両方にわたって因と果を明らかにした四つの真理で、仏教の根本教義。釈尊《しゃくそん》の最初の説法で説かれたとされる。苦諦《くたい》・集諦《じったい》・滅《めっ》諦《たい》・道諦《どうたい》の四つをいい、苦諦とは、迷いのこの世はすべて苦であるということ。集諦とは、苦の原因は世の無常《むじょう》と人間の*執著《しゅうじゃく》にあるということ。滅諦とは、無常の世を越え、執著を断つことが、理想の*涅槃《ねはん》の境界であるということ。道諦とは、そのためには*八正道《はっしょうどう》を実践修行しなければならないということ。

●**四天王**《してんのう》　この世界の中心にある須弥山《しゅみせん》の中腹にあって、四方の天を守る神。東方を持国《じこく》天、南方を増長《ぞうじょう》天、西方を広目《こうもく》天、北方を多聞《たもん》天（*毘沙門《びしゃもん》天）という。

●**自燈明**《じとうみょう》　自らをともしびとし、*煩悩《ぼんのう》などを抑え、おのれをととのえ律することによって目覚めた自己をよりどころとすること。

●**慈悲**《じひ》　慈は「慈《いつく》しみ」で楽を与えること（与《よ》楽《らく》）、悲は「ともに嘆く哀れみ」で苦しみを除くこと（抜苦《ばっく》）。慈悲は、特定の人に対してではなく、すべての人に起こすものであり、仏の徳として表れるとともに*菩薩行《ぼさつぎょう》の実践の精神でもある。

●**四門出遊**《しもんしゅつゆう》　四門遊観《ゆうかん》ともいう。釈尊《しゃくそん》が出家する前に釈迦《しゃか》族《ぞく》の太子であった時、城から東・南・西の門を通って出るとそれぞれ老人・病人・死人と出会い、次に北門から出ると修行者の姿を見た。これによって人生の苦を知り、出家を決意したといわれる。

●**釈迦**《しゃか》　今から二五〇〇年ほど前、北インドの王舎城を中心として、部族的な小王国を統治していた釈迦族の族長の子ゴータマ・シッダル

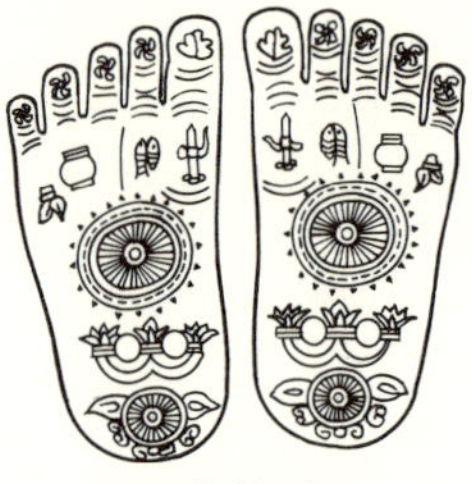

仏足石

タは、出家して苦行を積み、ついに悟りを開いて仏陀《ぶつだ》となった。そして釈迦族出身の聖者という意味で釈迦牟尼仏《しゃかむにぶつ》・釈迦牟尼世尊《せそん》（略して釈尊《しゃくそん》）と呼ばれた。すなわち、釈迦は部族名であるが、ふつう「お釈迦さま」といわれるように、仏教の開祖《かいそ》をさす。釈迦仏が八〇歳で入滅すると、火葬して遺骨（*仏舎利《ぶつしゃり》）を仏塔に納め崇拝したが、はじめは釈迦仏の象徴となる仏足石《ぶつそくせき》（仏陀の足跡を石に刻んだもの）や法輪《ほうりん》（仏の教えを説く象徴）を礼拝し、やがてガンダーラ（現在のパキスタン北部）でギリシャ彫刻の影響を受け、仏像が作られ始めた。釈迦仏の像としては、誕生・出家・*苦行《くぎょう》・成道《じょうどう》・説法・*涅槃《ねはん》など仏伝に基づくものが多数表されるが、右手を胸にあげ左手は左ひざに置き、ともに掌《てのひら》を見せる施無畏与願《せむいよがん》の姿が最もふつうである。

●写経《しゃきょう》　経文を書き写す修行のこと。また書き写した経文。本来は経文を世に広め伝えるために行われたが、その功徳《くどく》は経典にも説かれて高く評価され、特に*法華経《ほけきょう》で強調された。後には国家の安泰、祖先の冥福《めいふく》、自身の得脱や種々の祈願など、さまざまな目的から行われた。

●迹門《しゃくもん》　→本門《ほんもん》をみよ。

●沙門《しゃもん》　→僧侶をみよ。

●舎利弗《しゃりほつ》　→十大弟子をみよ。

●十王《じゅうおう》　→閻魔《えんま》をみよ。

●十地《じゅうじ》　仏道修行者の修行段階を一〇種に分けたもの。*菩薩《ぼさつ》が修行すべき五二の段階のうち、特に第四一位から第五〇位までを十地という。すなわち、歓喜地《かんぎじ》、離垢地《りくじ》、発光地、焔慧地《えんねじ》、難勝地、現前地、遠行地《おんぎょうじ》、不動地、善慧地《ぜんねじ》、法雲地の一〇段階をいう。この他、*声聞《しょうもん》・*縁覚《えんがく》・菩薩の三乗に共通な乾慧地《けんねじ》から仏地までの十地もあり、また声聞の十地、縁覚の十地、仏の十地などもある。

●執著《しゅうじゃく》　物事にとらわれ、ついて離れないこと。

●住職《じゅうしょく》　一つの寺を主管する僧のこと。住持《じゅうじ》職の略。*方丈《ほうじょう》・院主《いんしゅ》ともいう。宗派によってその資格を規定している。

●十大弟子《じゅうだいでし》　釈尊《しゃくそん》の弟子の中で特に秀でていたといわれる十人のこと。*智慧《ちえ》第一といわれた舎利弗《しゃりほつ》、神通力をもった目連《もくれん》、仏滅後に第一結《けつ》集《じゅう》を開いて教団を統率した迦葉《かしょう》、釈尊のいとこで天眼《てんげん》を得た阿那律《あなりつ》、*空《くう》の思想をよく理解した須菩提《しゅぼだい》、説法に巧みな富楼那《ふるな》、法の解釈にすぐれた迦旃延《かせんねん》、主に律《りつ》を究めた優波離《うぱり》、常に釈尊の傍に仕え多聞《たもん》第一といわれた阿難《あなん》、そして釈尊の実子である羅睺羅《らごら》をいう。

●十二因縁《じゅうにいんねん》　苦悩が起こる原因とその形成を、一二の過程に分けて考えた*縁起《えんぎ》の教え。無知—衝動的な欲望の現れ—識別する心のはたらき—身と心—特に眼・耳・鼻・舌・身と意識—感覚的ふれあい—感受する作用—盲目的な愛執—執著心—生存—生まれていること—老死など変わらざるを得ない姿、この一二段階はそれぞれ前のものが次のものを形成していく条件となり、逆に前のものが消滅していくにしたがって後のものも消滅することを示したもの。

●授記《じゅき》　仏が弟子に対して、成仏の認可を授けること。すなわち、未来世に悟りを得て仏となることを予言すること。

●守護神《しゅごじん》　「しゅごしん」とも読む。守り神。個人や民族、家や国土を守護する神。仏教では、仏法と仏法に*帰依《きえ》する人を守護する*四天王《してんのう》や梵天《ぼんてん》、*帝釈天《たいしゃくてん》などをいう。

●衆生《しゅじょう》　有情《うじょう》ともいう。無《む》明《みょう》や*煩悩《ぼんのう》をもち、迷いの世界に住む人をいい、広くは一切の生きとし生けるものをいう。

●数珠《じゅず》　珠数とも書き、「ずず」また「念珠《ねんじゅ》」ともいう。仏に*礼拝《らいはい》する時など手にかける仏具《ぶつぐ》。また仏の名号や真言を唱える数を数えるためにも用いられる。菩提子《ぼだいし》や水晶・白檀《びゃくだん》などを材料として、ふつう一〇八の珠を連ねる。

●**地涌《じゆ》の菩薩《ぼさつ》**　*法華経の従地涌出品《じゅうじゆじゅっぽん》に説かれる、大地より涌《わ》き出でた*菩薩のこと。釈尊《しゃくそん》の説法を助け、釈尊入滅後の法華経の弘通《こうどう》を誓った菩薩で、上行《じょうぎょう》・無辺行《むへんぎょう》・浄行《じょうぎょう》・安立行《あんりゅうぎょう》の四菩薩を上首とする。*日蓮《にちれん》は、法華経を広める中で地涌の菩薩としての自覚をもつに至ったとされる。

●**須菩《しゅぼ》提《だい》**　→上大弟子《じゅうだいでし》をみよ。

●**精舎《しょうじゃ》**　*寺《てら》、寺院《じいん》のこと。修行に精進する者のいる舎宅の意。すなわち仏道修行の道場をいう。*仏陀《ぶっだ》在世時代の竹林《ちくりん》精舎は、ラージャガハ(王舎城)に建てられた仏教最初の精舎であり、*祇園《ぎおん》精舎は、スダッタ長者が*仏陀《ぶっだ》とその教団のために建てた*精舎で、両者をあわせて二大精舎と称し、多くの説法がこの二カ所でなされた。

●**小乗仏教《しょうじょうぶっきょう》**　→大乗仏教《だいじょうぶっきょう》をみよ。

●**唱題《しょうだい》**　多くの大乗《だいじょう》経典にはその経の名前(題目《だいもく》)を唱えるだけで功徳《くどく》があると説かれるが、ふつう*日蓮《にちれん》によって広められた*法華経《ほけきょう》の題目を「南無妙法蓮華経《なむみょうほうれんげきょう》」と唱えることを唱題という。それによれば、*題目は単なる経典の名前ではなく、釈迦仏《しゃかぶつ》が説いた教えの肝心かなめ、法華経に説かれる救いの心を意味し、それを*末《まっ》法《ぽう》の無知な人々が唱えるだけで、釈迦仏のすべての功徳を譲り与えられるのである。「*南無《なむ》」とは自らのすべてを捧げて信じきる意志を表し、「妙法蓮華経」という最高の教えをよりどころとして、そこに示されているとおりに生きてゆくことを誓い祈る行為である。

●**浄土《じょうど》**　仏を中心とした*煩悩《ぼんのう》など汚れのない理想的な世界。これに対してこの世を穢土《えど》という。一般に浄土というと*阿弥陀仏の極楽《ごくらく》浄土をさすことが多いが、阿閦《あしゅく》仏の東方妙喜国《みょうきこく》、薬師《やくし》仏《ぶつ》の東方浄瑠璃《じょうるり》国など仏・菩薩《ぼさつ》によって浄土がそれぞれ定められている。

聖徳太子

◎**聖徳太子《しょうとくたいし》**　五七四〜六二二。用明天皇の皇子で厩戸豊聡耳皇子《うまやどとよさとみみのみこと》・上宮太子《かみつみやのたいし》などともよばれる。伯母にあたる推古《すいこ》天皇の即位と同時に二〇歳で皇太子摂政となり、仏教・儒学をはじめ諸学を修めて政治制度を整え、善政を施した。仏教信仰の面では、朝鮮半島より渡来した恵慈《えじ》・恵聡《えそう》より仏教を学び、自らも天皇の前で『勝鬘経《しょうまんぎょう》』や『*法華経《ほけきょう》』を講じている。これをもとにいわゆる『*三経義疏《さんきょうぎしょ》』を著したとされる。実践面では、四天王寺《してんのうじ》・法隆寺《ほうりゅうじ》をはじめ中宮寺《ちゅうぐうじ》・橘寺《たちばなでら》・広隆寺《こうりゅうじ》などを創建し、また四天王寺には施薬院《せやくいん》・悲田院《ひでんいん》・療病院《りょうびょういん》を設けて救済活動を起こした。

　太子の没後、子である山背大兄王《やましろおおえのおう》は蘇我氏に滅ぼされるが、太子の遺訓である「諸《もろもろ》の悪を作《な》すことなかれ」という仏教思想を守り、戦わずして自殺したと伝えられる。また、太子の思想を伝えることばとして「世間虚仮《せけんこけ》　唯仏是真《ゆいぶつぜしん》（われわれの周りのものは、移りゆく仮のものであって、ただ仏だけが真《まこと》である）」が伝えられる。

◎**浄土三部経《じょうどさんぶきょう》**　*浄土宗や*浄土真宗などで最も尊重される三部の経典。『大無量寿経《だいむりょうじゅきょう》』『観無量寿経《かんむりょうじゅきょう》』『阿弥陀経《あみだきょう》』のこと。

◎**浄土宗《じょうどしゅう》**　鎌倉時代に*法然《ほうねん》（源空《げんくう》）によって開かれた宗派。法然が四三歳頃、京都で専修念仏《せんじゅねんぶつ》を布教したのに始まる。*本尊《ほんぞん》は阿弥陀如来《あみだにょらい》、その両脇に観音《かんのん》・勢至《せいし》の二菩薩《ぼさつ》をつけて*三尊《さんぞん》形式をとることもある。よりどころとなる経典は『無量寿経《むりょうじゅきょう》』『観無量寿経《かんむりょうじゅきょう》』『阿弥陀経《あみだきょう》』（これらを浄土三部経という）、このほか*世親《せしん》の著した『浄土論』も典拠とする。教義は、阿弥陀仏によって立てられた誓願《せいがん》を信じて「南無阿弥陀仏《なむあみだぶつ》」と唱えることに専念すれば、だれもが極楽《ごくらく》浄土へ*往生《おうじょう》できるという簡明なものである。法然の寂後、その教義解釈から多くの派に分かれたが、今日の浄土宗は、京都の智恩院《ちおんいん》を総本山《そうほんざん》とし、増上寺《ぞうじょうじ》や鎌倉光明寺《こうみょうじ》などの大本山ほか約七〇〇〇の寺院がある。分派では西山派《せいざん》（西山浄土宗・西山禅林寺派・西山深草派）などが伝わる。

◎**浄土真宗《じょうどしんしゅう》**　鎌倉時代に*親鸞《しんらん》によって形成された宗派。一向《いっこう》宗・門徒宗・真宗ともいう。もともと親鸞は、師である*法然《ほうねん》を尊重して別に一宗を開く意志はなかったが、その教義において*念仏《ねんぶつ》すらも阿弥陀仏の他力《たりき》によるという絶対他力の立場をとるなど、大きな展開がある。*本尊《ほんぞん》は阿弥陀仏であるが、木像・絵像のほかに六字・九字・十字の名号《みょうごう》を用いる。拠《よ》り所の聖典は*浄土三部経、ほかに浄土教を広めた高僧の著述を尊ぶが、特に親鸞の主著『*教行信証《きょうぎょうしんしょう》』は「本典」とよばれている。*親鸞の寂後、遺骨を葬った大谷に中心として本願寺《ほんがんじ》教団が形成されたが、はじめその勢力はふるわず、第八代の*蓮如《れんにょ》が出て飛躍的に発展し、その後徳川幕府によって東西両本願寺に分割された。今日では、親鸞の直系に統率された本願寺派（西）と大谷派（東）を主とし、ほかに高田《たかだ》派・興正寺《こうしょうじ》派・仏《ぶっ》光寺《こうじ》派など真宗一〇派に分かれるが、総寺院数約二一〇〇〇に及ぶ大勢力を保っている。

◎**成仏《じょうぶつ》**　悟りを開き*仏陀《ぶっだ》となること。釈尊《しゃくそん》は三五歳の時、人間の苦しみの根源を断つ確信を得て仏陀となったが、これを成道《じょうどう》ともいう。今では俗に人が死ぬことをもさすが、これは死後、仏の世界に帰一するという*大乗仏教《だいじょうぶっきょう》の考えによる。

◎**正法眼蔵《しょうぼうげんぞう》**　日本*曹洞《そうとう》宗の祖《そ》である*道元《どうげん》が弟子らに語った法語など、重要な問題についての教示を高弟の懐奘《えじょう》が編集したもの。

◎**声明《しょうみょう》**　仏教儀式において経文などに節をつけて歌唱すること。梵唄《ぼんばい》ともいい、これが民衆化されると、やさしいことばで唱える*和讃《わさん》や御《ご》詠歌《えいか》が生まれた。

◎**声聞《しょうもん》**　釈尊《しゃくそん》の説法する声を聞いて悟る出家

の弟子。*四諦《したい》の理を悟り、己のみ阿羅漢《あらかん》になることを理想とし、他人に教えを説かない仏弟子。自己の解脱《げだつ》だけを目的とするので、*縁覚《えんがく》とともに二乗と呼ばれ、*利多《りた》の菩薩《ぼさつ》と区別される。

● **常楽我浄**《じょうらくがじょう》　仏の境地や大乗《だいじょう》の*涅槃《ねはん》に備わる四つの徳をいう。悟りは永遠に変わらないから常、苦しみがなく無上の安楽だから楽、自由で他に拘束されないから我、*煩悩《ぼんのう》の汚れがないから浄という。

● **諸行無常**《しょぎょうむじょう》　→三法印《さんぼういん》をみよ。

● **初転法輪**《しょてんぼうりん》　悟りを開いて*仏陀となった釈尊が、以前に修行をともにした*五比丘《ごびく》に、ベナレス郊外の鹿野苑《ろくやおん》で初めて説法したこと。

● **諸法実相**《しょほうじっそう》　一切諸法の真実の在り方という意味。すなわち、すべての存在のありのままの姿をいう。*法華経《ほけきょう》などで説かれ、*大乗仏教《だいじょうぶつきょう》の旗印であるという意味で一法印ともいう。その解釈は諸宗で一様ではない。

● **諸法無我**《しょほうむが》　→三法印《さんぼういん》をみよ。

● **自利**《じり》　自らを利するの意で、仏道修行を行ったその功徳《くどく》や利益《りやく》を自分一人で受け取ること。*利他《りた》に対して用いられ、小乗仏教《しょうじょうぶつきょう》は自利に偏っているとされる。

● **真言三部経**《しんごんさんぶきょう》　*真言宗でことに重んぜられる三部の経典。*『大日経《だいにちきょう》』『金剛頂経《こんごうちょうきょう》』『蘇悉地経《そしつじきょう》』をいう。

● **真言宗**《しんごんしゅう》　平安時代に*空海《くうかい》によって開かれた*密教《みつきょう》の宗派。*本尊《ほんぞん》は*大日如来《だいにちにょらい》であるが、あらゆる仏・*菩薩《ぼさつ》・明王《みょうおう》などをその現れとして尊ぶので、阿弥陀《あみだ》仏・薬師《やくし》仏・観音《かんのん》・不動《ふどう》などが祀《まつ》られる場合が多い。また空海も「お大師《だいし》さま」として崇拝され、信者は「南無《なむ》大師遍照金剛《だいしへんじょうこんごう》」と唱えている。教義は、大日如来によって説かれた秘密の教えである密教そのものが、あらゆる思想や信仰を包みこむので複雑であるが、短い呪文である真言《しんごん》を口に唱え、手指で印《いん》を結び、心を本尊に向けると、この身のまま成仏できるという*即身成仏《そくしんじょうぶつ》を理想とし、祈禱《きとう》によって現世のさまざまな利益《りやく》が得られるという信仰を主としている。現在の真言宗は、高野山金剛峯寺《こうやさんこんごうぶじ》を中心とする高野山真言宗と、智山《ちざん》派（智積院《ちしゃくいん》）・豊山《ぶざん》派（長谷寺《はせでら》）をはじめとして多数の派に分かれ、約一二〇〇〇の寺院がある。有名なものには、京都の東寺《とうじ》・醍醐寺《だいごじ》・仁和寺《にんなじ》、また新勝寺《しんしょうじ》（成田山《なりたさん》）・平間寺《へいげんじ》（川崎大師《かわさきだいし》）などがある。

●**親鸞《しんらん》**　一一七三～一二六二。鎌倉時代に活躍した*浄土真宗の開祖《かいそ》。京都で生まれ、九歳で出家して比叡山《ひえいざん》に登り、二〇年間修行した。建仁元年（一二〇一）、京都六角堂にこもり、*聖徳太子の夢の示現《じげん》によって*法然《ほうねん》に出会い、以後は法然の教えに従って*他力念仏《たりきねんぶつ》に専心する。三三歳でその頃公開されていなかった法然の著作『選択集《せんちゃくしゅう》』の書写を許されるなど門下中で頭角を現したが、念仏停止の弾圧によって法然は土佐、そして親鸞は越後に流罪となった。この処罰で還俗《げんぞく》させられたので、以後は自らを僧でもなく俗でもない立場に任じていた。配流《はいる》生活は五年に及んで許されたが、そのまま関東に移り、常陸（茨城県）の稲田《いなだ》を中心として*『教行信証《きょうぎょうしんしょう》』の著作や布教を展開した。約二〇年間の関東在住の後、六〇歳を過ぎて京都へ戻り、晩年の三〇年間ここで著述に専念している。親鸞の思想は、自分の罪業《ざいごう》に対して厳しく反省し、自らの力で真実心を持つことはできないと悟り、ひたすら*阿弥陀仏《あみだぶつ》の*本願の力にすがって極楽浄土《ごくらくじょうど》への*往生《おうじょう》を願うという絶対他力の信仰である。

●**水墨画《すいぼくが》**　中国で唐代中期に起こり、北宋以後に隆盛となった画法で、日本には鎌倉時代に伝わった。*禅の思想を直感的に表現するものとして禅宗に好まれ、室町時代には明兆《みんちょう》・周文《しゅうぶん》・*雪舟《せっしゅう》ら著名な画家が出て日本的な絵画として確立した。

●**施餓鬼**《せがき》　餓鬼道に堕ちて飢餓に苦しむ亡者（餓鬼）に飲食物を施す意で、無縁の亡者や先祖代々の精霊の供養《くよう》のために営む法会《ほうえ》を施餓鬼会《せがきえ》という。仏弟子の阿難《あなん》が、焔口《えんく》餓鬼に告げられて行ったのが始まりといわれる。

●**石庭**《せきてい》　石を組んで自然界の様子や仏の姿を表した庭で、室町時代から主に禅宗で造られた。庭そのものが写実から象徴へと変わり、ついに石と白砂だけで抽象的に表される枯山水《かれさんすい》となった。

●**世親**《せしん》　五世紀頃の西北インドの学僧。小乗《しょうじょう》で出家し、大毘婆沙論《だいびばしゃろん》を学んで倶舎論《くしゃろん》を著したが、後に兄の*無著《むじゃく》に教化されて*大乗仏教《だいじょうぶっきょう》に転じ、弥勒《みろく》や無著の著作に対する注釈や『唯識《ゆいしき》二十論』『唯識三十頌《じゅ》』などを著して*唯識説を宣揚した。他に『浄土論』『十地経論』『大五蘊論《ごうんろん》』などの著書がある。

●**世尊**《せそん》　世の人に尊敬される徳望のある人。仏教では釈迦をさして世尊といい、最高の悟りの境地に達した聖なる導きの師と仰いだ。

●**雪舟**《せっしゅう》　一四二〇～一五〇六。室町時代の画僧で水墨画の最高峰。若くして相国寺《しょうこくじ》で出家し、周文《しゅうぶん》より画を学ぶ。のち明《みん》（中国）に渡って*水墨画の奥義を究め、自由で独特な絵を残した。

●**禅**《ぜん》　梵語《ぼんご》の音写である禅那《ぜんな》の略。両足を組んで座り、精神を統一して無想の境地に入る修行法で、一般に*坐禅《ざぜん》といわれる。古来よりインドの修行者が実践していたのを仏教でも取り入れたのであるが、座り方は片方の足を他方のもも上に乗せる半跏趺座《はんかふざ》と、両足をそれぞれ他方のももの上に乗せる結跏趺座《けっかふざ》とが主に用いられる。

●**善功方便**《ぜんぎょうほうべん》　*巧みな手だてを駆使して、物事のいわれを語り、たとえ話を引いて善心を起こさせ、仏の教えを説いて仏の道に導くこと。

●**遷化**《せんげ》　もともとは人が死ぬこと。仏教では、

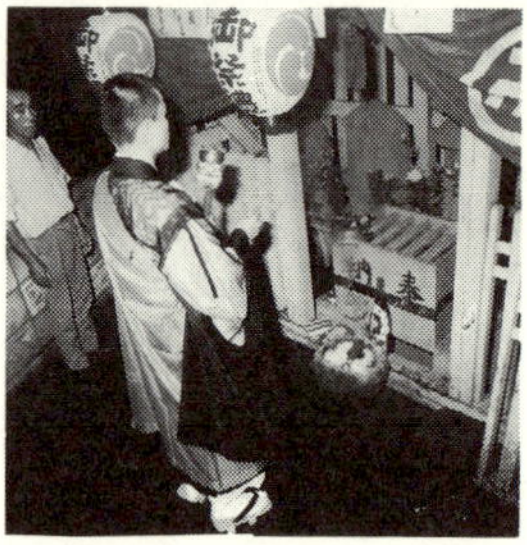

読経している僧

人が死んだのちに、この世から仏の世界に命を移して仏の教えをひろめるとし、「遷移化滅《せんいけめつ》」の意を略して遷化とよぶ。僧侶の死に際して、このことばが用いられている。入滅《にゅうめつ》・入寂《にゅうじゃく》も同じ意味。

●専修念仏《せんじゅねんぶつ》　*浄土へ*往生《おうじょう》するために*阿弥陀仏の本願力を信じ、他の行《ぎょう》をしないで、ただひたすら念仏だけを唱えること。*法然《ほうねん》は『選択集《せんちゃくしゅう》』において、浄土往生のための専修念仏を勧めた。

●善知識《ぜんちしき》　仏教の正しい道理を教え、生きる道しるべを与えてくれた先生、真の友人のこと。また、たとえ自分を批判した人でも、それによって仏の道、人の道を悟らせてくれたならば善知識であると仏教は説いている。

●選択本願念仏集《せんちゃくほんがんねんぶつしゅう》　浄土宗の開祖《かいそ》法然《ほうねん》の主著、略して『選択集《せんちゃくしゅう》』ともいう。仏教の中での浄土教、特に口に*阿弥陀仏の名号を唱えることのみに専念する専修念仏の立場を高揚して、*浄土宗を開く根拠を示している。

●善無畏《ぜんむい》　六三七〜七三五。中国唐代、真言密《みっ》教《きょう》の僧。インドに生まれナーランダー寺の達摩《だつま》鞠多《きくた》に密教を学び、開元四年（七一六）に中国の長安を訪れて玄宗皇帝に国師として迎えられ、*『大日経』『蘇婆呼童子経《そばこどうじきょう》』『蘇悉地羯羅経《そしつじからきょう》』などの密教経典を翻訳した。中国に本格的に密教を伝えた最初の人で、金剛智《こんごうち》とともに密教の基礎を築いた。

●僧《そう》　*仏陀《ぶつだ》の教えに従って修行する者の集団を意味する*僧伽《そうぎゃ》の略。インドでは個々の修行者を*沙門《しゃもん》といったが、後に中国や日本では、単に僧という。すなわち男子の出家*比丘《びく》（托鉢する修行者）を僧と呼び、女子の出家比丘尼《びくに》を尼（僧）と呼ぶ。そのほか僧の呼び方に、師たる高徳の僧をいう和尚（おしょう・かしょう・わじょう）、寺坊の主たる僧をいう坊主《ぼうず》などがあり、広く用いられる。

◎**僧伽**《そうぎゃ》　仏教の教団を「サンガ」というその音写、略して僧、また和合僧ともいう。*仏陀《ぶつだ》に*帰依《きえ》して導かれ、その教えを聞いて平和の実現に努める者たちの集団。

◎**僧綱**《そうごう》　律令国家体制の確立とともに僧尼《そうに》を間接的に支配監督するために整えられた制度。中国の制度を範としてすでに推古期から同様の統制機関が設けられたが、*僧尼令で僧正《そうじょう》・僧都《そうず》・律師《りっし》という僧綱制が成立した。これらは僧団の中から選ばれた僧官で、国家体制のもとで僧尼を監督するものである。

◎**増上慢**《ぞうじょうまん》　思いあがって、おごりにふけっているうぬぼれの者。仏教について知ったかぶりをして未だ知らないのに知っているといい、悟りを得ていないのに悟りを得たと吹聴し、心の中は私利私欲や名誉欲にこり固まって、人々から尊敬されたいと思い、自分の意に反する者はさげすみ、すぐれた聖者であると僭称《せんしょう》する者をさしている。

◎**曹洞宗**《そうとうしゅう》　鎌倉時代に*道元《どうげん》が宋より伝え開いた禅の宗派。中国の南宋禅《なんそうぜん》の系列に属するが、道元の説くところでは、禅の目的は生活に浸《ひた》りきった自己は死んで本来の自己に生きるという身心脱落《しんじんとちらく》であり、それはただひたすら坐禅する只管打坐《しかんたざ》の行が基本であるとしている。道元は越前（福井県）の山奥に永平寺《えいへいじ》を建て、坐禅ひとすじに弟子を養成したが、その後進歩的な考え方をする僧が分立し、瑩山紹瑾《けいざんじょうきん》が出て教団を各地へ発展させる基礎が築かれた。

　今日では道元を高祖《こうそ》、紹瑾を太祖《たいそ》と仰ぎ、永平寺と総持寺《そうじじ》を二大本山としている。*本尊《ほんぞん》は歴史上の釈迦牟尼仏《しゃかむにぶつ》。道元の主著である*『正法眼《しょうぼうげん》蔵《ぞう》』（一般には一部を編集した『修証義《しゅしょうぎ》』）を教義の典拠としている。なお寺院数は一四〇〇〇で、分派がないため一宗派としては日本最大である。

●**僧尼令**《そうにれい》　奈良時代に中央集権的な体制が確立され律令制がしかれると、僧尼を統制する目的で制定された。たとえば僧尼が出家するには官の許可が必要とされ、その人数も制限されるなど、寺院や僧尼の自治・自律が認められず、多くの禁止事項を課せられることになった。

●**即身成仏**《そくしんじょうぶつ》　人間が現世で受けた肉体のままで仏となること。*法華教《ほけきょう》には八歳の竜女が現身のまま仏になったと説き、*華厳宗《けごんしゅう》では生まれつき優れた身を受けた者などの五種の疾得成仏《しっとくじょうぶつ》を説いている。*真言宗《しんごんしゅう》では特に即身成仏を強調し、手に印契《いんげい》を結び、口に真言をとなえ、心に仏徳を念ずるという体験を通して、自己と仏とが一体になる境地に入り、*衆生《しゅじょう》が本来有している仏の法身《ほっしん》を証して成仏すると説く。*日蓮宗《にちれんしゅう》では、題目を身と口とこころで受け保つことによって、釈尊《しゃくそん》の功徳《くどく》（因行果徳《いんぎょうかとく》）が自然にゆずり与えられる、という受持《じゅじ》成仏をもって、即身成仏と説く。

●**祖師**《そし》　一つの仏教宗派を開いた僧のことで、開祖《かいそ》・宗祖《しゅうそ》・高祖《こうそ》ともいう。一般に「お祖《そ》師《し》さま」というと、*日蓮《にちれん》宗の開祖である日蓮のことをさす。また禅宗では達磨《だるま》大師をいう。

【た行】

●**対機説法**《たいきせっぽう》　相手の素質や状態をよく見極めて、それに応じた最適の教えを説くこと。

●**大師**《だいし》　偉大な師という意味で、高徳の僧の敬称であるが、朝廷から贈られる諡号《しごう》となった。日本では*最澄《さいちょう》に伝教大師《でんぎょうだいし》、*空海《くうかい》に弘法大師《こうぼうだいし》と贈られたのが最初である。また一般に「お大師さん」といわれるように、空海の通称ともなっている。

●**帝釈天**《たいしゃくてん》　もとはインドラというインド古代神話の神で、太陽または雷を神格化したもの。仏教では我々の住む世界の中心にある須弥山《しゅみせん》頂の忉利天《とうりてん》に住し、*四天王《してんのう》などの武将を従えて*梵天《ぼんてん》とともに仏法を守護する。

●**大衆**《だいしゅ》　ふつうは、多くの人々をいう。仏教では大衆に二種類があるとし、小乗では僧伽の構成員である出家の僧尼、男女の在家信者をさし、大乗では説法の座に参列している人々をはじめとする仏教に縁を結んだ人々のことをいう。日本では、大寺院に結集した僧侶の集団をさしている。

●**大乗起信論**《だいじょうきしんろん》　*大乗仏教《だいじょうぶっきょう》の根本教義を説いて、*衆生《しゅじょう》に正しい信を起こさせることを目的とした書。著者はインドの馬鳴《めみょう》と伝えられ、梁の真諦《しんたい》訳と唐の実叉難陀《じっしゃなんだ》訳の二種があるが、中国で作られたとする説もある。古来、大乗仏教の入門書としてひろく読まれ、数多くの注釈書がある。

●**大乗仏教**《だいじょうぶっきょう》　大乗とは大きな乗物の意。すなわち自分ひとりの*悟りではなく、多くの人々を救う巨大な乗物のような教えという意味。紀元前後から新たに興隆した仏教で、従来の*自利《じり》中心の修行をする部派仏教を小乗《しょうじょう》と呼び、自らを大乗と称した。

　小乗仏教が、自己の得脱を目的とする*声聞《しょうもん》・*縁覚《えんがく》の教えであるのに対し、大乗仏教は*利他《りた》の菩薩《ぼさつ》道を説き、すべての人々を救済し、*成仏《じょうぶつ》させることが仏の教えの真の大道であるとする。小乗のように消極的、形式的ではなく、積極的、活動的であり、その行動も社会的であるとされる。現在、スリランカ・タイなど東南アジアの仏教は小乗に属し、中国・日本に伝わった仏教の宗派のほとんどは大乗仏教に属する。

●**胎蔵界曼荼羅**《たいぞうかいまんだら》　→曼荼羅をみよ。

●**大智度論**《だいちどろん》　龍樹《りゅうじゅ》の著。*鳩摩羅什《くまらじゅう》訳。大品般《だいぼんはん》若経《にゃきょう》（摩訶般若波羅蜜経《まかはんにゃはらみっきょう》）の注釈書である。サンスクリット原典、チベット原典とも現存しないが、一〇万頌に及ぶ原典のうち、鳩摩羅什《くまらじゅう》が初めの三四巻を全訳し、残りは適宜抄訳したという。般若空《くう》の立場に立ちながらも、肯定的に諸法実相《しょほうじっそう》を説き、大乗の菩薩《ぼさつ》思想や*六波羅蜜《ろっぱらみつ》などの宗教的実践を明らかにしている。引用文献が多くて解説も詳しく、仏教百科の役割をも兼ねる。

●**大日経《だいにちきょう》**　唐の*善無畏《ぜんむい》訳。*真言《しんごん》三部経の一つ。七世紀中葉に成立したと考えられ、*密教《みっきょう》の教理と実践の方法とを説く真言密教の根本経典で、この経に基づいて*胎蔵界曼荼羅《たいぞうかいまんだら》が描かれる。

●**大日如来《だいにちにょらい》**　真言《しんごん》密教の教主で、*真言宗の本尊《ほんぞん》。宇宙森羅《しんら》万象《ばんしょう》の真理・法則を仏格化した法身仏《ほっしんぶつ》で、すべての仏・*菩薩《ぼさつ》を生み出す根本仏とされる。その智徳の面を示したのを金剛界《こんごうかい》大日如来といい、理徳の面を示したのを胎蔵界《たいぞうかい》大日如来という。ただしこの二種の大日も、つまりは不離一体であるとする。その形像は、前者が白色身で智拳印《ちけんいん》を結び、後者が黄金身で法界定印《ほっかいじょういん》を結び、いずれも菩薩形で宝蓮華座《ほうれんげざ》上にすわる。

●**提婆達多《だいばだった》**　釈尊《しゃくそん》の従兄弟《いとこ》ともいわれ、出家して釈尊の弟子となったが、後に五〇〇人の僧を率いて独立した。そしてマガダ国の王子阿闍世《あじゃせ》をそそのかして父王を殺させ、自らは釈尊を亡き者にして教団の主になろうとしたが失敗、この大罪によって生きながら地獄に堕ちたといわれる。

●**題目《だいもく》**　経典の題号のこと。*日蓮《にちれん》宗で、法華経の題号「妙法蓮華経《みょうほうれんげきょう》」に「*南無《なむ》」の二字を加えて唱える「南無妙法蓮華経」の七字のこと。日蓮によれば、「妙法蓮華経」は単なる題号ではなく、法華経に説かれた宇宙の究極の真理であり、「南無妙法蓮華経」と唱え（*唱題《しょうだい》）、受持《じゅじ》することによって、釈尊の功徳《くどく》（因行果徳《いんぎょうかとく》）を自然にゆずり受け、*成仏《じょうぶつ》すると説く。

●**棚経《たなぎょう》**　お盆の際、死者の精霊《しょうりょう》を迎えるために精霊棚を設け、団子や野菜・果物など供物《くもつ》を捧げて*位牌《いはい》をまつる。僧がこの棚の前で経を読み精霊に回向《えこう》供養《くよう》する行事のこと。寺の僧が檀家をまわり棚経を行うのは、江戸時代以降の風習である。

●**他力**《たりき》　→本願《ほんがん》をみよ。

●**檀家**《だんか》　梵語《ぼんご》で「施し」を意味する檀那《だんな》の略に「家」を付けたもの。江戸時代にすべての者が家を単位としていずれかの寺に属する制度（檀家制度）が施行されて以来、寺を維持してこれを拠点に宗教的行為を行う者をいう。

●**智慧**《ちえ》　物事の真実を正しく見極め、迷い・惑いを滅するはたらき。智は世俗のことを知り分け、慧は*悟りの内容を明らかにするといわれる。

●**竹林精舎**《ちくりんしょうじゃ》　→精舎をみよ。

●**中有**《ちゅうう》　中陰《ちゅういん》ともいう。死の瞬間から次の生を得るまでの時間または亡き人の魂の状態をさし、死んでから七日ごとに供養をいとなみ、これを心の栄養として四十九日になると次の生に生まれてゆく中間点に至る所から、四十九日目を中陰の時としている。

●**中道**《ちゅうどう》　二つの対立する見方・考え方の一方に偏らない中正の道。釈尊が極端な*苦行と快楽とのいずれをも捨てて、心身の調和ある状態こそ悟りの道であると自覚した真理。

●**追善**《ついぜん》　→回向《えこう》をみよ。

●**罪**《つみ》　父・母を殺すこと、僧を殺傷すること、僧団を破壊すること、仏の身を傷つけて出血させること、の五つを重い罪とする。これは、破戒を罪とすることによる。また、正しい仏教の道理をそしり、仏に背く謗法《ほうぼう》が最大の重罪であるとしている。

●**寺**《てら》　信仰の対象である仏像などを安置し、*僧が居住して宗教活動をする場所。もとは修行者の住居を意味する*精舎《しょうじゃ》のことで、「寺」は中国で役所をいうが、渡来した僧がここを館としたので以後「寺」と称したらしい。

仏天蓋

人天蓋

●**天蓋**《てんがい》　懸蓋《けんがい》ともいう。インドで強い日射を避けるために差しかける傘が起源で、仏像の頭上を飾る荘厳具。これを仏天蓋《ぶつてんがい》といい、寺院の堂内天井にかけたものを人天蓋《にんてんがい》と呼ぶ。

●**天台三大部**《てんだいさんだいぶ》　中国隋代に活躍した天台大師《てんだいだいし》智顗《ちぎ》の講説を弟子が筆録した『法華玄義《ほっけげんぎ》』『法華《ほっけ》文句《もんぐ》』『摩訶止観《まかしかん》』の三著書。

●**天台宗**《てんだいしゅう》　平安時代に*最澄《さいちょう》によって開かれた宗派。中国隋代に活躍した天台大師智顗《ちぎ》の教義に基づき、法華経《ほけきょう》の研究と止観《しかん》（*禅）を修めることで天台法華宗としての開宗を認められた。しかし天台教学とともに*密教（台密《たいみつ》）や円頓戒《えんどんかい》という大乗《だいじょう》の戒《かい》を合わせもち、さらに阿弥陀信仰も加えるなど、教義は総合的である。したがって*本尊《ほんぞん》は、法華経によるところの、釈迦牟尼仏《しゃかむにぶつ》が本来であるが、ほかにさまざまな仏・*菩薩《ぼさつ》を尊び、寺院において最も多いのは*阿弥陀仏である。また、根本聖典は『法華経』であるが、『阿弥陀経』や『*大日経《だいにちきょう》』などの大乗経典も尊重している。鎌倉時代に開宗された新仏教の*祖師《そし》たちが、いずれも比叡山《ひえいざん》で勉学した上で自己の選びとった教義を展開させているなど、仏教史上に与えた影響は大きい。現在、比叡山延暦寺《えんりゃくじ》を総《そう》本山《ほんざん》とする天台宗は寺院数約三二〇〇、日光輪《りん》王寺《のうじ》や京都三千院・平泉中尊寺《ひらいずみちゅうそんじ》などを含むが、そのほか関連宗派に天台真盛宗《しんぜい》（西教寺《さいきょうじ》）・天台寺門宗《じもんしゅう》（三井寺《みいでら》）などがある。

●**天台智顗**《てんだいちぎ》　五三八〜五九七。中国隋代に天台宗を開いた僧。一八歳で出家し、南岳慧思《なんがくえし》に従い法華三昧《ほっけざんまい》によって大悟した。邪念を離れた心をとどめて諸法を明らかに知見する止観《しかん》の行を修すとともに、『*法華経』をはじめ『*般若経《はんにゃきょう》』『*維摩経《ゆいまぎょう》』などを講説して教・観の二面から全仏教思想を体系化する独特の天台教学を確立した。

●**塔**《とう》　釈尊《しゃくそん》が入滅した後、その遺骨（*仏舎利《ぶっしゃり》）を安置するために建てられたもので、大乗仏教

ナーランダーの大ストゥーパ

はこの塔を中心とした在家信仰として発展したといわれる。のちに塔は寺院建築の荘厳として造られ、三重塔・五重塔など華麗な姿を示すようになった。

●**道元**《どうげん》　一二〇〇〜一二五三。鎌倉時代の禅僧、*曹洞宗《そうとうしゅう》の開祖《かいそ》。一三歳で出家し、比叡山《ひえいざん》に登って天台学を学んだが、人間はもともと*成仏《じょうぶつ》しているというのならば、なぜ修行して悟りを求めるのかという疑問を抱いた。そこで建仁寺《けんにんじ》に下り*栄西《えいさい》の弟子である明全《みょうぜん》に師事し、臨済禅《りんざいぜん》を修めた。貞応二年（一二二三）二四歳の時、明全とともに宋へ渡り、天童山の如浄《にょじょう》について曹洞宗を学んだが、それはただひたすら坐禅をするべきであるという只管打坐《しかんたざ》に徹する禅*であった。帰国後は建仁寺にいたが、やがて京都深草に移り、観音導利院《かんのんどうりいん》を建てて僧堂を開いた。この頃*『正法眼蔵《しょうぼうげんぞう》』『弁道話《はんとうわ》』を著し、坐禅が仏法の正門であることを示し、純粋禅を高揚した。

　しかし、こうした主張を続けたために比叡山衆徒に寺を破却され、寛元元年（一二四三）越前（福井県）志比庄に移り、翌年には大仏寺《だいぶつじ》（のち永平寺《えいへいじ》）を開創した。後は、師である如浄《にょじょう》の遺訓を守って、権力者に近づくことなく山間に埋もれて厳格な弟子の育成に努めたのである。道元の主著『正法眼蔵《しょうぼうげんぞう》』九五巻は、二三年にわたる説法や訓戒などを弟子が集大成したもの。

●**道心**《どうしん》　仏道を求める心。自分から仏の教えを信じ求める心を起こし、他の者をも悟りの道に導く決意を持つこと。「国宝とは何物ぞ。宝とは道心なり」（最澄『山家学生式《さんげがくしょうしき》』）のことばは有名。

●**塔婆**《とうば》　梵語《ぼんご》で塔を意味するストゥーパの音写卒《そ》塔《と》婆《ば》の略、単に塔ともいう。今日では死者の*追善《ついぜん》のために*戒名《かいみょう》などを記して墓に立てる細長い板をいう。

●**道理**《どうり》　物事の普遍的な原理。あるべき筋道。

仏教は、あらゆる者の苦悩をとり除き安らぎを与える真実の根本的な内容をあかしているとし、仏教の内容が道理であると説く。

◎**兜率天**《とそつてん》　欲界《よくかい》六天の第四天。この天は内院と外院の二つに分かれ、内院は将来仏となるべき*菩薩《ぼさつ》の住処で、現在、*弥勒《みろく》菩薩が住して説法しているとされ、外院は天の*衆生《しゅじょう》の遊楽の場所とされる。天人の寿命は四〇〇〇年で、この天の一昼夜は人間界の四〇〇年にあたるという。

◎**毒鼓**《どっく》　毒を塗った鼓を打つと、それを聞いた者は毒がまわって死んでしまうように、仏の死を明らかにした涅槃《ねはん》の教えを聞けば、思う思わないを問わずに、知らず知らずに煩悩《ぼんのう》を滅することができると涅槃経に説かれている。仏教に背いている者に敢《あ》えて強く仏教を語り、相手が怒って非難しても、かえってそれが縁となって仏教を信じさせることを毒鼓の縁という。

【な行】

◎**内陣**《ないじん》　本尊や仏像を安置してある本堂、堂塔の最も内側の場所のこと。その外側は「外陣《げじん》」とよぶ。

◎**内典**《ないてん》　仏教の典籍である経文とそれを解説した論文・注釈書のこと。仏教以外の宗教・思想を「外典《げてん》」といい、仏教全体を内典とも称した。

◎**南無**《なむ》　梵語《ぼんご》ナマスの音写で、帰命《きみょう》・敬礼《きょうらい》の意味。一心になって仏または*三宝《さんぽう》を信じ敬い、自分のすべてをそのために捧げるという誓いを示すことば。

◎**南都六宗**《なんとろくしゅう》　奈良時代に政府より認められた六つの宗派。ここでいう宗《しゅう》は学問研究の集団のことで、各寺院の中に作られていた。三論宗《さんろんしゅう》はインドの龍樹《りゅうじゅ》の『中論』『十二門論』および弟子提婆《だいば》の『百論』（以上を三論という）をもとに、有無いずれにも執著《しゅうじゃく》しない*中道《ちゅうどう》としての大《だい》乗空観《じょうくうがん》によって*縁起《えんぎ》を説くもので、六宗中で最も早く日本に伝わった。

成実《じょうじつ》宗はインドの訶梨跋摩《かりばつま》の『成実論』を研究するが、三論宗において兼ねて学ばれた。なお成実とは*四諦《したい》*八正道《はっしょうどう》のことで、*空《くう》の思想を認めて説く立場である。法相《ほっそう》宗では、あらゆるものは心識《しんしき》の移り変わりが現すにすぎず、本当にあるのは心識だけであると説くので唯識《ゆいしき》宗ともいう。インドに起源を発し、護法《ごほう》の『成唯識論《じょうゆいしきろん》』を根本としている。倶舎《くしゃ》宗は『倶舎論』に基づき、一切は実在するという立場で分析し、苦を滅して*涅槃《ねはん》へ向かう道を説く。やはり法相宗《ほっそうしゅう》に加えられて研究された。

華厳《けごん》宗は『華厳経』により、現実のあらゆるものは対立することなく互いに即しあい、一つの中に、他のすべてを収めるから、一切のものが絶対の価値をもつ、という法界縁起《ほっかいえんぎ》説《せつ》を中心思想とする。律宗《りつしゅう》は*戒律《かいりつ》の受持を根本として中国で始まり、日本へは天平勝宝六年（七五四）有名な唐の僧*鑑真《がんじん》によって伝えられた。

◎二乗作仏《にじょうさぶつ》　声聞《しょうもん》乗と縁覚《えんがく》乗の二乗が*成仏《じょうぶつ》すること。法華経迹門《ほけきょうしゃくもん》の教説。『法華経』以前の諸大乗経では、自己の解脱《げだつ》にのみ執著《しゅうじゃく》し*利他《りた》行に欠けていた二乗は、永久に成仏できないとされていたが、法華経に至って二乗の成仏が説かれたことをいう。

◎日蓮《にちれん》　一二二二〜一二八二。鎌倉時代に活躍し日蓮宗を開いた僧。安房（千葉県）小湊《こみなと》の生まれで、一二歳の時、清澄山《きよすみさん》に登り道善房《どうぜんぼう》に師事した。一六歳で得度《とくど》した後、まず鎌倉へ遊学し、さらに比叡山《ひえいざん》に登って学問修行に励み、京都や奈良をめぐって諸宗の教義を学んだ。そして建長五年（一二五三）三二歳の時、故郷へ戻ると法華経こそ真の仏教であり南無妙法蓮華経《なむみょうほうれんげきょう》の題目を唱えて*帰依《きえ》していくべきことを宣言した。

この宗義を布教するために鎌倉へ出て辻説法《つじせっぽう》を行ない、次第に信者を増やしたが、当時は地震や飢饉《ききん》・疫病などが次々と起こり社会不安が高まっていた。そこで、その原因を法華経を信じないための諸天の怒りとし、正法を信じて国を治めていくように諫《いさ》めた*『立正安国論《りっしょうあんこくろん》』を幕府に提出した。だがこの中で*念仏《ねんぶつ》や*禅を批判したため念仏者らから草庵を焼かれ、さらに幕府に捕えられて伊豆伊東に流された。許されて鎌倉へ戻った後も、主張を変えなかったので、弾圧迫害は続き、文永八年（一二七一）五〇歳の時についに佐渡流罪となった。佐渡において自ら受けた迫害が、*『法華経《ほけきょう》』に予言されているとおりの『法華経』の行者の証拠と自覚し、さらに宗義の思索を深めて著述に励んだ。三年後赦免《しゃめん》されて鎌倉へ戻り、再々度幕府を諫《いさ》めたが用いられなかったので甲斐《かい》（山梨県）身延山《みのぶさん》に入り、以後は弟子の訓育に努めた。

日蓮の宗教は、天台宗の正統である法華一乗思想を相承しながら、釈尊《しゃくそん》の本意に直結して*末《まっ》法《ぽう》の民衆を救い、この世がそのまま仏の住する浄土となるよう行動するという実践的なものであった。法華経を受持する純粋性に基づき厳しい他宗批判を行い、*唱題の一行にすべてを結集するなど独自の教義を展開している。

◎**日蓮宗《にちれんしゅう》**　鎌倉時代に日蓮*によって開かれた宗派。拠《よ》り所の聖典である法華経に示された本仏である釈迦牟尼仏《しゃかむにぶつ》を本尊《ほんぞん》とし、その本仏の悟りの世界と慈悲の心を図顕した大曼荼羅《だいまんだら》を安置して「南無妙法蓮華経《なむみょうほうれんげきょう》」の題目*を唱えれば、安らぎの心が得られるという信仰である。また大曼荼羅に象徴される仏の世界をこの世に実現して社会・人類全体の救いをめざす立正安国《りっしょうあんこく》を理想とする。現在の日蓮宗は身延山久遠寺《みのぶさんくおんじ》を総本《そうほん》山《ざん》として約五〇〇〇寺を有するが、そのほか日

如意棒

涅槃図（浄真寺）

蓮の弟子日興《にっこう》の流れをくむ日蓮正宗《にちれんしょうしゅう》、後世の分派である法華宗《ほっけしゅう》（陣門流《じんもんりゅう》・真門《しんもん》流・本門《ほんもん》流）、顕本法華《けんぽんほっけ》宗など多数に分立している。

●如意《にょい》　僧侶が、説教をする時などに持つ仏具《ぶつぐ》。もとは背中をかく道具であったといわれる。

●女人成仏《にょにんじょうぶつ》　女性が仏になること。当初、女性は仏になれないとされていたが、やがて女は男に生まれ変わって往生できるとされ、さらに女性が女の身のままでただちに仏になったことを示す法華経にしたがって、日蓮は強く女人成仏を主張し、法華経の説く竜女の成仏を一切の女人成仏の手本とみなした。

●如来蔵《にょらいぞう》　→仏性《ぶっしょう》をみよ。

●仁王経《にんのうきょう》　姚秦《ようしん》の*鳩摩羅什《くまらじゅう》訳。『仁王般若波羅蜜経《にんのうはんにゃはらみきょう》』の略称。この経を受持し講説すれば、災難をはらい、幸福をもたらすと説くため『*法華経《ほけきょう》』『金光明経《こんこうみょうきょう》』とともに護国三部経《ごこくさんぶきょう》として尊ばれた。同本異訳に、唐代の不空《ふくう》の『仁王護国般若《にんのうごこくはんにゃ》波羅蜜多経《はらみったきょう》』がある。

●涅槃《ねはん》　吹き消すこととか吹き消した状態をいい、すべての*煩悩《ぼんのう》の炎を吹き消して、*智慧《ちえ》が完成する*悟りの境地をいう。小乗《しょうじょう》・大乗《だいじょう》によってその解釈はさまざまで、小乗仏教では煩悩を滅し尽くした状態であるとし、有余《うよ》と無余《むよ》の二種の涅槃を立てる。大乗仏教では涅槃に*常・楽・我・浄の四徳が備わっているものとし、無為涅槃と称して最上のものとする。後には仏、とくに釈尊《しゃくそん》の死を意味するようにもなった。

●涅槃経《ねはんぎょう》　『大般《だいはつ》涅槃経』のこと。小乗《しょうじょう》の涅槃経と大乗《だいじょう》の涅槃経とがある。小乗の涅槃経は、釈尊《しゃくそん》の晩年から入滅前後までの出来事を述べながら、仏教の基本的な立場を明かしている。大乗の涅槃経は、釈尊が入滅前に説かれた説法を内容とし、真理そのものとしての仏(法身《ほっしん》)は永遠であり、生きとし生けるものにはすべて仏の本性（*仏性《ぶっしょう》）が備わっていると説く。

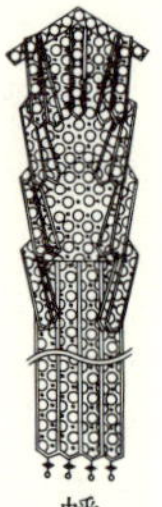
幡

●**拈華微笑**《ねんげみしょう》　釈尊《しゃくそん》が仏弟子の迦葉《かしょう》に以心伝心で教えを伝えた故事。釈尊は、霊鷲山《りょうじゅせん》で一本の花をひねって仏弟子の前に示したところ、ただ一人迦葉だけが理解して微笑したことから、仏の教えは文字ではなく心と心で伝えられ、教義とは別に受け継がれたという。禅宗の公案《こうあん》として知られる。

●**念仏**《ねんぶつ》　もともと心の中で仏の姿やその功徳《くどく》を想念することで観仏《かんぶつ》ともいうが、同時に仏の名を口に唱える称名念仏《しょうみょうねんぶつ》が重んじられ、今では*阿弥陀仏《あみだぶつ》を絶対に信ずるという意味で、「南無《なむ》阿弥陀仏《あみだぶつ》」と口で唱えることをいう。なお、*浄土宗で念仏を極楽《ごくらく》に*往生《おうじょう》する因とするのに対して、*浄土真宗では信によって往生が確定した感謝のための念仏としている。

【は行】

●**廃仏毀釈**《はいぶつきしゃく》　明治政府は、維新《いしん》後、直ちに神道を国教とする方針をとり、神仏分離令《しんぶつぶんりれい》を出して神道と仏教とを厳しく区別させた。そのためこれを強行した地方では、寺院・仏像・仏具《ぶつぐ》の破壊や僧侶の還俗《げんぞく》などが激しく行われた。こうした仏教排撃の動きをいう。

●**八正道**《はっしょうどう》　涅槃《ねはん》に至るための八つの正しい道のことで、仏教の基本的な実践法である。①正《しょう》見《けん》（正しく*四諦《したい》の道理を見ること）、②正思《しょうし》（正しく四諦の道理を考えること）、③正語《しょうご》（正しいことばを語ること）、④正業《しょうごう》（正しい行いをすること）、⑤正命《しょうみょう》（正しい生活をすること）、⑥正精進《しょうしょうじん》（正しく目的に向かって努力すること）、⑦正念《しょうねん》（正見という目的を念じ忘れないこと）、⑧正定《しょうじょう》（正しく精神を統一し安定させること）の八つをいう。

●**花**《はな》**まつり**　→灌仏会《かんぶつえ》をみよ。

●**幡**《ばん》　仏・*菩薩《ぼさつ》の徳を表す「はた」で、これを作り供養《くよう》すれば、いろいろな功徳《くどく》があるとい

普賢菩薩像（大倉集古館蔵）

われ、その目的によって施餓鬼《せがき》幡や送葬幡・続命幡などがある。材料は布や紙のほか金銅などを用い、上方を三角につくり長方形の幡身から幡手・幡足を出す。上方が*天蓋《てんがい》形となった幢幡《どうばん》は、寺院堂内の荘厳具として飾られる。

●**般若**《はんにゃ》　悟りを得る真実の*智慧《ちえ》。すべての事物や道理を明らかに見抜く深い智慧のことで、単なる知識や教養としての知恵ではない。

●**般若経**《はんにゃきょう》　般若波羅蜜《はんにゃはらみつ》（最高の智慧《ちえ》の完成）を説いた経典の総称。大乗《だいじょう》経典の中で最も古い経典とされ、大乗仏教の重要な教理である*空《くう》の思想が説き明かされている。唐の*玄奘《げんじょう》訳の『大般《だいはん》若波羅蜜多経《にゃはらみったきょう》』（六〇〇巻）をさす場合もある。

●**比丘**《びく》（**比丘尼**《びくに》）　→僧をみよ。

●**彼岸**《ひがん》　梵語《ぼんご》パーラミター（波羅蜜多《はらみった》）の漢訳である到彼岸の略で、迷いのこの世界（此岸《しがん》）から*悟りの境界に至ること。また、その悟りの境地、*涅槃《ねはん》の境界をいう。春秋二季に行われる彼岸会《ひがんえ》の行事をいう場合もある。

●**毘沙門天**《びしゃもんてん》　仏教の*守護神である*四天王《してんのう》のうち北方を守る多聞天《たもんてん》のこと。財宝や富をもたらす神として七福神の一人として教えられ、また戦《いくさ》の神としても崇《あが》められてきた。

●**平等**《びょうどう》　*仏陀《ぶっだ》は、すべての事物が本質的に同じであることを悟り、また愛憎を越えて普く一切の人々を救う。このように仏陀《ぶっだ》の*智慧《ちえ》と*慈悲は*平等《びょうどう》に根ざしたものであり、この観点から身分や地位の尊卑などを認めず、だれもが*仏性《ぶっしょう》をもっているので差別なく救済されると説くのである。

●**普賢菩薩**《ふげんぼさつ》　*文殊《もんじゅ》菩薩とともに釈迦仏の脇侍《きょうじ》。六牙《りくが》の白象に乗って仏の右脇に侍し、仏の悟りの理法と*禅定《ぜんじょう》、修行の面を表した菩薩である。文殊菩薩とともに一切の菩薩の上首として、常に仏の救済活動を助けるという。

●**布施**《ふせ》　他に与えること。信者が僧に対して金や品物・土地などを施す財施《ぜいせ》とともに、僧が信者たちに法を説く法施《ほうせ》がある。したがって布施行は、僧俗にわたって重んじられる修行である。真の布施は、施す者・受ける者・施される物について無念であり、清浄であらねばならないとされる。

●**仏舎利**《ぶっしゃり》　釈尊《しゃくそん》の遺骨。舎利は、梵語《ぼんご》の音写で遺骨のこと。釈尊の入滅後、仏舎利は分割されて塔に納められ、主に在家仏教徒によって崇拝された。

●**仏種**《ぶっしゅ》　仏と成るための種子という意味で、本来は*仏性《ぶっしょう》と同義である。しかし、仏性が不変的な真理をさすのに対して、仏種は種を植え育てるという生滅変化の可能性をもち、仏の教えとの関り方や修行の深浅を重視する実践的な面が強い。

●**仏性**《ぶっしょう》　仏としての本性、また仏に成り得る可能性のことで、*如来蔵《にょらいぞう》とも同義に用いられる。*大乗仏教《だいじょうぶっきょう》では、すべての人は仏性をもつ（一切《いっさい》衆生悉有仏性《しゅじょうしつうぶっしょう》）とし、*煩悩《ぼんのう》をとり除いて仏性を現すことを目標としている。

●**仏陀**《ぶっだ》　梵語《ぼんご》の音写で、目覚めた人・悟れる者。単に仏《ぶつ》（ほとけ）とも、また*覚者《かくしゃ》ともいう。もともと仏教の開祖《かいそ》である釈尊《しゃくそん》（釈迦牟尼仏《しゃかむにぶつ》）をさすが、後に、広く悟った人を称するようになった。仏陀《ぶっだ》には如来《にょらい》（真理を体得した者）・善逝《ぜんぜい》（よく悟りに達した者）・世尊《せそん》（世間から尊ばれる者）などの尊称がある。

●**仏壇**《ぶつだん》　仏像を安置する壇をいい、本来は石や土・木などを用いて、釈迦《しゃか》がその頂きに登り説法をしたといわれる須弥山《しゅみせん》をかたどってつくった（これを須弥壇《しゅみだん》という）が、現在は*本尊《ほんぞん》や先祖の*位牌《いはい》をおさめる家庭用の厨子《ずし》のことをさす。

●**不動明王**《ふどうみょうおう》　もとはインドのシバ神の異名で、仏教に取り入れられて*大日如来《だいにちにょらい》の使者となり、*密教《みっきょう》ばかりでなく広く一般に「お不動さま」

法然上人（増上寺蔵）

として親しまれる。ふつう右手に剣、左手に縄をもち、眼をむき牙を出した恐ろしい怒りの顔をしており、背後に火焔を負う。また衿羯羅《こんがら》・制吒迦《せいたか》という二童子が侍《はべ》るものもある。

●**部派仏教**《ぶはぶっきょう》　原始仏教の次の時代の仏教をいう。釈尊《しゃくそん》寂後、インドの仏教教団の中で仏説の解釈や教理についての異論が生じ、多くの部派に分裂して行われた仏教のこと。仏滅一〇〇年、仏教教団は、ヴァッジー族の*比丘《びく》の唱えた「十事の非法」によって、それに反対する保守的な上座部《じょうざぶ》と、賛成する進歩的な大衆部《だいしゅぶ》の二部に分裂（根本分裂）し、以後分裂を繰り返して上座部は一一部、大衆部は九部になったという。これを小乗《しょうじょう》二〇部と呼ぶ。なお根本分裂の原因を「大天《だいてん》の五事」であるとする説もある。

●**法事**《ほうじ》　仏・菩薩に供養を捧げ、先祖の霊をとむらう行事。釈尊《しゃくそん》の降誕会、悟りをひらいた成道会《じょうどうえ》、彼岸会・盂蘭盆会や追善供養の仏事などを修すること。

●**方丈**《ほうじょう》　住職や長老の居室をいうが、転じて住職や師の尊称として主に禅宗で用いられている。維摩居士《ゆいまこじ》の居室が一丈四方であったことに由来する。

●**法蔵菩薩**《ほうぞうぼさつ》　法蔵比丘《びく》ともいう。*阿弥陀《あみだ》仏が仏になる前の修行時代の名。『無量寿経《むりょうじゅきょう》』には、阿弥陀仏は世自在王仏という仏のもとで法蔵菩薩《ぼさつ》と称し、四八種の誓願を立て、仏道修行に励んで*成仏《じょうぶつ》したと説かれている。

●**法燈明**《ほうとうみょう》　*仏陀《ぶつだ》が悟り教え示した真実の法を導きの光明とし、それをよりどころとして生きてゆくべきで、他の教えやことばによってはいけないという釈尊《しゃくそん》の戒め。

●**法然**《ほうねん》　一一三三〜一二一二。鎌倉時代に*浄土宗《じょうどしゅう》を開いた僧、源空《げんくう》ともいう。美作（岡山県）の人、一三歳で比叡山《ひえいざん》に登り一五歳で出家受戒したが、一八歳の時に叡山西塔《さいとう》の黒谷《くろだに》に隠遁し

法螺

叡空《えいくう》に師事した。この頃の法然は学問に励み、京都や奈良の一流の学者から各宗の教義を学んだといわれる。しかし安元元年（一一七五）四三歳の時、*源信《げんしん》の『往生要集《おうじょうようしゅう》』などの浄土教の基礎的研究の上に善導《ぜんどう》という唐の僧が著した『観経疏《かんきょうしょ》』に触れて悟りに達し、他の修行を捨てて念仏のみに専念する*専修念仏《せんじゅねんぶつ》を選んで浄土宗を開くことを決意した。

洛東の吉水《よしみず》に草庵を結び専修念仏を説いたところ、武士や民衆から多くの信者が集まり、皇族や貴族の*帰依《きえ》も受けた。この浄土宗の急激な発展に対して奈良や比叡山の衆徒が弾圧に出て、*念仏の停止と法然の処罰を迫った。法然自身は門弟を戒めてこの難を逃れようとしたが、その門下が不祥事を起こし、承元元年（一二〇七）、ついに法然は四国へ流罪、他の有力門弟も処罰された（承元の法難）。法然はその年に許されて摂津の勝尾寺に住し、四年後に京都に入ることを許された。法然の思想は*『選択本願念仏《せんちゃくほんがんねんぶつ》集《しゅう》』に示されているが、それは*阿弥陀《あみだ》仏の名号《みょうごう》を唱える称名《しょうみょう》念仏によって極楽《ごくらく》浄土へ往生することが、すなわち阿弥陀仏の本願に依《よ》るのであり、この本願念仏を選びとって他を捨てる点に特色がある。

●方便《ほうべん》　仏が*衆生《しゅじょう》を真の教えに導くために用いる功妙な手段、方法。またその教え。七方便など、仏の位に入る手段として努める修行をいうこともある。

●法螺《ほうら》　通称「ほら」。大きい法螺貝《ほらがい》の先に穴をあけ吹き鳴らす一種の楽器。修験道《しゅげんどう》における山伏が山中修行で合図に用い、これに付けた長い紐はザイルのかわりにしたといわれる。

●法華経《ほけきょう》　『妙法蓮華経《みょうほうれんげきょう》』の略称。漢訳に三種あるが*鳩摩羅什《くまらじゅう》訳が一番有名。*大乗仏教《だいじょうぶっきょう》の最も重要な経典の一つで、豊かな文学的表現を通して、*声聞《しょうもん》・*縁覚《えんがく》の二乗の*成仏《じょうぶつ》や、釈尊《しゃくそん》の*久遠実《くおんじつ》成《じょう》という、仏陀《ぶつだ》出世の本旨を説いている。天台《てんだい》大師*智顗《ちぎ》は、法華経に基づいて*天台宗を開き、*最澄《さいちょう》はこれを伝えて日本天台宗とした。また日蓮は、この経によって新仏教を開創した。

●**菩薩**《ぼさつ》　もとは釈尊《しゃくそん》の前生時代の呼称。*大乗《だいじょう》仏教《ぶっきょう》が起こると、「*悟りを求める人」という意味から、悟りを求め修行するとともに、他の者も悟りに到達させて救おうと努める（上求菩提《じょうぐぼだい》・下化衆生《げけしゅじょう》）者をさしていうようになった。菩薩が仏果《ぶっか》を得るため、*利他《りた》の精神をもって行う修行を菩薩行《ぎょう》と呼び、*六波羅蜜《ろっぱらみつ》などをいう。

●**菩薩行**《ぼさつぎょう》　→菩薩をみよ。

●**菩提樹**《ぼだいじゅ》　釈尊《しゃくそん》がその下で悟りを開いたといわれる樹。ピッパラ樹またはアシュバッタ樹といい、桑科に属する。

●**菩提心**《ぼだいしん》　無上の悟りを求めて仏道を行じようとする心のこと。梵語《ぼんご》の音写である阿耨多羅《あのくたら》三藐三菩提心《さんみゃくさんぼだいしん》の略。この心を起こすことを発《ほっ》菩提心という。

●**法華一揆**《ほっけいっき》　戦国時代に京都を中心として、*日蓮《にちれん》宗信徒が団結し、主に*一向一揆《いっこういっき》と対立するために武装化したもの。はじめはこれを敗ったが、比叡山《ひえいざん》衆徒のために京都の二一カ寺本山がことごとく焼かれ、京都の日蓮宗勢力は衰えた。

●**法華三部経**《ほっけさんぶきょう》　『妙法蓮華経《みょうほうれんげきょう》』に、その開経とされる『無量義経《むりょうぎきょう》』と結経《けっきょう》である『観普賢菩薩行法経《かんふげんぼさつぎょうぼうきょう》』を合わせていう。

●**払子**《ほっす》　棒の先に羊毛・麻・白牛の尾などの長い毛をつけた仏具《ぶつぐ》。もともとインドで蚊《か》や蝿《はえ》などの虫を払うのに用いたが、仏教では*煩悩《ぼんのう》や魔障《ましょう》を払う意味で持つ。

●**法相宗**《ほっそうしゅう》　→南都六宗《なんとろくしゅう》をみよ。

●**盆**《ぼん》　梵語《ぼんご》の音写である盂蘭盆《うらぼん》の略。逆さに吊るされるような非常な苦しみを意味し、死者が受けているその苦しみを救うために種々の飲食を供え、僧たちに供養《くよう》することから、後に転

梵天像（東寺蔵）

じて祖先の霊を供養して餓鬼道《がきどう》の苦しみから救うという仏教の行事になった。『盂蘭盆経』によれば、*目蓮《もくれん》が餓鬼道におちた母の苦しみを除こうとして行ったのが、その起源であると説く。

●**本願**《ほんがん》　仏・*菩薩《ぼさつ》が過去世において、*衆生《しゅじょう》を救済するために立てた誓願のこと。*阿弥陀《あみだ》仏の四十八願、薬師如来の十二願などをいう。また*浄土宗では、阿弥陀仏の四十八願の中で、第十八願（念仏往生《ねんぶつおうじょう》）を特に本願と呼び、この阿弥陀仏の衆生を救済する本願の力を*他力《たりき》といって、それだけを頼りに極楽《ごくらく》往生をしようとすることを他力本願という。

●**梵鐘**《ぼんしょう》　はじめは仏教教団の生活を律するための合図に用いた。今日では俗にいう「釣鐘《つりがね》」として時を告げるもの。ほとんど銅製で円筒形をし、上部には小さな突起（乳）がめぐらされ、下部には一対の撞坐《つきざ》が配され、ここを鐘に向けてつるした鐘木《しょうもく》で打つ。

●**本尊**《ほんぞん》　一つの宗派または寺院・堂塔の中で、供養し礼拝《らいはい》する対象となる中心的な尊像。

●**本地垂迹**《ほんちすいじゃく》　日本に伝わった仏教の仏を、日本古来の神々と同一視する神仏習合《しんぶつしゅうごう》の考え方は、奈良時代には神が仏法をよろこび、これを守る、また神も仏法によって苦を逃れ悟りを開くとしていたが、平安時代になると神は仏（本地）の仮の姿として現れたもの（垂迹）とする説に発展した。こうして外来宗教の仏教は、日本古来の神道と互いに調和しつつ、受容された。

●**梵天**《ぼんてん》　もともとインドのバラモン教で万有の根源であるブラフマンを神格化した創造神。仏教ではこの娑婆《しゃば》世界の主といわれ、釈尊《しゃくそん》が悟りを得た時、梵天が人々に説法することを勧めた（これを「梵天勧請《ぼんてんかんじょう》」という）。*帝釈天《たいしゃくてん》とならんで仏法を守護するとされる。

●**煩悩**《ぼんのう》　心身を煩《わずら》わし、悩ます精神作用の総称。一般に一〇八煩悩と知られるようにその種類は多いが、根本的なものに貪《とん》（むさぼり）・瞋《じん》（いかり）・痴《ち》（おろかさ）の三毒や、慢《まん》（他に対するおごり）・疑《ぎ》（惑い疑うこと）・見《けん》（誤った考え）がある。

●**本門**《ほんもん》　法華経二十八品のうち、前半十四品を迹門《しゃくもん》、後半十四品を本門という。本とは本地《ほんち》、迹とは本地の垂迹《すいじゃく》を意味する。＊迹門では、インドのブッダガヤで成道《じょうどう》した釈尊《しゃくそん》によって、三乗（声聞乗《しょうもん》・縁覚乗《えんがく》・菩薩乗《ぼさつ》）の考えは方便で＊一《いち》仏乗《ぶつじょう》の考えが真実であるとする開三顕一《かいさんけんいつ》が示され、本門では、釈尊が実は久遠《くおん》の昔に成道した本仏（＊久遠実成《くおんじつじょう》）であることが明かされる。

【ま行】

●**末法**《まっぽう》　釈尊《しゃくそん》入滅後、仏法の伝わる期間を三つに分けたうち、正法《しょうぼう》、像法《ぞうぼう》に次ぐ最後の時期で、ただ仏の教法のみ存して仏教がすたれた時期のこと。釈尊入滅後二千年以降一万年間をいう。末法時代は仏法が衰え、社会に混乱が起こるとする終末的な歴史観を末法思想といい、わが国では＊法然《ほうねん》、＊親鸞《しんらん》、＊日蓮《にちれん》などによる鎌倉新仏教の基盤となった。

●**曼荼羅**《まんだら》　梵語《ぼんご》の音写で「本質を有するもの」の意であるが、諸尊を安置して祭供を行う壇のこと。一般に仏・菩薩《ぼさつ》を配置した図絵をいい、密教《みっきょう》で『＊大日経』に基づく胎蔵界《たいぞうかい》曼荼羅と『金《こん》剛頂経《ごうちょうきょう》』による金剛界曼荼羅とを用いるのに代表される。また＊日蓮《にちれん》は諸尊を文字で表した独特の大曼荼羅《だいまんだら》を残している。

●**密教**《みっきょう》　仏教の真理そのものである法身《ほっしん》の＊大《だい》日如来《にちにょらい》が説いた深遠な教え。秘密教といわれるが、それは説く者が秘密にするというわけではなく、聞く者の力量によっては真理を知ることができないためである。一般に仏教は経律論の三蔵《さんぞう》を尊重するが、言語文字に表された教えは顕教《けんぎょう》という浅い教えであるとされ、それに対する密教は儀式や作法を主とし、仏の秘密のことばである真言《しんごん》を誦すことを重視している。また密教は、七世紀後半に『*大日経』『金剛頂経』などが成立し理論的に整理されたが、これを純《じゅん》密《みつ》（金剛乗《こんごうじょう》）と称し、それ以外の雑密《ぞうみつ》と区別している。

●**三具足《みつぐそく》**　仏前に供養《くよう》を捧げるための中心的な器具で、香炉（香をたく）・花瓶（花をいける）・燭台（灯明をともす）の三つ。花瓶・燭台を各一対にしたものは五具足《ごぐそく》という。

●**妙見菩薩《みょうけんぼさつ》**　北極星を神格化して仏教に取り入れた守護神で、北辰《ほくしん》妙見菩薩、また北辰尊・尊星王《そんせいおう》などともよばれる。国土を外敵から守り、人々の福寿を増すといわれ、眼病にも霊験があるとして信仰される。

●**弥勒菩薩《みろくぼさつ》**　現在は*兜率天《とそつてん》の内院に住み、天人のために説法しているが、釈尊《しゃくそん》入滅後五六億七〇〇〇万年後にこの世界に現れて、竜華樹《りゅうげじゅ》の下で*成仏《じょうぶつ》し、*衆生《しゅじょう》を救うという*菩薩。次の世には仏となって出現するので、補処《ふしょ》の菩薩といわれ、弥勒仏とも称される未来仏である。

●**無我《むが》**　→三法印《さんぼういん》をみよ。

●**無学《むがく》**　すべて学ぶべきことを究め、もはや何も学ぶ必要がない境地。聖者や仏や*悟りを得た者についていう。一般にいう無学（学問のないこと）は、仏教では非学非無学（学びつつある者・学びおえた者いずれでもないこと）という。

●**無著《むじゃく》**　三一〇～三九〇頃。西北インドの出身。*大乗仏教《だいじょうぶつきょう》の論師《ろんじ》。最初は小乗化地部《けじぶ》の僧として出家したが、後に弥勒《みろく》に師事し、大乗の諸教義を研究して瑜伽《ゆが》、*唯識《ゆいしき》の教えを広めた。また小乗に執著《しゅうじゃく》していた弟の*世親《せしん》を教化して、大乗に帰入させた。主著に『摂大乗論《しょうだいじょうろん》』『順中論《じゅんちゅうろん》』『大《だい》乗阿毘《じょうあび》達磨集論《だつましゅうろん》』『顕揚聖教論《けんようしょうきょうろん》』などがある。

●**無常《むじょう》**　→三法印《さんぼういん》をみよ。

木魚

●**夢窓疎石**《むそうそせき》　一二七五〜一三五一。南北朝時代の*臨済《りんざい》宗の僧。はじめ後醍醐《ごだいご》天皇に招かれて南禅寺《なんぜんじ》に住し、後に足利尊氏《あしかがたかうじ》の*帰依《きえ》を得て天竜《てんりゅう》寺《じ》・相国寺《しょうこくじ》などの開山となり、禅宗の黄金時代を築いた。また天竜寺・西芳寺《さいほうじ》（苔寺《こけでら》）などの造園や、天竜寺船による貿易を促したことによっても知られている。

●**無明**《むみょう》　われわれ存在する者の根本的な無知。生《しょう》・老《ろう》・病《びょう》・死《し》など存在するがためのすべての苦を引き起こす原因で、これを滅すれば苦も消えるとされる。

●**木魚**《もくぎょ》　木製球形で内側をくりぬき、魚鱗の彫刻をしたもので、叩いて読経や*念仏《ねんぶつ》などの調子をとる。はじめ木魚鼓《もくぎょく》（魚鼓《ぎょく》）という長い魚形のもので人を集めるなどの合図に叩いたが、次第に魚の頭と尾が接する円形となり、その後二首一身の円形竜頭に変わった。

●**目連**《もくれん》　→十大弟子をみよ。

●**文殊師利菩薩**《もんじゅしりぼさつ》　文殊菩薩。「文殊の智慧《ちえ》」といわれるように、諸仏の智慧をつかさどる*菩薩。*普賢《ふげん》菩薩とともに釈迦仏《しゃかぶつ》の脇侍《きょうじ》で、智慧の威力を現すために獅子に乗り、仏の左脇に侍している。

【や行】

●**薬師如来**《やくしにょらい》　正しくは薬師瑠璃光如来《やくしるりこうにょらい》といい東方の浄瑠璃《じょうるり》世界という浄土の主。あらゆる病気をなおし寿命をのばす仏として、日本でも飛《あす》鳥《か》時代から盛んに信仰された。仏像としては、右手を胸に上げた施無畏《せむい》印をとり、左手に薬の壺を持つのがふつうである。

　また両脇に日光《にっこう》・月光菩薩《がっこうぼさつ》を侍《はべ》らし（これを薬師三尊《やくしさんぞん》という）、さらに守護のため十二神将《じゅうにじんしょう》が囲むものもある。

●**唯識**《ゆいしき》　一切の諸法は、心の本体である識のはたらきによって、仮に現し出されたものにすぎず、実在するのはただ識だけであるという教え。*法相《ほっそう》宗の根本教義である。すなわち、認識する対象は、第八識の阿頼耶識《あらやしき》に含蔵される種子《しゅうじ》（すべての現象を生じさせる可能性）から変じて生じた影像にすぎないから、識のみが実有であるという。

●維摩経《ゆいまぎょう》　姚秦《ようしん》の*鳩摩羅什《くまらじゅう》訳。詳しくは『維摩《ゆいま》詰所説経《きつしょせっきょう》』。*大乗仏教《だいじょうぶっきょう》の奥義に達した在家信者の維摩《ゆいま》（維摩詰《ゆいまきつ》）を主人公とし、病床にあった維摩とその見舞に訪れた*文殊菩薩《もんじゅぼさつ》との問答で物語が展開している。*空《くう》の理を説いて大乗仏教の真精神を明かし、小乗《しょうじょう》的思想に対する痛烈な批判がなされている。

●融通念仏宗《ゆうずうねんぶつしゅう》　平安時代末頃、良忍《りょうにん》によって開かれた浄土教の一派。一人の唱える念仏が、自分と他の一切の人々に通じて安心を与え、また念仏の一行が他の一切の修行に通ずるとする。現在は、大阪の大念仏寺を総本山《そうほんざん》とし、約四〇〇の末寺を有する。

●遊行《ゆぎょう》　修行僧が修養を積みながら人々を教化するために諸地方をめぐり歩くこと。諸国をまわって念仏を広めた時衆《じしゅう》に代表される。

●瓔珞《ようらく》　金・銀・瑠璃《るり》・瑪瑙《めのう》などの貴金属や珠玉を糸でつづり、仏・*菩薩《ぼさつ》の徳を表すために用いる装飾。もとはインドの装身具であったが、仏教に取り入れられ仏像や仏具《ぶつぐ》の飾りに使われた。

【ら行】

●来迎《らいごう》　「らいこう」ともいう。念仏信者の臨終の時、*阿弥陀《あみだ》仏をはじめ二五人の*菩薩《ぼさつ》がその信者を迎えに来て、極楽《ごくらく》浄土へと引きとること。

●礼拝《らいはい》　仏に対して敬虔《けいけん》な心をもって礼をすること。*合掌《がっしょう》して頭を下げるのはだれにでもできる一般的な礼拝であり、最高の礼拝は身体を地に伏せ、両手両足をのばして頭を地につける五体投地《ごたいとうち》である。

●**羅睺羅**《らごら》　→十大弟子をみよ。

●**利他**《りた》　他を利するの意で、自己の利得のためでなく、人々の救済のためにつくすことをいう。*自利《じり》と利他とがともに完全に行われることが*大乗仏教《だいじょうぶっきょう》の理想とするところで、これを自《じ》利利他円満《りりたえんまん》という。

●**律宗**《りっしゅう》　→南都六宗《なんとろくしゅう》をみよ。

●**立正安国論**《りっしょうあんこくろん》　*日蓮《にちれん》宗の開祖《かいそ》である日蓮三九歳の著。文応元年（一二六〇）成立。正法《しょうぼう》が確立されない限り国の安泰はないと説く諫言《かんげん》の書で、鎌倉幕府の前執権北条時頼《ほうじょうときより》に上呈した。当時頻発した天変地異は、*念仏《ねんぶつ》などの邪法の流布《るふ》によるものとして批判・攻撃を加え、法華の正法を広めて国の平和・繁栄を築くべきことを主唱した問答体、漢文の書。個人の信仰と社会・国家との関連を明かし、内乱と外寇《がいこう》の二難を予言・警告した。

●**龍樹**《りゅうじゅ》　一五〇～二五〇頃。南インドのバラモン出身、大乗仏教の論師《ろんじ》。中観学派《ちゅうがんがくは》の祖。出家して小乗仏教を学んだが、後にヒマラヤ山に入って老比丘《びく》から大乗仏教を教えられ、また、南海の龍宮を訪ねて多くの大乗経典を得たという。*空《くう》の思想を基礎づけて大乗仏教を宣揚し、後世、中国や日本で八宗の祖と仰がれた。著書には『中論頌《ちゅうろんじゅ》』『十二門論』『*大智度論《だいちどろん》』『十住《じゅうじゅ》毘婆沙論《びばしゃろん》』など多数がある。

●**良寛**《りょうかん》　一七五八～一八三一。江戸時代後期の禅僧で歌人。新潟県出雲崎の出身。一八歳で出家し、諸国を二〇年余り巡歴した後、四三歳で故郷に戻ったが、生涯、寺をもたず、長岡国上山に五合庵を結んで一四年間、山下乙子《おとご》宮の境内に一〇年間住んだ。子どもと童心にかえって遊んだように無欲に徹し、和歌・漢詩・書において秀れた作品を残している。

●**霊鷲山**《りょうじゅせん》　インドのマガダ国ラージャガハの東北にある山で、釈尊《しゃくそん》が『*法華経』『無量寿経』などを説いた地とされる。単に霊山《りょうぜん》、また鷲峰《じゅほう》ともいわれ、音写の耆闍崛山《ぎしゃくっせん》でも知られる。

●**臨済宗**《りんざいしゅう》　鎌倉時代に*栄西《えいさい》の開いた禅宗。中国唐代の臨済義玄《りんざいぎげん》を祖とし、その禅を栄西が入宋して伝えた。その特色は、秀れた禅僧の悟り方や言動を公案《こうあん》として与えられ、その意味を理解することによって*禅と悟りの本質に迫る公案禅（看話禅《かんなぜん》）であるが、ある時は棒で打ったり、大声で叱りつけるなど、意表をつく方法をとることもある。また、栄西は禅とともに天台学《てんだい》・*密教《みっきょう》を兼ねる兼修禅にとどまったが、やがて純粋禅として教団は発展し、京都や鎌倉の五山《ござん》を中心に禅文化を築くとともに、武士の宗教として日本人の精神面にも大きな影響を及ぼした。現在の臨済宗は妙心寺《みょうしんじ》派を最大勢力として一五派に分かれ、寺院数は約五八〇〇である。有名寺院には、京都の建仁寺《けんにんじ》・南禅寺《なんぜんじ》・天龍寺《てんりゅうじ》・大《だい》徳寺《とくじ》、鎌倉の建長寺《けんちょうじ》・円覚寺《えんかくじ》などがある。

●**輪廻**《りんね》　流転《るてん》ともいう。肉体が滅しても霊魂は不滅と考えたインド人は、現世での行いが来世の運命を定めて、生まれ変わり、死に変わりするものと信じた。仏教では、こうした迷いの世界を車輪が回るように果てしなくめぐる輪廻から解放されて、永遠の安楽を得ることを目的とし、これを解脱《げだつ》という。

●**盧舎那仏**《るしゃなぶつ》　『*華厳経《けごんきょう》』などに説かれる蓮華蔵《れんげぞう》世界という浄土の主である仏で、毘盧舎那《びるしゃな》仏ともいう。台座に千葉《せんよう》の蓮華（全世界を表す）、光背に千仏をかたどる。奈良の大仏がこれの代表である。

●**蓮如**《れんにょ》　一四一五～一四九九。戦国時代に活躍した*浄土真宗《じょうどしんしゅう》中興の祖といわれる僧。本願寺《ほんがんじ》第七世存如《そんにょ》の長男として生まれ、一七歳で得度《とくど》

「梅若権現和讃」を唱える

した。四三歳の時に本願寺第八世となり、以後は巧みな布教活動を展開して、近畿・北陸を中心に信徒を増やすなど、教団を急激に発展させた。教義については、だれにでもわかる平易な文章で、在家のままで修行をしなくとも平常の信心が定まれば*往生《おうじょう》は約束されるという平生業《へいぜいごう》成《じょう》の教えを説くなど、民衆に受けいられやすい面が多かった。

●六師外道《ろくしげどう》　釈尊《しゃくそん》とほぼ同時代に中インドで、形式的になったバラモン教に対して自由な思想を展開し、弟子を率いて出家修行をしていた六人の宗教者で、仏典に記されている。

●六波羅蜜《ろっぱらみつ》　波羅蜜《はらみつ》は梵語《ぼんご》の音写で「完成」「最高の状態」を意味し、到彼岸《とうひがん》ともいわれる。*大乗仏教《だいじょうぶっきょう》の*菩薩《ぼさつ》が実践するべき六種の行とは、①*布施《ふせ》（与えること）②持戒《じかい》（*戒律《かいりつ》を守る）③忍辱《にんにく》（苦難に耐える）④精進《しょうじん》（たゆまず努力する）⑤*禅定《ぜんじょう》（心を安定させる）⑥*智慧《ちえ》（真実を正しく認識する）の六つをいい、しばしば音写によって①檀波羅蜜《だんぱらみつ》②尸羅《しら》波羅蜜③羼提《せんだい》波羅蜜④毘梨耶《びりや》波羅蜜⑤禅《ぜん》波羅蜜⑥般若《はんにゃ》波羅蜜と表記される。

【わ行】

●和讃《わさん》　わかりやすい日本語で仏・*菩薩《ぼさつ》や祖《そ》師《し》、教義をたたえる一種の讃歌。ふつう七五調で四句を一章とし、曲調をつけて詠じ、鈴や鉦《かね》を鳴らして調子をとる。歌和讃《うたわさん》、御詠歌《ごえいか》ともいう。

第四部 仏教語から出た日常語

①…仏教語としての意味を示す。
②…日常語としての意味を示す。

●**愛敬**《あいきょう》　①仏や*菩薩《ぼさつ》の顔が柔和で、優しく、慈愛にあふれていることに由来したことば。その慈しみにふれて敬う心を起こすこと。もともとは「あいぎょう」と読んだ。
②明るくて愛想がよい、愛くるしい、人付き合いがよい、というように使われている。「男は度胸、女は愛敬」ともいわれるが、男女とも本来の「愛敬」をもつことが大切であろう。

●**挨拶**《あいさつ》　①禅宗で用いられたことば。『碧巌《へきがん》録《ろく》』に記され、互いにしのぎを削って*悟りを開くために精進しあうことをいう。
　また、禅問答する一言一句の応答ぶりによって、悟りの深さと浅さ、仏道に向かっているか、背いているかを判断するという意味。
②互いにことばを交わす、応答する、お辞儀して受け答えする、などの意に用いられている。

●**阿吽**《あうん》　①「あ」は口を開く音、出る息、「うん」は口を閉じる音、入る息のこと。梵語《ぼんご》の「ア・フーン」を音写したもの。最初から最後まで呼吸が乱れず、整えられている状態をいう。
　寺の門に安置されている仁王《におう》像や庭におかれている狛犬《こまいぬ》の像が、口を開いている像と口を閉じている像になっているのは、双方が互いに呼吸を合わせて仏教を守ることを表している。
②普通は、出る息と入る息をさし、〝あうんの呼吸〟といえば互いの息がぴったり合い、考えや気持ちが一致していることをいう。人間が「オギャー」と叫んで生まれるのは「あ」をさし、「ウーン」と息をして死ぬのは、「うん」を示すものとされている。五十音のことばが「あ」に始まり、「ん」で終わるのも「あうん」の呼吸に基づいている。

●**阿修羅**《あしゅら》　①梵語アスラを音写したことば。修羅ともいう。生命を与える神であったが、仏教に敵対して*帝釈天《たいしゃくてん》と戦って敗れ、仏教の*守護神となった。須弥山《しゅみせん》の東方はるか彼方の大海の

底にある七宝の城に住み、戦闘が得意で仏の敵と戦うことを任務としている。その戦う様子を〃阿修羅《あしゅら》のごとく〃という。
　阿修羅の住む世界は、戦いと争いの起こるところであり、地獄・餓鬼《がき》の世界とともに三つの悪道の一つにあげられている。人間の心の中にある慢心・憎しみ・争いを好む姿は修羅道の様子を表している。
②髪をふり乱して、争いあう姿のことをいう。

◎**天邪鬼《あまのじゃく》**　①天界を乱した邪《よこしま》な鬼神。毘沙門《びしゃもん》天《てん》によって足の下に踏みつけられた小さな鬼。
②他人の意見にことごとく逆らって、違うことをわざわざ言ったり、したりする者をさしている。

◎**阿弥陀《あみだ》籤《くじ》**　①阿弥陀如来の頭の後にある光が放射状になっていることから、その図形のように作られた籤のことをさすようになった。
②略して、単に「あみだ」ともいう。もともとは、紙に放射状の線を引き、その線の端に金額を記し、引き当てた金額を出しあって、飲食したり、物を買ったりする籤引きが行われた。帽子を〃あみだにかぶる〃というのも、斜めにしたかぶり方をさしている。

◎**有難《ありがた》い**　①有ることが難いこと。めったにあり得ないこと。人間の身として生まれることも、仏に出会ったり、仏の教えを聞くことも有難いことであると示され、貴重な事柄に出会えたことに対する深い謝意をさしている。
②感謝の気持ちをこめていう「ありがとう」は「有難い」に由来する。

◎**意地《いじ》**　①すべての考えは意（心）より生まれること。人間は、眼・耳・鼻・舌・身・意の六根より成り立っている。このうち意は意識する作用をいい、あらゆるものは意に基づいて起こることをさしている。「地」は、物事が生ずる源、土台のこと。

②心、意志のこと。思ったことを貫き通すこと。「意地が悪い（意地悪）」というのは心の持ち方が悪いこと、「意地っ張り」といえば、何でも自分の思う通りにしようとする強引な考えをいう。

●韋陀天《いだてん》　①「韋駄天」とも書く。ヒンズー教の神スカンダ（跳ぶ者）に由来する。戦の神で、南方にいる四天王の一人増長天王《ぞうちょうてんのう》の八将に数えられている。甲冑《かっちゅう》をつけ、宝剣を持ち、跳ぶように敏速に走りまわって仏教の敵と戦う守り神となっている。

②〃韋駄天走り《いだてんばしり》〃といわれ、敏捷《びんしょう》で速く走り、駆け回ることをさす。

●一大事《いちだいじ》　①仏が人々を救い導くためにこの世に現れたこと。『*法華経《ほけきょう》』の方便品《ほうべんぽん》には、仏を知り、見る*仏性《ぶっしょう》を開かしめ、仏になる道を示し、悟らせ、仏道に入らしめていくために仏は出現したと語り、これを「一大事」と述べている。

②最も大切な事柄。重大事。大変な出来事のこと。

●一味《いちみ》　①仏は教えをさまざまに説いているが、大小の草木を問わず、雨が潤すように、仏は*平等に救う、という意味。『法華経』の薬草喩《やくそうゆ》品《ほん》にある。顔形は違っていても、心を一つにして仏の教えを同じくすること。その仏教を信ずる同一の信仰の志を「中味《なかみ》」という。

②同志。味方。心を同じくする仲間。「一味同心」ともいう。「一味徒党」は盗人仲間や悪巧みをした連中のことをさす場合に使われることが多い。

●一蓮托生《いちれんたくしょう》　①死んだ後に*浄土に赴《おもむ》いて、蓮華の花の上に一緒に生まれ変わること。生死を未来までもともにすること。

②どんなことがあっても運命をともにすること。善いことも悪いことも一緒にすること。と

くにいつまでも離れない、どこまで行っても互いに切れたり、離れることがない間柄をいう。

●一生《いっしょう》　①過去や未来で何度も生まれ変わるという意味の多生《たしょう》に対して、現世における生から死に至るまでの肉体と精神の営みをいう。一つの行いが、現世での一つの生き方に関係するか、それとも多生に及んでいくか、というように問題にされる（倶舎論《くしゃろん》）。

②人間の肉体的な生命。生まれてから死ぬまでの間のこと。

●引導《いんどう》　①迷い苦しむ、生きとし生けるものを仏の道に導き入れて救い、*成仏《じょうぶつ》せしめること。導師である*僧侶《そうりょ》が、亡き人に経文・法語を語り示し、死者の魂を導いて仏の世界に引入せしめること。

②〝引導を渡す〟ということばは、僧侶が葬儀において死者に引導する、ということから転じて最終的に宣告する、という意味で使われる。

●因縁《いんねん》　①「因」は物事の原因。「縁」はあらゆるものが生まれたり、失われたりするさまざまな条件のこと。すべてのものは、因縁によって生ずると説く仏教の根本思想を表すことば。これに関連することばには、「因果《いんが》」「因業《いんごう》」がある。「因果」は、物事の原因とそれによって生じた結果のこと。「因業」は、身と口と意（心）の行いによって生まれる原因をいう。

②〝これも何かの因縁〟という言い方は、人間の考えでは判断できない事柄が起こったときに使われるが、これは因縁によって生ずる事態をやむを得ないものとする考えに基づいている。

　また困ったことや悪い行いをさして「因縁だ」という場合もある。因果についても〝親の因果が子に報い〟というように、現在の不幸の原因を前世からの罪の報いとし、「因業」も〝因業オヤジ〟など原因をこれまでのひどい仕打ちに求める見方から、いわれたものである。

◎**有相無相**《うぞうむぞう》　①相《すがた》のあるものと目に見えないもの。万物の状態をさしたことば。「有象無象」とも書く。〃象〃がいるか、いないかではなく、象は相の意。現象が目に見えるようにあるか、ないかということから、この字が書かれた。

②その他、多数のとるに足らない者たち、という意味で使われている。この「有無」にこだわって〃有無をいわせない〃ことになれば、強引に理屈を通したり、押しつけることになるし、〃有無を論ぜず〃であれば、「有る」とか「無い」とかにこだわらないことをさしている。しかし「有耶無耶《うやむや》」ということになれば、物事の是非をあいまいにごまかしてしまうことになる。

◎**有頂天**《うちょうてん》　①天上界の頂上。天上界は安逸《あんいつ》にふける者、安楽に遊び戯れる者の住むところ。地獄・餓鬼《がき》・畜生《ちくしょう》・修羅《しゅら》・人間界とともに六道の一つに数えられている。人間の住む欲の世界(欲界《よっかい》)にも六天があり、さらにその上の物質的快楽の充ちた色界に六天があり、精神的安楽を得られる世界(無色界)に四天あることから、「三界《さんがい》」には合計二七天ある。このうち「色界」には、下より「四王天」「三十三天」「夜摩天《やまてん》」「覩史多天《つしたてん》」「楽変化天《らくへんげてん》」「他化自在天《たけじざいてん》」という順に六天があり、この六天の最高頂上は「阿迦《あか》尼吒天《にだてん》(色究竟天《しきくきょうてん》)」とよばれ、有頂天に当たるとされている。

②物事がうまくいって無我夢中になる。得意満面。威張っている、うぬぼれの絶頂といった意味で使われている。

◎**会釈**《えしゃく》　①仏教についてのさまざまな解釈を比較検討、照合し、取捨することによって相互にある矛盾や相違を調整し、真実の仏教の内容を明らかにすること。会通《えつう》ともいう。

②古くは〃適当に解釈する〃〃打ち解ける〃という意に用いられたが、今では挨拶《あいさつ》する態度をさし、頭を軽く下げて一礼する意味で使われて

いる。

縁《えん》　①物事が起こる、さまざまな条件のこと。原因を結果に至らしめる間接的なファクターをいう。

②仏に縁を結ぼうとしない者は救われないことを〝縁なき*衆生《しゅじょう》は度し難し〟というが、一般的には「忠告を聞き入れない者は救いようがないなあ。」とため息まじりで語られたり、あきらめの気持ちをこめて言われる。〝縁は異なもの味なもの〟は、人と人との出会いの不思議さ、おもしろさを意味する。

〝袖《そで》すりあうも他生《たしよう》の縁〟といえば、これも人間同士のめぐり会いの不思議さについて述べたもの。人と人のわずかな出会いですら、前世（他生）から決められた結びつきによるものだと思う気持ちに、会い難き人とのめぐり会いを大切にしようとする心情がこめられている。現在では、「他生の縁」ではなく「多少の縁」で済まそうとする人間関係が多過ぎるのではなかろうか。

***縁起**《えんぎ》　①一切の物事が因縁《いんねん》（原因と条件・要素）によって、善悪いずれかの状態で生じたり、起こったりすること。物事の始まりという意味から、寺社の由緒を示すものを縁起と称している。

②〝縁起が善い（悪い）〟というのは、善悪の状態のことをいう。〝縁起をかつぐ〟というのは、ちょっとしたことが起こっても縁起の善し悪しを気にする気持ちを表したもの。「縁起もの」ということばは、縁起の善いことを祝う物をいい、招き猫などはその一例である。

***閻魔**《えんま》　①梵語《ぼんご》のヤマの音写で、「炎魔・焔魔」とも書く。最初に死んだ人間で、天に続く道を初めて発見した存在とされていたが、やがて地獄の大王となり、死者を裁く最高の審判官となった。死者が生前に犯した罪状に応じて地

獄の苦しみを与え、また生きている人間の寿命がどのくらいかを、配下の者に記録させ、判定を下すところから、*閻魔大王《えんまだいおう》略して閻王と恐れられる。他方、仏教ことに*密教《みっきょう》では仏法を守護する護世《ごせ》八方天の一人焰摩天《えんまてん》とされ、長寿と災難除けの利益《りやく》をもたらすとしている。

②〃エンマ帳〃には、教師が生徒の成績・素行を記録しているが、地獄の罪を記録する閻魔大王のノートには及ばない。しかし、今は〃エンマ帳〃を怖がる生徒も少なくなったようだ。閻魔大王への恐怖もすっかり薄れ、「ウソをつくとエンマ様に舌を抜かれるぞ。」と叱っても「それはウソだ。」と子供から逆襲される始末であろう。

●***往生**《おうじょう》　①西方極楽浄土に生まれること。

②死ぬこと。〃往生際が悪い〃という場合は、本来は死に際の悪さをいったものであるが、転じてあきらめが悪い様子をさす。また〃往生する〃は、困り果てること、閉口してしまうことをいう。

●**大袈裟**《おおげさ》　①*僧侶《そうりょ》の着る法衣《ほうい》は「糞掃衣《ふんぞうえ》」と呼ばれ、使い古したボロ布地をつなぎ合わせて作ったもので、五条・七条などと大きく長い布が用いられた。

②僧衣の大きさより転じて、針小棒大に言うこと、ささいなことをさも大変そうに言うこと。

●**御陀仏**《おだぶつ》　①*念仏《ねんぶつ》を唱えること。

②死ぬこと、ダメになってしまうこと。

●**億劫**《おっくう》　①「劫《こう》」は、ものすごく長い時間を示す単位。天人が一〇〇年に一度舞い下りて来て大山を羽衣でひとなでし、その山がなくなるまで、という途方もない時の長さ。億劫は、その一劫の億倍。

②面倒臭いこと。

●**餓鬼**《がき》　①欲張りでけちであったために、死後絶えず飢えて、腹は山のように膨《ふく》れ、のどは針のように細く、骨と筋だけになって苦しみにさいなまれる者。

②子供を卑しめてよぶ言い方。腹をすかせて、ガツガツと物を食べる様子をさす。

◎**我他彼此**《がたぴし》　①自分（我）と他人（他）、彼とこれとが対立し合って、互いに争い合うこと。

②物が触れ合って騒がしい様子。立て付けが悪いために動きが鈍くなったり、ぶつかり合って出る音のこと。

◎**我慢**《がまん》　①自分が、一番偉いとうぬぼれること。自ら慢心して他を軽蔑《けいべつ》すること。

②堪え忍ぶこと、こらえること。

◎**伽藍堂**《がらんどう》　①梵語サンガ・ラーマ（僧伽藍摩）の音写を略したもの。*精舎《しょうじゃ》のこと。寺院の大きな堂のこと。

②大きな建物の内部は空間があるところから、中味のないこと、何もないことをいう。

◎**機嫌**《きげん》　①仏弟子が世間から非難されたり、嫌われることがないよう悪いことをせず、ぜいたくをしないで固く戒めを守ること。時機や潮時を待つこと。

②機会を待ち、安否をたずねて相手の感情をそこなわないこと。〝御機嫌うかがいする〟は、相手の様子や気持ちに応じ、気分をよくするための行いをさす。〝機嫌がよい〟は、気分がよいこと。〝不機嫌〟は気分の悪いことをいう。

◎**くしゃみ**　①梵語《ぼんご》クサンメに由来することば。身心を休息させ、整えて長生きすること。

②鼻ひる、くさめともいわれている。

◎**愚痴**《ぐち》　①梵語《ぼんご》モーハを訳したことば。仏教や人生の真実の姿がわからないこと。物の道理をわきまえず、迷ったり、惑わされている心の有り様。またモーハの写音が「馬鹿《ばか》（莫訶・莫迦）」となり、愚かなこと、無知、という意味になった。

②〝愚痴をこぼす〟は不平不満をいうこと、つ

まらぬことをしゃべる様をいう。

● **工夫**《くふう》　①仏道修行に専念すること。仏の教えをわきまえるために思慮をめぐらすこと。
②いろいろな考えを働かせ、手段を尽くすこと。

● **玄関**《げんかん》　①妙《たえ》なる*悟りの源（玄妙《げんみょう》という）に至る道へ入る関門のことで禅宗で使われたことば。禅寺の門、寺院の門のこと。
②室町時代以降より禅寺の書院建築の様式が公家・武家の屋敷に用いられ、式台のあるところを「玄関」とよんだ。後には住居の表入口をさすようになった。

● **講堂**《こうどう》　①経典を講義し、仏法の内容を説くために使われた寺院の堂舎。
②入学式、卒業式や講演会などを行う学校の建物のこと。

● **後光**《ごこう》　①仏や*菩薩《ぼさつ》の像の背後に形どられた丸い光の輪。救いを象徴し、仏・菩薩の威光を意味する。光背《こうはい》ともいう。
②〝後光が、さしているようだ〟ということばは、相手の素晴らしさに対する敬服・感謝・畏《い》敬《けい》の気持ちをこめたもの。

● **後生**《ごしょう》　①来世。末来。死後に生まれ変わる仏の世。*『法華経《ほけきょう》』にある、「現世安穏《げんぜあんのん》、後生善処《ごしょうぜんしょ》」の句は、法華経を信ずることによって生きている現在は安楽を得、死後には仏の浄土に生まれ変わって仏になれることをいう。
②〝後生《ごしょう》だ〟というのは、聞き届けて欲しいという気持ちを表し、懇願することば。

● **根気**《こんき》　①仏の教えを、受け入れる人間の能力、性質、心のはたらき。「機根《きこん》」「根性《こんじょう》」ともいう。
②堪え忍ぶ気持ち。長続きさせる気力。

● **金剛力**《こんごうりき》　①寺の門の左右に安置されている仁王が仏法を守るために働かせる勇猛な大力のこと。
②きわめて力が強いこと。大力をいう。

●**金輪際**《こんりんざい》　①宇宙の虚空には、下から上に風輪、水輪、金輪の順に三つの輪が立っており、その金輪の最も下の端をさしている。②物事の限度ぎりぎりのこと。あらん限り、もうこれっきりのこと。

●**三界**《さんがい》　①苦しみや迷いに満ちた世界。欲望の渦巻く世界（欲界《よっかい》）、物質的なことによって苦しみ憂える世界（色界《しきかい》）、精神的な事柄によって安楽を得たり、迷い悩む世界（無色界《むしきかい》）の三つの*煩悩《ぼんのう》の火が燃え続ける世界。「三界は安きことなし、なお火宅のごとし」（法華経）と説かれ、この煩悩の充満する三界は火宅にたとえられている。②この世のこと。〃女三界に家なし〃というのは、女は迷い苦しむ三界にさえ住めないほど煩悩が深いという意味で用いられた。〃子は三界の首かせ〃は、親というものは子供のために絶えず苦しみから免れないことをいう。

●**三昧**《さんまい》　①梵語《ぼんご》サマーディに基づいて音写したことば。一心不乱に仏道に専念すること。②心を落ち着けて他のことを考えないこと。〃放蕩三昧《ほうとうざんまい》〃というように、ある事柄だけに夢中になってしまうこと。

●**自業自得**《じごうじとく》　①自分のやった、善悪の行いによって善悪の結果がもたらされること。「自業自得果」の略。②自ら犯した、悪い行いによって、苦しみを招き、悪い結果になるという意味で用いられる場合が多い。自分から悪いことをしたのだから、悪い結果になってもやむを得ない、当然だということ。

●**獅子吼**《ししく》　①獅子のように威厳にあふれ、邪悪を戒めて畏怖《いふ》させる釈尊《しゃくそん》の説法の様をいう。②雄弁をふるうこと。

●**実際**《じっさい》　①真実の教えがめざす究極的な目標

のこと。真実、*悟りの意。梵語《ぼんご》ブータ・コーティを訳したことば。

②事実の現れ。本当に、具体的に、まったく、という意味で用いられる。

◎*四天王《してんのう》　①仏法の守護神である四人の天の王。*帝釈天《たいしゃくてん》の家来である東方の持国天王《じこくてんのう》、西方の広目天王《こうもくてんのう》、南方の増長天王《ぞうちょうてんのう》、北方の多聞天王《たもんてんのう》(*毘沙門天王《びしゃもんてんのう》)をさしている。

②文武に優れている者から四人をピックアップして四天王と呼称する場合に用いられている。

◎邪慳《じゃけん》　①仏教を信ぜず、邪悪で欲ばりな人のこと。「邪」はよこしまなこと、「慳」はけちで欲ばりのこと。

②ひどい仕打ちをすること。

◎娑婆《しゃば》　①苦しみに満ちあふれている現世。十方にある安楽な世界に比べて、この地球にはさまざまな迷いや悩みや困難が多く、これらに堪え忍ばねばならないので「忍土《にんど》」ともいう。梵語サハーに基づくことば。

②人間の生きている世間のこと。〃娑婆の空気をすう〃といった用いられ方は牢獄《ろうごく》や軍隊など自由を失ったところから出て、一般の人と同じように、自由に振る舞えるようになったことをさしている。

◎邪魔《じゃま》　①仏教に敵対し、邪悪をそそのかす悪魔のこと。*悟りへの道を妨害する*煩悩《ぼんのう》のこと。

②妨げること。順調にことが進まないよう妨害すること。「お邪魔します」というのは、相手の行いをいったん妨げることに対し、謝る意味で使われる。

◎舎利《しゃり》　①仏道修行に励んで功徳《くどく》を積んだ人の遺骨。「*仏舎利《ぶっしゃり》」は釈尊《しゃくそん》の遺骨のことを敬ってよんだことば。広くは火葬された遺骨のこと。梵語シャリーラの音写。

②人間の遺骨。小石のこと。「じゃり(砂利)」は、小石を意味する「しゃり」から起こったも

の。寿司屋で「しゃり」といえば、米粒、飯のこと。

●精進《しょうじん》　①仏道修行に専念し、励むこと。*六《ろっ》波羅蜜《ぱらみっ》(*布施・持戒・忍辱《にんにく》・精進・*禅定《ぜんじょう》・*智慧《ちえ》)の一つ。梵語《ぼんご》ヴィーリヤから訳されたことば。②努力すること。身を清めて生活すること、汚れを洗い流し、物忌《ものい》みをすること。精進潔斎・精進日はこれを意味する。精進料理、精進揚げは肉食を避け、野菜のみを食べることによって心身を清めるところから名付けられたもの。

●食堂《しょくどう》　①正しくは「じきどう」と読む。寺院で修行する僧侶が一堂に集まって、食事をする堂のこと。②学校やデパートなどにある食堂は、「じきどう」より転じたもの。

●素性《すじょう》　①人間の先天的な性質。②後から変えられないものという意味が転じて、生まれ、家柄、血筋のこと。「素姓」とも書かれている。

●世間《せけん》　①世の中。人間をはじめ、生きとし生ける者の住んでいる社会・国土・環境。*煩悩《ぼんのう》の充満する世俗の世界。また煩悩や悪しき欲望に染まらず、克服した心身の在り方を「出世間《しゅっせけん》」とよぶ。②〃世間を知っている〃といえば人生体験の深いこと。〃世間ずれしている〃は世俗的な欲望が多く、なれなれしい態度をとる様子をいい、見栄っぱりや欲得ずくの態度や、世渡り上手をさして「世間ずれ」という。〃渡る世間に鬼はない〃というのは、欲得ばかりのせちがらい世の中にも打算抜きで人を助ける人もいるということ。世間のことに詳しく知識をひけらかしている者を〃世智に長《た》ける〃というが、これは世渡りの才能や勘定高いことをいったことば。

●刹那《せつな》　①梵語《ぼんご》クシャナの音写。一瞬。きわめて短い瞬間。

②「刹那的」というのは、しっかりと物事を考えずに、安直で一時的な行動を起こすことをいう。

● **相続**《そうぞく》　①仏の教えを受けついでいくこと。原因と結果が相互に連続していること。
②遺産や家などを相続するという意味で用いられることが多い。

● **息災**《そくさい》　①梵語《ぼんご》シャーンティカの訳。一切の災難、罪を消滅させること。
②「無事息災」というように、健康なこと、病気にならず元気なことをいう。

● **退屈**《たいくつ》　①仏道修行から後退し、苦難に屈してしまうこと。
②何もすることがなくて、暇をもてあますこと。

● **達磨**《だるま》　①梵語ダルマに基づくことば。本来は「法（釈尊《しゃくそん》によって悟られた真実の実体、万物の法則）」をさす。広く知られているのは、禅宗の開祖《かいそ》である菩提達磨《ぼだいだるま》のこと。達磨は南インド出身で六世紀に中国で禅*を広めた。面壁《めんぺき》して坐*禅すること九年、手足朽ちても坐禅を続け、悟*りを開いたと伝えられている。
②達磨大師の姿を模して造られた張子の玩具、起き上り小法師《こぼし》。だるま市が開かれ、選挙などでは選挙事務所に置かれ、目玉を入れる風景が見られる。かつては川などに浮かぶ幅の広い伝馬船を達磨船とよんだ。

● **檀那**《だんな》（旦那）　①梵語ダーナ（贈りもの）に基づくことば。仏法僧に財物などを供養《くよう》し、施す信者のこと。梵語ダーナ・パティ（贈り主）と同じ意に使われ、檀越《だんのつ》、檀家《だんか》ともいう。
②寺院や僧に布施する者。施主。自分の家の菩《ぼ》提寺《だいじ》を「檀那寺」という。養ってくれる者という意味から、夫のことを妻が「旦那」といい、使用人と商人が主人や得意先の客を「旦那」とよぶようになった。

● **断末摩**《だんまつま》（断末魔）　①末摩は梵語ダンマンの音写。人間の全身にある死の穴。この死穴が

断ち切られることによって痛みが起こって死ぬとされている。

②苦痛を受けてもがき、あえぎながら苦しみ、また死ぬことを〃断末魔の苦しみ〃という。

●**中有**《ちゅうう》　①梵語《ぼんご》アンタラ・バヴァ（中間にあるもの）の訳。中陰《ちゅういん》ともいう。死後、次の生を得たり、仏の世界に生まれ変わるまでの期間をさし、ふつう四九日間をいう。

初七日より、二七日（一四日目）、三七日（二一日目）、五七日（三五日目）、七七日（四九日目）と七日目ごとに僧*によって供養《くよう》をしてもらい、四十九日の「満中陰《まんちゅういん》」に冥福《めいふく》を祈って、仏の浄土*に生まれ変わるよう供養する。

②〃中有に迷う〃ということばは、中途半端でどっちつかずの状態に迷っていることをいう。〃宙に迷う〃は「中有」の字を「宙」にあて字したもの。

●**頂戴**《ちょうだい》　①仏の両足を、自分の両掌の上にのせ、恭《うやうや》しく礼拝すること。経典を頭にのせて頂くこと。

②「おし頂く」は丁重な気持ちをもって、物を受けとる様をいう。「頂戴します」も丁寧に頂くときに用いる。

●**提唱**《ていしょう》　①禅宗の師家が教えの意味や内容を提示し、要点を説き明かすこと。

②事柄を提示し、主張すること。「提要」も同じ意味。

●**当位即妙**《とういそくみょう》　①まさに仏教の真理に符合していること。凡夫《ぼんぷ》の位のままで仏の境地に入ること。ただちに仏になること。

②機転を働かせること。すぐさま上手な受け答えをすること。「当意即妙」とも書く。

●**道具**《どうぐ》　①仏道修行のために必要不可欠な用具のこと。修行に着る衣、托鉢の折に用いる衣、肌衣の三衣と鉢、坐るときに敷く布の坐具、飲み水をこすための袋などをさしている。

②仕事をするために使う用具。

●道楽《どうらく》　①仏道を体得したことによって得られた*悟りの喜び。仏道修行を成し遂げ、安楽の心境に入ったこと。法悦《ほうえつ》のこと。

②遊びごと。趣味。

●内証《ないしょう》　①仏が心の内に秘めている悟りの心と教え。内なる心に悟りを開いている様をいう。証は仏の教えを証明しているあかしをさしている。

②秘密。外に表さないで内心に隠していること。「ないしょ」は「ないしょう」のつまったことば。

●南無三宝《なむさんぼう》　①仏・法・僧の*三宝《さんぼう》に*帰依《きえ》する気持ちから発せられることば。南無は、三宝に命を捧げること、随順すること、信仰の志を奉ること。感動すること。

②恐れや不安にぶつかったときに三宝に助けを乞う折に述べられることば、失敗したり、不意の出来事にあったときにも発せられる。大変だ、しまった、何とかしてほしい、という意味で使われる。略して「南無三」という。

●奈落《ならく》　①梵語《ぼんご》ナラカに基づくことば。「奈《な》落迦《らくか》」とも書く。地獄をさす。地獄に落ちることを〝奈落の底に落ちる〟という。

②最後の最後まで。どん底という意味。

●仁《に》王《おう》立《だ》ち　①仁王は寺院の門の左右に立っている金剛力士《こんごうりきし》のこと。左側が密迹金剛《みっしゅくこんごう》。邪悪に対する怒りの相を示し、口をカッと開いて勇猛さを表している。右側は那羅延《ならえん》金剛。口を閉じて、同じように悪を防ぎ、不動心をもって不善を戒める大力さを示している。筋骨たくましい身体で、どっしりと立っている。

②仁王のように、どっしりと立っている不動の姿をさして「仁王立ち」という。

●般若湯《はんにゃとう》　①酒の隠語。*般若は仏の*智慧《ちえ》のこと。真実の智慧をもたらし、潤す範囲で薬酒として飲むならよいと考えたのだろう。
②現在は、もはや隠語ではなくなり、広く酒のことをさして使われることが多い。

● **無事**《ぶじ》　①苦しみや迷いをなくし、すでになすべきことをなし終えたこと。ありのままに徹して生きること。
②変わったことがなく平穏であること。命に別状のないこと。

● **普請**《ふしん》　①広く、すべての人々に要請して寺務に従事してもらうことを表す禅宗のことば。寺院の堂塔などを建てること。
②家を建築すること。土木工事をすること。

● **法螺**《ほら》　①釈尊《しゃくそん》の法を説く声が響きわたることを、法螺貝で作った楽器の大きな声音にたとえたもの。
②〃ほらを吹く〃は大げさにいったり、でたらめをいうこと。

● **冥利**《みょうり》　①仏の功徳《くどく》や利益《りやく》が知らない間に授けられること。
②知らず知らずに被っている恩恵。〃男冥利(女冥利)に尽きる〃というのは、男や女の在り方・恵みを知らないうちに身につけていること。「商売冥利」は、知らない間にもうかっていること。「学生冥利」という使い方をすれば、勉強もしないで自由で気楽に過ごせる、という意味をもつのであろうか。

● ***無学**《むがく》　①すでに学ぶべきものがないほど、仏教を習い尽くしていること。
②学問をしていないこと。何も知らないこと。無知と同じ意味で使われている。

● **無念**《むねん》　①雑念を取り去って仏法に専念すること。無心。無念無想ともいう。
②悔しい、残念だという意味で使われる。

● **迷惑**《めいわく》　①仏の教えに迷い、他の間違った考えに惑わされること。仏教の道理に思い惑って、正しく仏教を知ることができずに迷うこと。

②人が困るような行いをしたり、されること。

●**滅相**《めっそう》　①この世の中に存在するものは、まず発生した後に定住し、さまざまな状態に変化し、やがて消滅する万物流転の様相を表すが、このうち万物が消滅する様相をさしている。

②〃滅相もない〃は、とんでもないという意味。ありえないことが起こること。

●**滅法**《めっぽう》　①生まれたものは滅びることが真理（法）であるという意味。死ぬこと、滅びること。

②めちゃくちゃに強いことを〃滅法強い〃という。甚《はなは》だしい、ものすごい、めったやたら、ということ。

●**藪医者**《やぶいしゃ》　①藪は「野巫《やぶ》」から転じ、仏教を習い学ぶことに劣っている者、一つの術しかできない者のこと。

②下手な医者。

●**融通**《ゆうずう》　①万物は互いに支えあい、関連しあいながら存在しているという意味。万象の融合しあっている世界を「融通無碍《ゆうずうむげ》」（＊華厳経）という。

②〃金を融通する〃は相手の懐を察して支援すること。「融通のきく人」は形式にこだわらず、少しばかり道から外れても、うまく物事を処理したり、相手の思っていることを聞き届ける人のことをいう。

●**油断**《ゆだん》　①油が尽きれば、燈火も消えることから、食物がなければ命も絶えるように、仏・法・僧の＊三宝《さんぼう》という燈明《とうみょう》を輝かすためには、信者の供養《くよう》が不可欠であること。

②不注意。気を抜くこと。気をゆるして、なすべきことをなさないこと。

●**料簡**《りょうけん》（了簡）　①いずれが善か、悪か、何が是で、どれが非なのか、教えの正邪は何かを判断し、善や正しいものを選びだすこと。

②思いめぐらし、考え抜くこと。決断すること。

年　齢	事　　　項
	結を説く。毘舎離にて説法する。マガダ王阿闍世，コーサラと釈迦族の国とを統一する。
80　歳	毘舎離で最後の夏安居を過ごす。病気重くなり舎衛城に戻り，祇園精舎に滞在する。舎利弗，釈尊入滅を予知し故郷に戻って没する。目連，外道のために殉教する。釈尊，舎利弗と目連の舎利を埋葬し塔を立てる。養母病没する。釈尊，毘舎離よりクシャーラに赴き沐浴し，沙羅双樹の下で涅槃経を説く。その後，頭を北に身を西に向けて,「汝ら一心に精進して放逸することなかれ」と遺言し涅槃に入る。紀元前383年（または486年）2月15日≪涅槃≫。入滅後7日目，荼毘に付す。仏舎利を8分に分け供養する。

（注）南伝・北伝により相異するため，年齢・事項内容にも諸説がある。

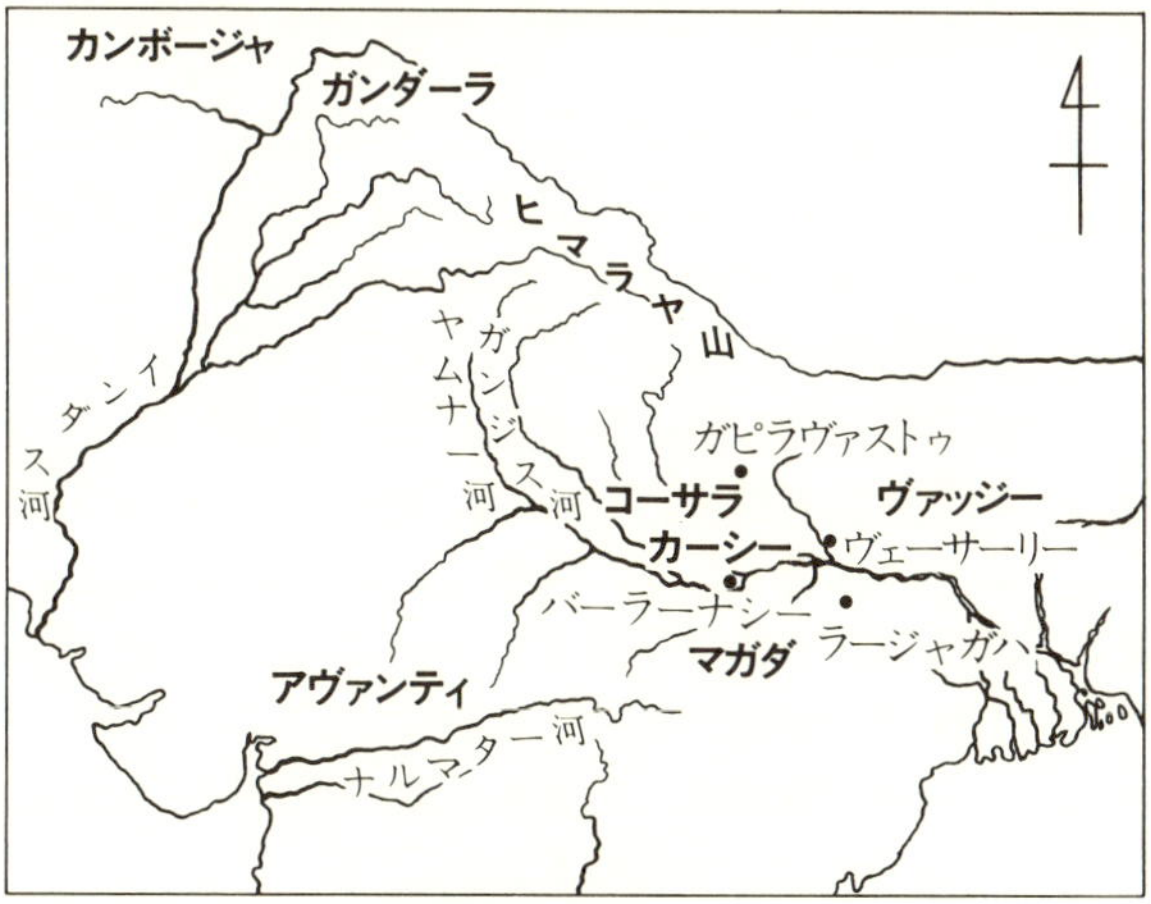

釈尊時代のインド

年　齢	事　　　項
51　歳	迦毘羅城で夏安居を過ごす。祇園精舎にて勝鬘経を説く。霊鷲山にて金光明経を説く。
52　歳	王舎城の竹林精舎で夏安居を過ごす。祇園精舎にて首楞厳経を，霊鷲山にて大集経などを説き始める。
53　歳	舎衛城および王舎城の竹林精舎で夏安居を過ごす。娘を亡くした者に四諦の教えを説いて教化する。
54　歳	マガダ国の各地に説法布教する。
55　歳	舎衛城および王舎城の竹林精舎で夏安居を過ごす。この頃より仏弟子の阿難を常に随従せしめる。
56　歳	指鬘外道を教化する。舎衛城近くチャーリヤ山中で夏安居を送る。
57　歳 ～ 59　歳	竹林精舎・祇園精舎を拠点として説法布教を展開する。
60　歳	舎衛城に滞在し教化を進める。
65　歳 ～ 71　歳	霊鷲山にて大品般若経，祇園精舎にて金剛般若経などを説く。
72　歳	霊鷲山にて法華経を説く（～80 歳まで 8 年間）。
73　歳	王舎城の竹林精舎に滞在する。提婆達多，釈尊に背いて分派活動を行う。提婆達多を支持するマガダ国太子阿闍世，父王を殺して王位を奪い母を幽閉，釈尊殺害を企てる。幽閉された母，釈尊に助けを乞い，釈尊は観無量寿経を説く。阿闍世，コーサラ国に攻められ捕虜となり，釈尊によって助命される。
74　歳	阿闍世，釈尊に帰依する。
75　歳	舎衛城・祇園精舎にて説法する。
78　歳	コーサラ瑠璃王，釈迦族を滅ぼす。コーサラ王，帰国後 7 日目にて急死する。
79　歳	霊鷲山に滞在し説法する。王舎城周辺の18僧伽の団

年　齢	事　　　項
38 歳	コーサラのシェラーヴァスティー（舎衛城）の須達長者，釈尊に帰依し祇園精舎を寄進する。
39 歳	釈迦族250人を教化する。霊鷲山で雨期の夏安居を過ごす。
40 歳	父王病むの知らせを聞いて帰国する。父死去。養母・妻ら女性の出家を許す（最初の比丘尼）。不邪婬戒を定める。
41 歳	亡母のために魔拘羅山で夏安居を過ごす。マガダ国王の夫人韋提希を教化する。不偸盗・不殺生・不妄語戒を定める。
42 歳～43 歳	外道により迫害を受ける。外道，釈尊を陥れるための策謀を巡らし毒殺を図る。釈尊，外道の攻撃に屈せず各地に布教する。
44 歳	外道釈尊への迫害強まる。釈尊，仏弟子阿難に対し忍耐して布教することの大切さを説く。
45 歳	僧伽の内部に不和起こる。釈尊，仏弟子の自省を求め，弟子ら懺悔して和解なる。釈尊，霊鷲山で説法する。
46 歳	王舎城付近で耕田バラモンを教化し，我もまた田を耕やすものなり，と語る。
47 歳	舎衛城より出立し，各地に赴いて大々的な説法布教を展開する。
48 歳	迦毘羅城に帰郷し説法を行い，釈迦族8万人余を教化する。
49 歳	祇園精舎にて夏安居をおくる。維摩経を説く。
50 歳	迦毘羅城に戻り，夏安居を過ごす。祇園精舎に赴き布施の重要さを説く。仏弟子を各地に派遣して布教活動を繰り広げる。

資　料

釈尊の年譜

年　齢	事　　　項
1　歳	紀元前463年（または566年），ルンビニー園にて生まれる《降誕》。父は釈迦族の浄飯王，母はマーヤー（摩耶）。生後7日目にして生母に先立たれる。
7　歳	文武の道を学ぶ。
12　歳	農民や重荷を牽く牛の労苦を知り，また弱肉強食の生きものの姿を見て樹下で瞑想する。
15　歳	釈迦族の太子として立太子の礼を受ける。
17　歳	釈迦族のヤショーダラー（耶輸陀羅）と結婚する。
18歳〜28歳	王宮で家庭生活を営み，一子ラーフラ（羅睺羅）の父となる。人生苦を目の当りに見聞し，苦悩からの解脱を思索する《四門出遊》。
29　歳	出家する。求道の旅に赴く《出家》。
30歳〜34歳	各地に師を求めて解脱の道を尋ね，自ら苦行を重ねて沙門としての修行に励む。
35　歳	ブッダガヤの菩提樹下で12月8日，悟りをひらく《成道》。21日間，菩提樹下にて瞑想にふける。
36　歳	ミガダーヤ（鹿野苑）にて最初の説法を行い，五比丘を教化する≪初転法輪≫。マガダ国ラージャガハ（王舎城）に赴き，説法布教の旅を開始する≪説法伝道の開始≫。
37　歳	マガダ国王，釈尊に帰依し竹林精舎を寄進する。釈尊は父王および釈迦族の人々に法を説き異母弟難陀・一子羅睺羅や親族の阿難など出家する。迦葉・舎利弗・目連ら，外道の考えを捨てて仏弟子となる。長者の子耶舎とその父母・妻出家する。

や行

ら行

わ行

ま行

な行

は行

た行

索　　引

太字数字は，第三部仏教用語解説・第四部仏教語から出た日常語の中で項目解説しているページを示す。

あ行

か行

本書は1985年10月30日
サンレキシカ・シリーズ　28
『仏教の事典』の書名で
刊行された。

仏教ハンドブック

2000年12月20日　第1刷発行
2010年10月10日　第2刷発行

編　者―瀬戸内寂聴（せとうち・じゃくちょう）
発行者―株式会社　三省堂　代表者―北口克彦
発行所―株式会社　三省堂
〒101-8371　東京都千代田区三崎町2-22-14
電話　編集(03)3230-9411　営業(03)3230-9412
振替口座　00160-5-54300
印刷所―三省堂印刷株式会社
装　幀―菊地信義
落丁本・乱丁本はお取替えいたします

〈仏教ハンドブック・248 pp.〉
ISBN978-4-385-41042-9